Alphonse Marie Marcellin Thomas Bérenger

DE LA
RÉPRESSION PÉNALE
DE SES FORMES
ET DE SES EFFETS

RAPPORTS
FAITS À L'ACADÉMIE DES SCIENCES MORALES ET POLITIQUES

TOME II

Elibron Classics
www.elibron.com

Elibron Classics series.

ISBN 0-543-97956-3 (paperback)
ISBN 0-543-97955-5 (hardcover)

This Elibron Classics Replica Edition is an unabridged facsimile of the edition published in 1855 by Cosse, Paris.

DE LA

RÉPRESSION PÉNALE

DE SES FORMES

ET DE SES EFFETS.

Imprimerie de Cosse et J. Dumaine, rue Christine, 2.

DE LA

RÉPRESSION PÉNALE

DE SES FORMES

ET DE SES EFFETS;

Par M. BÉRENGER,

Membre de l'Institut, Président à la Cour de cassation.

RAPPORTS

FAITS A L'ACADÉMIE DES SCIENCES MORALES ET POLITIQUES.

TOME SECOND.

PARIS,

IMPRIMERIE ET LIBRAIRIE GÉNÉRALE DE JURISPRUDENCE

COSSE, IMPRIMEUR-ÉDITEUR,

LIBRAIRE DE LA COUR DE CASSATION

Place Dauphine, 27.

1855

DE LA

RÉPRESSION PÉNALE

DE SES FORMES

ET DE SES EFFETS.

DE LA RÉPRESSION PÉNALE EN FRANCE.

TITRE III.

MODE D'ADMINISTRATION DE LA JUSTICE PÉNALE POUR LES ARMÉES DE TERRE ET DE MER.

Après avoir entretenu l'Académie des juridictions pénales ordinaires, nous appellerons son attention sur deux juridictions spéciales qui ont une grande importance, puisqu'elles ont pour objet de maintenir l'honneur, l'ordre et la discipline dans nos armées de terre et de mer.

Ce sont les tribunaux militaires et les tribunaux maritimes.

CHAPITRE PREMIER.

Tribunaux militaires.

La juridiction qui s'exerce sur l'armée de terre a

subi avec le temps diverses modifications. Aux *cours martiales* jugeant avec un jury militaire, créées par l'Assemblée constituante (1), succédèrent en 1793 les tribunaux militaires (2); puis, en l'an II, des conseils de discipline, des tribunaux de police correctionnelle et des tribunaux criminels jugeant, comme les précédents, avec un jury (3); puis encore, en l'an III, des conseils militaires; et enfin en l'an V, fut rendue la loi du 13 brumaire, qui substitua à ces conseils des *conseils de guerre permanents* dans chaque division d'armée et dans chaque division de l'intérieur. Cette loi déterminait la composition de ces tribunaux et leur mode de procéder au jugement.

§ I. — CONSEILS DE GUERRE PERMANENTS.

Les conseils de guerre permanents, d'après la loi du 13 brumaire an V, sont composés, y compris le président, de sept juges, parmi lesquels un lieutenant, un sous-lieutenant et un sous-officier; d'un capitaine rapporteur et d'un autre capitaine faisant les fonctions de commissaire du Gouvernement, et chargé de veiller tant à l'observation des formes qu'à l'application et à l'exécution de la loi.

La composition de ces conseils n'était que pour les cas où des militaires d'un ordre inférieur avaient commis des actes punissables. Il fallait prévoir les cas

(1) Loi du 29 octobre 1790.
(2) Loi du 12 mai 1793.
(3) Loi du deuxième complémentaire an III.

où ce seraient des généraux en chef, des généraux de division et de brigade, ou des officiers supérieurs, qui devraient rendre compte de leur conduite devant la justice : c'est ce que fit la loi du 4 fructidor, même année. Pour le jugement d'un général en chef, le conseil doit être composé d'un général ayant commandé les armées également en chef, de trois généraux de division, de trois généraux de brigade, d'un commissaire ordonnateur, faisant fonction de commissaire du Gouvernement, et d'un rapporteur pris parmi les généraux de brigade.

Pour le jugement des généraux de division ou généraux de brigade, le lieutenant, le sous-lieutenant et le sous-officier sont remplacés par trois officiers généraux, du grade du prévenu. Les fonctions de rapporteur sont remplies par un chef de bataillon ou d'escadron.

Enfin, pour le jugement des officiers d'un grade inférieur aux précédents, mais en descendant jusques et compris les chefs de bataillon et d'escadron, le sous-lieutenant et le lieutenant sont remplacés par deux officiers supérieurs du grade du prévenu.

Des dispositions analogues étaient prises pour les commissaires ordonnateurs ou ordinaires, aujourd'hui intendants ou sous-intendants des armées.

L'âge que doivent avoir les juges appelés à siéger dans les conseils de guerre permanents a varié ; il est aujourd'hui fixé à vingt-cinq ans.

Quant au mode de procéder, il devait être simple, prompt, et cependant offrir toutes les garanties désirables. Lorsqu'un officier supérieur commandant le Mode de procéder.

lieu où un délit a été commis en est informé, il ordonne au capitaine rapporteur d'interroger le prévenu et de procéder à l'instruction. Ces préalables accomplis, le prévenu choisit un défenseur; il peut faire ce choix parmi toutes les classes de citoyens; à son défaut, le rapporteur le fait pour lui. Aussitôt, il est donné connaissance au défenseur du procès-verbal d'information, de l'interrogatoire subi par le prévenu, et de toutes les pièces tant à charge qu'à décharge; puis, l'officier commandant convoque le conseil de guerre, qui juge sans désemparer. Les séances sont publiques; mais le nombre des spectateurs ne peut excéder le triple de celui des juges. Les membres du conseil opinent à huit clos, en présence du commissaire du Gouvernement qui doit être un capitaine. Si trois des juges déclarent l'accusé non coupable, il est mis sur-le-champ en liberté et rendu à ses fonctions. Si le conseil déclare, à la majorité de cinq voix, que l'accusé est coupable, l'officier, commissaire du Gouvernement, requiert l'application de la peine prononcée par la loi. Dans le cas de dissidence sur cette application, l'avis le plus doux est adopté : alors l'audience redevient publique. Le président prononce la décision du conseil, hors la présence de l'accusé; c'est dans la prison, devant la garde assemblée, que le rapporteur fait à celui-ci lecture du jugement.

État de siége. Les conseils de guerre permanents, institués pour juger les crimes et les délits commis par les militaires, reçoivent de la loi, dans des circonstances exceptionnelles, une autre mission très-redoutable. Tel est le cas de l'état de siége. Cet état existait, d'après la loi du 10 juillet 1791, dès l'instant qu'une place de guerre ou un poste militaire était investi par l'ennemi, de manière à intercepter les communications du dehors au dedans, ou du dedans au dehors. La loi du 10 fructidor an v étendit l'état de siége aux communes de l'intérieur aussitôt que, par l'effet de leur investissement par des troupes ennemies ou rebelles, les communications étaient interrompues. Le Directoire pouvait déclarer cet état, en suite d'une autorisation du Corps législatif. Par la loi du 24 décembre 1811, l'état de siége fut déterminé ou par un simple décret de l'Empereur, ou par l'investissement, ou par une attaque de vive force, ou par une surprise, ou par une sédition intérieure, ou enfin par des rassemblements formés dans le rayon d'investissement, sans l'autorisation des magistrats.

Lorsqu'un département, une ville ou une commune était mise en état de siége, l'autorité militaire se saisissait de tous les pouvoirs administratifs pour le maintien de l'ordre et de la police, et les tribunaux ordinaires étaient remplacés par les tribunaux militaires, dont tous les citoyens, qu'ils appartinssent ou non à l'armée, devenaient les justiciables.

Mais la charte de 1830 ayant disposé dans ses articles 53 et 54, d'une manière plus explicite encore que celle de 1814, d'une part, que nul ne pourrait être distrait de ses juges naturels; d'autre part, qu'il ne pourrait être créé de commissions et de tribunaux extraordinaires, à quelque titre et sous quelque dénomination que ce pût être, les citoyens non militaires n'ont plus pu, sous quelque prétexte que ce soit, être enlevés à leur juges naturels, pour être soumis au jugement des conseils de guerre.

D'après la charte de 1830 cependant, le Gouvernement n'était pas désarmé du pouvoir de mettre les villes, les communes et les départements en état de siége : les lois qui l'investissaient de ce pouvoir continuaient à subsister, mais les tribunaux militaires, dont la juridiction était la conséquence nécessaire de cet état, ne pouvaient juger que les individus appartenant à l'armée.

État de siége lors de l'insurrection du 20 juin 1832.

L'insurrection de juin 1832 se présentait avec un caractère si formidable que le Gouvernement s'était vu obligé de déclarer Paris en état de siége. Aussitôt, le conseil de guerre de la première division militaire fut saisi. Parmi les individus arrêtés, il s'en trouvait quelques-uns qui, accusés de rébellion à main armée, d'attentat contre l'autorité royale et d'excitation à la guerre civile, n'étaient pas militaires. Quoiqu'ils eussent décliné la compétence du conseil de guerre, ce conseil ne s'arrêta pas à cette exception, regarda sa compétence comme suffisamment établie, ordonna qu'il serait passé outre aux débats, déclara ces individus coupables, et par plusieurs jugements les condamna à la peine de mort. Mais, sur leur pourvoi, la cour de cassation, gardienne des droits et des garanties que la loi accorde aux citoyens, jugea que si les conseils de guerre sont des *tribunaux ordinaires* pour le jugement des crimes et des délits commis par des militaires ou par des individus que la loi leur assimile, ils deviennent des *tribunaux extraordinaires*, inconstitutionnels, lorsqu'ils étendent leur compétence à des crimes et à des délits commis par des citoyens non militaires : en conséquence, elle rendit le mémorable arrêt du 29 juin 1832, bientôt suivi de plusieurs autres, par lequel elle déclara que le conseil de guerre avait commis un excès de pouvoir et violé les règles de sa compétence, ainsi que les art. 53 et 54 de la charte constitutionnelle, et elle renvoya les individus condamnés devant la justice ordinaire, pour y être procédé conformément à la loi.

Les tribunaux militaires et le Gouvernement lui-même rendirent hommage à cette interprétation donnée à la charte de 1830 par la cour régulatrice, et s'y conformèrent entièrement.

Il y avait d'ailleurs cette autre restriction apportée à la juridiction des conseils de guerre, restriction qui témoignait du respect de la législation pour les droits des citoyens, que, lorsque parmi plusieurs individus complices et accusés du même fait, il s'en trouvait qui fussent militaires, et d'autres qui ne le fussent pas, le conseil de guerre était dessaisi à l'égard de tous. Dans ce cas, les accusés appartenant à l'ordre civil attiraient avec eux leurs complices militaires devant la juridiction ordinaire.

Verdict du jury de Strasbourg. Projet de loi de disjonction.

Une circonstance mémorable fit ressortir tout ce qu'il y avait de libérales garanties dans cette manière de procéder. Nous voulons parler du verdict rendu, en 1837, par le jury de Strasbourg : militaires et simples citoyens étaient compris dans la même accusation ; tous, après vingt-deux minutes de délibération, avaient été acquittés. Le ministère s'en émut ; il crut voir dans ce fait un symptôme alarmant pour l'ordre public, et il le jugea assez grave pour appeler la plus sérieuse attention du Pouvoir législatif. Il n'alla cependant pas jusqu'à demander à ce pouvoir une loi qui, dans les cas semblables, autorisât le renvoi de tous les accusés, à quelque ordre qu'ils appartinssent, devant la juridiction militaire; il se borna à proposer la disjonction de la procédure, de manière à ce que les militaires fussent renvoyés devant le conseil de guerre, et les accusés civils devant la juridiction ordinaire. Il présenta donc un projet de loi sur cette base, espérant que cet expédient suffirait pour rendre la répression plus ferme.

Mais des voix puissantes se firent entendre; le président de la Chambre quitta son fauteuil, pour éclairer le Gouvernement et ses collègues sur la voie dans laquelle on cherchait à les entraîner; il démontra que le principe de l'indivisibilité des procédures était l'un des principes de notre droit public les plus constants; que, dans toutes les dérogations au droit des juridictions ordinaires, faites dans les temps de révolution ou de despotisme militaire, on ne trouvait pas une seule atteinte portée au principe d'indivisibilité, lequel avait pour but d'assurer une justice complète et de ne laisser aucun coupable impuni; tandis que la disjonction y substituait une justice partielle, contraire tout à la fois à l'intérêt de l'accusation et à la défense des accusés. Elle livre en effet ceux-ci aux embarras d'une double juridiction, et, en nécessitant un double jugement, nuit à l'autorité de la chose jugée par la contradiction qui peut exister entre les deux décisions.

Ces considérations prévalurent, et le projet de loi fut rejeté.

Ainsi, jusqu'à la révolution de février 1848, les pouvoirs des conseils de guerre, soit que ces conseils fussent saisis dans les cas ordinaires, conformément aux lois qui réglaient leur compétence, soit qu'ils le fussent en vertu de la déclaration de l'état de siége, ne cessèrent pas d'être limités, quant à la juridiction, au jugement des individus militaires.

La révolution de 1848 ne changea d'abord rien à ces règles, et la constitution du 4 novembre de cette année, en maintenant les lois existantes, répéta textuellement les dispositions de la charte de 1830 portant interdiction de distraire les citoyens de leurs juges naturels, et de créer des commissions et des tribunaux extraordinaires, à quelque titre et sous quelque dénomination que ce fût.

Mais l'agitation du pays à cette désastreuse époque, les mouvements insurrectionnels qui surgirent dans plusieurs départements, déterminèrent l'Assemblée nationale à régler l'état de siége par des dispositions spéciales qui, quant aux personnes, modifièrent gravement la législation suivie jusque-là, en étendant la compétence des conseils de guerre.

Augmentation de compétence des conseils de guerre.

Par la loi du 9 août 1849, cette assemblée se réserva le droit de déclarer seule l'état de siége, et de désigner les communes, les arrondissements ou les départements auxquels il devrait s'appliquer. Le président de la république n'était autorisé à recourir à cette mesure énergique qu'en l'absence du Corps législatif, et en demeurant d'ailleurs soumis à certaines prescriptions.

Les effets de l'état de siége consistent depuis lors à faire passer, comme précédemment, à l'autorité militaire les pouvoirs dont l'autorité civile est habituellement investie pour le maintien de l'ordre et de la police, et dans ce cas, l'autorité civile ne continue à exercer que ceux de ces pouvoirs que l'autorité militaire ne s'est pas attribués. Quant à leur compétence, les tribunaux militaires peuvent être saisis de la connaissance des crimes et délits contre la sûreté de l'État, contre la constitution, contre la paix et l'ordre public. Mais, à la différence de la législation antérieure telle que la cour régulatrice en avait fixé le sens, cette compétence s'étend aux auteurs principaux, à leurs complices, *quelle que soit leur qualité;* de sorte que lorsqu'un département, un arrondissement ou une commune est déclarée en état de siége, tous les citoyens, sans distinction, sont justiciables des conseils de guerre.

L'autorité militaire d'ailleurs a le droit de faire des perquisitions de jour et de nuit dans le domicile des citoyens; d'éloigner les repris de justice et les individus qui n'ont pas leur domicile dans les lieux soumis à l'état de siége; d'ordonner la remise des armes et munitions, et de procéder à leur recherche et à leur enlèvement; d'interdire enfin les publications et les réunions qu'elle juge de nature à exciter ou à entretenir le désordre.

Tel est maintenant l'état de siége; car la constitution du 14 janvier, qui n'a pas été abrogée sur ce point par le sénatus-consulte du 7 novembre suivant, lequel a rétabli l'empire et réglé l'ordre de succession au trône, n'a apporté d'autre modification à la loi du 9 août 1849 que celle qui a consisté à conférer au président de la république, aujourd'hui l'Empereur, le droit de déclarer l'état de siége dans un ou plusieurs départements, sauf à en référer au Sénat dans le plus bref délai.

État de siége à Lyon.

Depuis que cette dernière loi a été rendue, des troubles intérieurs, des tentatives d'insurrection, l'action incessante des sociétés secrètes, ont obligé de recourir à cette juridiction extraordinaire dans la 8e division militaire. De graves affaires, instruites et jugées par les conseils de guerre, ont pendant quelque temps tenu la France attentive, et ont permis d'apprécier tout ce qu'il y avait de prudence, de modération et d'impartialité dans la conduite des officiers qui composaient ces conseils, et particulièrement de ceux qui les présidaient. A l'honneur de notre armée, dans ces moments difficiles et malgré la rigidité d'une loi qui, contrairement aux principes de droit criminel précédemment consacrés, rendait les citoyens non militaires justiciables de ces tribunaux, on put admirer la mesure avec laquelle l'instruction des affaires était conduite et dirigée, les égards continuels dont les accusés étaient l'objet, et les soins pris pour que l'entière liberté de la défense leur fût assurée.

§ II. — CONSEILS DE RÉVISION.

La loi de brumaire an v n'admettait qu'un seul degré de juridiction. L'accusé était privé de la faculté de faire réviser par un tribunal plus élevé le jugement qui le frappait. Sous l'empire de cette loi, aussitôt après que le rapporteur avait donné lecture du jugement à l'accusé, il se rendait auprès de l'officier commandant, et le requérait, au nom du conseil, de donner sur-le-champ les ordres pour déterminer l'heure et le lieu de l'exécution.

On ne tarda pas à reconnaître les dangers qui pourraient résulter d'une telle précipitation et de l'absence de toute révision d'une décision qui pourrait ne pas avoir été rendue dans les formes prescrites, et avec toutes les garanties dues à l'accusé.

Il fut pourvu à cette lacune par la loi du 18 vendémiaire an VI, qui, ayant pour objet de faire participer les troupes aux bienfaits que la constitution d'alors accordait à tous les citoyens, établit un conseil de révision permanent dans chaque division d'armée et dans chaque division de troupes employées dans l'intérieur.

Ce nouveau conseil ne put connaître du fond de l'affaire : ce n'était donc pas un tribunal d'appel, chargé de vérifier le bien ou le mal jugé du premier; ses attributions furent restreintes à l'annulation des jugements pour les cas suivants : 1° lorsque le conseil de guerre n'aurait pas été formé de la manière prescrite par la loi ; 2° lorsqu'il aurait outrepassé sa compétence, soit à l'égard des prévenus, soit à l'égard des délits dont la loi lui attribuait la connaissance ; 3° lorsqu'il se serait déclaré incompétent pour juger un prévenu soumis à sa juridiction ; 4° lorsqu'une des formes prescrites par la loi n'aurait point été observée, soit dans l'information, soit dans l'instruction; 5° enfin lorsque le jugement ne serait pas conforme à la loi dans l'application de la peine.

Si la nullité du jugement résulte du défaut de compétence, le fond du procès est renvoyé au tribunal qui doit en connaître; dans tout autre cas, le conseil de révision le renvoie au conseil de guerre spécialement établi dans chaque division, pour qu'il soit procédé à une nouvelle instruction.

Le militaire condamné par un conseil de guerre a vingt-quatre heures, à partir de la lecture qui lui a été faite du jugement, pour se pourvoir devant le conseil de révision; en cas d'acquittement, le commissaire du Gouvernement a également vingt-quatre heures pour se pourvoir d'office, après le délai accordé à l'accusé (1).

Les conseils de révision ne sont composés, d'après la même loi du 18 vendémiaire an VI, que de cinq membres, savoir : d'un officier général président, d'un chef de brigade, d'un chef de bataillon ou d'escadron, de deux capitaines, d'un greffier, d'un commissaire et d'un ordonnateur ou ordinaire des guerres, chargé de remplir les fonctions de commissaire du Gouvernement. Le rapporteur est pris parmi les membres du conseil, et choisi par eux. Tous ces membres doivent être âgés de trente ans accomplis, avoir fait trois campagnes devant l'ennemi, ou avoir six ans de service actif dans les armées de terre ou

(1) Loi du 13 brumaire an V.

de mer; ils sont nommés par les généraux d'armée, ou par les généraux ou commandants des divisions de troupes dans l'intérieur.

Les séances du conseil de révision sont publiques; mais, comme dans celles des conseils de guerre, le nombre des spectateurs ne peut excéder celui des juges.

Si le jugement contre lequel on s'est pourvu est confirmé, les pièces du procès sont renvoyées au conseil de guerre qui l'a rendu, lequel est tenu d'en poursuivre l'exécution; s'il est annulé, ces pièces et la décision du conseil de révision sont transmises dans les vingt-quatre heures au second conseil de guerre permanent, établi, conformément à la loi du 14 brumaire an v, dans chaque division de l'intérieur pour connaître et juger tous les délits militaires, en cas d'annulation du jugement par le conseil de révision de la division.

Pourvoi devant la cour de cassation.

De son côté, la Cour de cassation est appelée à intervenir, en vertu de l'art. 77 de la loi du 27 ventôse an VIII, dans le cas où les jugements des tribunaux militaires de terre et de mer sont attaqués par des citoyens non militaires, ou non assimilés par les lois aux militaires, à raison de leurs fonctions; dans celui où il y a dénonciation par le procureur général auprès de cette cour, en vertu d'un ordre formel à lui donné par le ministre de la justice, conformément à l'art. 441 du code d'instruction criminelle et à l'art. 80 de la loi de ventôse an VIII; ou lorsque, conformément à l'art. 88 de la même loi, le procureur général de la cour de cassation apprend qu'il a été rendu en dernier ressort un jugement contraire aux lois et aux formes de procéder, ou dans lequel un tribunal militaire a excédé ses pouvoirs, et contre lequel cependant aucune partie n'a réclamé dans le délai fixé; ou lorsque, dans le cas prévu par l'art. 527 du code de procédure criminelle, il y a conflit entre les autorités militaires et judiciaires, arrêtant le cours de la justice; lorsque enfin, deux jugements rendus par les tribunaux de l'armée sont inconciliables. Dans ces diverses circonstances, la Cour de cassation statue, et annule, s'il y a lieu, les décisions rendues.

Ainsi, son rôle est de renfermer les tribunaux militaires dans les limites de leur compétence, et ce rôle est la conséquence de son institution, qui la place au sommet de toutes les juridictions, de quelque nature qu'elles soient; car la Cour de cassation n'est pas seulement cour suprême, elle est aussi cour régulatrice, sa fonction principale étant de maintenir l'unité de jurisprudence dans un pays assez heureux pour jouir de l'unité dans la législation.

En 1850, d'après la statistique militaire de cette année, 24 jugements rendus par les conseils de guerre ont été déférés à cette cour, qui a rendu 18 arrêts de rejet, 5 arrêts de cassation et 1 arrêt de règlement de juges.

Ce fut donc la loi du 13 brumaire an v, étendue par quelques lois subséquentes, qui institua les conseils de guerre et de révision permanents, et qui détermina leur composition et leur mode de procéder.

Une autre loi promulguée peu de jours après la première, celle du 21 brumaire, renferma un code Code pénal militaire.

pénal tout spécial pour les armées de terre et de mer; nous disons spécial, car il se rapportait à des crimes ou délits qui n'avaient pas leur place dans le code pénal ordinaire. Ainsi, il statuait sur les cas de désertion à l'ennemi et à l'intérieur, de trahison, d'embauchage et d'espionnage, de pillage, de dévastation et d'incendie, de maraude, de vol et d'infidélité dans la gestion et la manutention.

La mort, les fers, l'emprisonnement, la dégradation, la perte d'emploi, telles sont les peines que le code pénal de brumaire an v inflige aux coupables de crimes et délits commis, soit dans l'intérieur, soit en pays ennemi.

Pour tous les autres cas, les lois ordinaires sont appliquées.

Dans l'état actuel des choses, les peines infligées aux militaires qui se rendent coupables de crimes ou de délits, et qui sont passibles des peines édictées, soit par le code pénal ordinaire, soit par le code pénal militaire, se divisent, comme dans le droit commun, en criminelles et correctionnelles.

Les premières sont : la mort, la déportation, la détention, les travaux forcés et les fers; toutes sont afflictives et infamantes. Les deuxièmes comprennent le boulet, les travaux publics et l'emprisonnement. La peine du boulet est toute militaire; bien que grave par sa nature, et surtout par les formes dégradantes de son exécution, laquelle consiste à être conduit à la parade, à y entendre la lecture du jugement à genoux, les yeux bandés, et à parcourir le front du corps en bataille, les yeux toujours bandés et traînant un boulet (1), elle ne diffère, ni de celle des travaux publics, ni de celle de l'emprisonnement, quant à son effet sur l'état civil de ceux qui l'ont encourue. Le double boulet n'atteint que les individus auxquels a déjà été infligé le boulet simple, et qui commettent de nouveaux délits pendant leur présence aux ateliers de condamnés. A l'expiration de la peine du boulet, le condamné militaire peut rentrer dans l'armée; cette peine, comme celle des travaux publics, est prononcée pour désertion à l'intérieur; les travaux publics sont de plus prononcés pour vente d'effets d'habillement.

Lieux de répression pénale militaire.

Voici maintenant les lieux dans lesquels ces diverses peines sont subies.

Après avoir été dégradés, les condamnés aux fers sont remis à l'autorité civile. Antérieurement à 1830, il existait pour eux un bagne spécial, celui de Lorient; mais ce bagne ayant été supprimé, le département de l'intérieur, dans un intérêt de moralité qui ne permettait pas de confondre les condamnés de cette catégorie avec les forçats, décida qu'ils seraient renfermés dans des maisons centrales, notamment dans celle du mont Saint-Michel. Lorsque nous avons visité cette dernière maison, il s'y trouvait 200 de ces hommes; leur conduite était satisfaisante, le directeur et l'aumônier en rendaient le meilleur témoignage. Ils n'avaient d'ailleurs aucune communication avec

(1) Arrêté du 19 vendemaire an XII, art. 77.

les autres condamnés, dont le nombre s'élevait alors à 508.

Les condamnés au boulet et aux travaux publics subissent leur peine dans des ateliers stationnés en Afrique.

Ces lieux de punition sont au nombre de sept, savoir : trois ateliers de boulet, à Alger, à Cherchel et à Mers-el-Kébir, et quatre ateliers de travaux publics à Oran, à Bône, à la Calle et à Tenez.

Les condamnés sont affectés par le génie et par les ponts et chaussées à des travaux d'utilité générale. Des détachements sont envoyés sur les routes; les hommes qui sont employés gagnent ordinairement 75 centimes par jour.

Quant aux condamnés à l'emprisonnement, il faut distinguer ceux qui ont à subir plus d'une année de cette peine de ceux qui sont condamnés à moins d'une année. On dirige les premiers sur des pénitenciers militaires, où ils sont soumis à un régime qui consiste dans la détention cellulaire la nuit, et dans le travail en commun pendant le jour.

Saint-Germain, Lyon, Metz, Besançon et Alger, renferment cinq établissements de ce genre.

Le pénitencier de Saint-Germain, où 500 militaires subissent leur peine, est le seul, quant à présent, qui soit distribué en cellules ; mais celui de Lyon doit être supprimé, et on dispose en ce moment à Avignon une maison cellulaire pour le remplacer. Chaque atelier ou pénitencier est commandé par un capitaine ayant sous ses ordres des adjudants et des sous officiers de surveillance; par exception, c'est un officier supérieur qui commande le pénitencier de Saint-Germain. Un comptable, aidé par des adjoints, est chargé de l'administration. Ce personnel est soumis aux lois et règlements militaires.

Dans tous les pénitenciers, le travail est en pleine activité, et les condamnés gagnent en moyenne de 75 centimes à 1 franc par jour.

Les condamnés à l'emprisonnement pour moins d'une année restent enfermés dans les prisons placées près des conseils de guerre. Ces prisons reçoivent en outre les prévenus, les militaires punis disciplinairement, les militaires voyageant sous l'escorte de la gendarmerie, et les condamnés militaires attendant une destination.

Nous avons dit que les condamnés étaient soumis au travail. Produit du travail.

Le produit en est réparti ainsi qu'il suit :

3/12 pour le trésor;

3/12 pour la masse individuelle;

3/12 pour les fonds particuliers;

3/12 pour la masse d'amélioration de l'ordinaire.

Ce qui rentre au Trésor couvre une partie des dépenses qu'occasionne la détention des condamnés.

La masse d'amélioration de l'ordinaire, en permettant d'ajouter quelque chose à leur repas, pour lequel le Trésor n'accorde que 20 centimes par jour, devient pour eux un stimulant.

La masse individuelle sert à pourvoir, avant tout, à l'achat des effets, linge et chaussures des condamnés; c'est sur cette masse que sont imputés les dégradations et dégâts qu'ils peuvent commettre.

Les fonds particuliers se composent des envois d'argent faits aux condamnés; on y ajoute une portion de leur salaire, afin de les intéresser au travail.

Des grâces et des réductions de peines sont accordées à la suite des inspections, tous les ans aux ateliers du boulet, et tous les six mois aux ateliers des travaux publics, ainsi qu'aux pénitenciers et aux prisons militaires. Comme à l'égard des lieux de détention ordinaire, la première condition pour être porté sur le tableau est d'avoir subi la moitié de sa peine.

Grâces.

Ces grâces, ou réductions de peine, sont beaucoup plus nombreuses que celles qui sont accordées aux condamnés jugés par les tribunaux ordinaires; et cela se conçoit: les délits qui ont motivé les condamnations militaires accusent en général une dépravation moins grande que ceux que la justice ordinaire a eus à punir. Le chiffre des grâces, commutations ou réductions de peine, a varié dans les cinq dernières années de 2,700 à 4,000.

Comment on dispose des libérés.

Après l'expiration de leur peine ou l'obtention de leur grâce, les condamnés libérés sont dirigés sur les bataillons d'infanterie légère d'Afrique; plus tard, si leur conduite y est bonne, ils sont rayés de ces bataillons pour repasser dans la ligne. De même que, lorsque pendant leur détention, et avant leur transfèrement, ils ont fait preuve de repentir et montré le désir sincère de rentrer dans de meilleures voies, ils sont dispensés de subir l'épreuve des bataillons d'Afrique et peuvent être réintégrés immédiatement dans des régiments.

En général, les condamnés à l'emprisonnement se montrent soumis; les révoltes sont rares parmi eux, mais la discipline est plus difficile à maintenir dans les ateliers de travaux publics et de boulet, où les condamnés, travaillant au dehors, jouissent de plus de liberté.

Statistiques de la justice militaire.

L'administration de la guerre, à l'exemple du ministère de la justice, publie depuis 1832 les statistiques de la répression militaire; leur examen offre de curieux détails et permet d'apprécier la situation morale de notre armée.

La dernière statistique est pour l'année 1852. L'effectif moyen de l'armée soumis à la juridiction des tribunaux militaires se composait alors de 369,442 hommes. Il est toutefois à remarquer que ce chiffre, qui présente l'effectif moyen, diffère de celui indiqué dans le compte du recrutement et dans les autres comptes de la guerre, parce que l'action de la justice militaire ne s'exerce pas sur les hommes absents par congé ou autrement, lesquels sont soumis à la juridiction ordinaire, mais seulement sur l'effectif des hommes présents sous les drapeaux.

Nombre de militaires jugés et condamnés.

Or, sur cet effectif, 5,658 hommes avaient été mis en jugement, 7 avaient été renvoyés devant les tribunaux ordinaires pour cause d'incompétence, et 1174 avaient été acquittés. Le nombre des condamnés était donc de 4,477, ce qui faisait 1 sur 83 de l'effectif de l'armée. 208 avaient été condamnés à mort, 137 à la déportation, 49 à la détention, et 397 aux travaux forcés et aux fers; mais il est à observer que sur ce dernier nombre 229 condamnations avaient été motivées par des faits d'insubordination et autres, purement militaires, que la loi militaire punit de la peine des fers proprement dite, et 168 pour des faits contre lesquels le Code pénal prononce la peine des travaux forcés. 144 avaient été condamnés à la réclusion, 224 au boulet, 322 aux travaux publics, 2,961 à la prison, 3 à la destitution, et 32 à l'amende. Ces aperçus sur la criminalité militaire pour l'année 1852, comparés aux années antérieures, dénotent une amélioration sensible dans la moralité de l'armée.

Cette amélioration est le résultat des soins que prennent les chefs pour instruire le soldat de ses devoirs, et lui faire sentir les avantages de sa soumission à la discipline.

Par suite d'ue mesure prise depuis 1830, il est sursis à l'exécution de toute sentence de mort ou prononçant pour fait d'insubordination une peine afflictive ou infamante, afin que le chef de l'État puisse exercer sa clémence en faveur de ceux des coupables qui lui en paraissaient dignes. C'est principalement aux condamnés à la peine capitale que cette voie de salut est ouverte. Sur les 208 condamnations de cette nature prononcées en 1852, 182 ont été l'objet de commutation de peine, et 26 seulement ont reçu leur exécution. Ces dernières avaient lieu pour des faits d'homicide, d'assassinat, ou de révolte dans un atelier de boulet.

Nombre de prévenus et de condamnés par catégories de soldats.

L'armée se compose de plusieurs catégories de militaires, savoir : les engagés volontaires, les soldats appelés par le sort, les remplaçants et les rengagés.

Il est instructif de rechercher quelles sont celles de ces catégories qui offrent le plus de prise à l'action de la justice militaire; c'est le moyen d'apprécier la valeur morale de chacune d'elles.

Les engagés volontaires présentaient en 1852, sur un effectif de 59,504 hommes, 1,550 prévenus et 1,260 condamnés; c'est 1 prévenu sur 38, et 1 condamné sur 48.

Les remplaçants, dont le nombre était de 96,500 hommes, avaient eu 1,770 prévenus et 1,434 condamnés; c'est 1 prévenu sur 54, et 1 condamné sur 67.

Les soldats appelés par le sort, et qui servent en personne, avaient, sur un effectif de 165,815 hommes, 1,417 prévenus et 1,137 condamnés; c'est 1 prévenu sur 116, et 1 condamné sur 146.

Enfin les rengagés, qui présentaient un effectif de 18,316, avaient eu 41 prévenus et 30 condamnés; c'est 1 prévenu sur 447, et 1 condamné sur 611.

On voit par là que les engagés volontaires, qui forment près du sixième de notre armée, sont ceux qui encourent le plus de condamnations; que les remplaçants, qui en forment un peu plus du quart, en comptent moins que les premiers; que les soldats appelés par le sort, qui en composent plus de la moitié, en comptent moins encore, et qu'enfin les rengagés, qui n'en forment guère que la vingt-unième partie, sont ceux chez lesquels le sentiment du devoir est le plus prononcé.

Si maintenant on envisage la criminalité au point de vue des diverses armes dont se compose l'armée, Criminalité d'après les diverses armes.

on trouve que plus les armes sont spéciales et font supposer une solide instruction, plus aussi le service exigé est assujettissant pour le soldat, et moins il se commet d'actes punissables.

État-major. Ainsi, l'état-major n'a présenté qu'un prévenu qui a été acquitté; le corps de l'intendance n'en a eu que deux, qui ont été également acquittés.

La gendarmerie, ce corps qui a montré tant de dévouement et donné des gages si précieux au maintien de l'ordre, ce corps, recruté avec la plus scrupuleuse attention parmi tous les corps de l'armée, sur un effectif de 24,519 hommes, n'a eu que 12 prévenus, dont 8 ont été condamnés.

Génie. Puis, viennent : le génie qui, sur 7,684 hommes, y compris les ouvriers, a eu 65 prévenus et 44 condamnés, ou 1 prévenu sur 118, et 1 condamné sur 175; et l'artillerie qui, sur un effectif de 28,232 hommes, en y comprenant les pontonniers, les compagnies d'ouvriers d'artillerie et le corps du train des équipages militaires, a eu 302 prévenus et 241 condamnés; c'est 1 prévenu sur 93, et 1 condamné sur 117.

Cavalerie. Les différents corps de cavalerie, dont l'effectif est de 55,080 hommes, donnent lieu à un peu plus de poursuites criminelles que les différents corps d'infanterie; il y a eu parmi les premiers 704 prévenus et 571 condamnés, ou 1 prévenu sur 78 hommes, et 1 condamné sur 96, tandis qu'il n'y a eu que 1 prévenu sur 81 soldats et 1 condamné sur 100 parmi les seconds, qui comptaient 223,255 hommes.

Infanterie.

Toutes ces différences s'expliquent, comme nous

le disions, par le degré d'instruction des corps, par les garanties résultant, quant à quelques-uns, du mode de leur composition, et par l'activité de certains services, qui, imposant au soldat des exercices multipliés, absorbent davantage son temps et éloignent de lui l'occasion et la pensée du mal.

Légion étrangère.

La légion étrangère, formée d'hommes de toutes les nations et qu'une loi défend d'employer dans l'intérieur de la France, se compose de deux régiments dont l'effectif, en 1852, était de 4,138 hommes. Cette légion avait fourni 113 prévenus et 92 condamnés, c'est-à-dire 1 prévenu sur 37, et 1 condamné sur 45.

Infanterie légère d'Afrique.

Enfin, les corps dans lesquels la mise en prévention et les condamnations sont les plus nombreuses sont les trois bataillons d'infanterie légère d'Afrique; ce qui se conçoit, puisque ces corps se recrutent d'hommes qui ont déjà encouru des peines correctionnelles. On compte parmi eux 1 prévenu sur 15, et 1 condamné sur 17.

Rapport des actes punissables avec les années de service.

Si maintenant on considère le nombre d'actes punissables dans ses rapports avec le nombre des années de service de chaque soldat, on trouve encore des résultats dignes d'intérêt.

Ainsi, il se commet moins de délits dans la première année du service militaire que dans les années suivantes. Le soldat encore imbu de l'esprit de famille, des bonnes traditions du foyer, des notions religieuses qu'a recueillies son jeune âge, résiste un certain temps aux influences de la vie de garnison. On ne compte dans l'armée pour cette première année que 655 prévenus, et 541 condamnations. C'est insensiblement et à mesure que ces influences agissent sur lui, qu'il se livre aux désordres, lesquels arrivent à leur paroxysme dans les deux années suivantes, c'est-à-dire de la première à la troisième. Pour cette deuxième période il y a eu 1,441 prévenus, et 1,205 condamnés.

Ce temps écoulé, et pendant celui qui sépare la troisième année de la cinquième, le soldat est plus rompu au service et aux devoirs qu'il impose, sa conduite devient plus régulière, le chiffre des prévenus descend alors à 1,450, et celui des condamnés, à 1,180. Enfin, de cinq à sept ans, le soldat a acquis un tel empire sur lui-même, que ce chiffre n'est plus pour les prévenus que de 668, et pour les condamnés que de 514. Ces chiffres sont à peu près les mêmes pour les militaires qui ont passé sept ans sous les drapeaux.

De là on peut conclure que, la première fougue du soldat, qui a eu lieu dans la seconde et la troisième année de son service, une fois passée, il se plie à la discipline, et que chaque année nouvelle signale de sa part un nouveau progrès dans le bien.

Nous devons remarquer enfin, pour l'honneur des officiers de l'armée, que parmi eux les faits qui donnent lieu aux poursuites sont très-rares. Sur un total de 19,439 officiers de toutes armes, il n'y a eu en 1852 que 18 prévenus seulement, et seulement 9 condamnés.

Quant aux élèves des écoles militaires, un seul pendant son séjour à l'école a été mis en prévention et condamné.

En résultat : le corps des sous-officiers de l'armée, au nombre de 25,003, a eu dans la même année 116 prévenus et 70 condamnés, ou 1 prévenu sur 216, et 1 condamné sur 357 ; les caporaux et brigadiers, au nombre de 30,684, ont eu 222 prévenus et 148 condamnés ; c'est 1 prévenu sur 138 et 1 condamné sur 208 ; les soldats, parmi lesquels se trouvent compris les musiciens, les tambours, ouvriers, etc., au nombre de 288,067, ont eu 4,421 prévenus et 3,635 condamnés, ce qui fait 1 prévenu sur 65 hommes, et 1 condamné sur 79.

Disons enfin, à l'honneur de notre armée, qu'elle n'a eu que 259 condamnations pour désertion ; que sur ce nombre une seule désertion avait eu lieu à l'ennemi, et 59 seulement à l'étranger.

Rapport des actes coupables avec l'instruction.

Mais il est affligeant d'avoir à dire, et cette observation semble au premier coup d'œil se concilier difficilement avec l'un des résultats que nous avons constatés plus haut, qu'il y a dans l'armée un beaucoup plus grand nombre de prévenus qui ont eu un commencement d'instruction, c'est-à-dire qui savent seulement lire et écrire, que de ceux qui sont complétement illettrés. Ainsi, en 1852, sur 5,658 soldats mis en jugement, 3,802 savaient lire et écrire, et avaient pu conséquemment signer leur interrogatoire ; c'est plus des deux tiers. Le nombre des signataires avait été en 1848 de 3,341, en raison de 5,436 interrogés ; en 1849, de 4,648 sur 7,378 prévenus, de 4,150 sur 6,185 en 1850, et de 3,925 sur 6,049 en 1851.

Un tel fait donnerait lieu de douter qu'une certaine instruction servît de préservatif contre l'entraînement des mauvaises passions ; mais n'est-ce pas plutôt parce qu'elle est incomplète et qu'une mauvaise direction lui a été donnée qu'elle est impuissante à les corriger ?

§ III. — JUSTICE DISCIPLINAIRE.

Nous ne pouvons terminer ce qui concerne les juridictions militaires, sans parler d'une justice disciplinaire qui s'exerce dans les régiments, en dehors de ces juridictions.

Cette justice fut organisée par l'ordonnance du 1er avril 1818, à l'égard des soldats qui, sans avoir commis de délits de nature à les rendre justiciables des conseils de guerre, persévèrent néanmoins, par des fautes et contraventions que les peines de simple discipline ne suffisent pas à réprimer, à porter le trouble et le mauvais exemple dans les corps dont ils font partie. Ces soldats sont incorporés dans les compagnies détachées organisées à cet effet, sous la dénomination de *compagnies de discipline.*

Compagnies de pionniers et de fusiliers.

Ces compagnies sont divisées en deux classes : l'une, qui prend la dénomination de *compagnies de pionniers,* destinée à recevoir les militaires qui, par la nature des torts dont ils se rendent coupables, ou par la continuité de leur mauvaise conduite dans les compagnies de fusiliers, doivent être soumis à un régime plus sévère. Ces compagnies reçoivent aussi, en vertu d'une ordonnance du 11 octobre 1820, les jeunes soldats faisant partie des contingents mis en activité, qui se sont mutilés volontairement pour se soustraire au service militaire. L'autre classe, sous le nom de *compagnies de fusiliers*, se compose des militaires que l'accomplissement régulier de leurs devoirs dans les compagnies de pionniers rend susceptibles d'être renvoyés prochainement dans les corps de la ligne. Ils y sont effectivement admis lorsqu'ils ont donné des gages suffisants d'amendement.

L'envoi dans les compagnies de pionniers et de fusiliers a lieu en vertu d'une décision d'un conseil de discipline, composé dans chaque régiment d'un chef de bataillon, des trois plus anciens capitaines et des trois plus anciens lieutenants, pris hors du bataillon auquel appartient le militaire inculpé. Celui-ci est appelé et entendu dans ses défenses; sont aussi entendus le chef et l'adjudant-major du bataillon, ainsi que le capitaine de la compagnie.

En 1852, 555 soldats sont sortis des différents corps de l'armée pour être envoyés dans les compagnies de discipline, et 25 jeunes soldats qui avaient simulé des infirmités, ou qui s'étaient mutilés pour se soustraire au service, ont été incorporés dans les compagnies de pionniers.

L'effectif des compagnies de fusiliers de discipline et de pionniers était, en 1852, de 1,577 hommes, parmi lesquels il y avait eu 63 prévenus et 43 condamnés, ce qui présente la proportion pour les mises en jugement de 1 sur 25, et pour les condamnations de 1 sur 37.

Garanties qu'offre la juridiction militaire.

Mais ce qu'il convient de faire remarquer, c'est combien la justice militaire est paternelle et indulgente; de quelle sollicitude elle environne les prévenus, avec quel soin elle veille à abréger la durée de leur détention préalable, afin d'arriver promptement à une décision dont la célérité est autant dans leur intérêt propre que dans celui de la discipline; car il importe, pour le maintien de celle-ci et pour que l'exemple soit salutaire, que la punition ne se fasse pas attendre, et qu'elle suive de près le fait qui la motive.

Le soldat prévenu trouve en effet les plus précieuses garanties, soit dans la composition des conseils de guerre permanents, où les différents grades de l'armée sont représentés, soit dans le nombre de voix exigé pour une condamnation, 5 sur 7, soit dans la mansuétude de ces conseils, car près du tiers des prévenus qui comparaissent devant eux est ordinairement acquitté, soit dans le recours aux conseils de révision, chargés de maintenir la rigoureuse observation des formes protectrices des prévenus, soit dans l'action de la cour de cassation, qui met un soin vigilant à ce qu'aucune des immunités que le prévenu a le droit de réclamer ne lui fasse défaut, soit enfin dans cette dernière chance de salut qui lui est offerte, la clémence du chef de l'État, puisque aucune sentence de mort, ou prononçant, pour les cas d'insubordination, des peines afflictives ou infamantes, ne peut être exécutée sans son approbation.

Durée des détentions préventives.

Quant au peu de durée des détentions préventives, les statistiques de la justice militaire pour l'année 1852 constatent que, parmi les prévenus, 32 sur 100 ont été jugés dans le mois du délit, 35 pour 100 dans les deux mois, et 33 pour 100 après les deux mois. Ces différences dans les délais qui se sont écoulés entre la perpétration du fait incriminé et le jugement dépendent de diverses causes qui trouvent leur explication dans les statistiques elles-mêmes : elles proviennent d'abord, et ici nous ne faisons que les copier, des incidents qui surviennent pendant le cours du procès, ensuite de la nature des affaires et de l'éloignement des témoins entendus. Il faut remarquer en outre qu'un certain nombre de prévenus ne sont pas mis sous la main de la justice aussitôt après la perpétration du crime ou du délit, et qu'ainsi la détention préventive n'a pas duré toujours autant de temps qu'il s'en est écoulé entre l'époque où il a été commis et le jugement définitif. Cela s'applique surtout aux déserteurs et aux insoumis, qui souvent restent plusieurs années en état d'absence illégale, et ne peuvent être jugés qu'après avoir été arrêtés ou après s'être constitués prisonniers, puisque ces délits ne peuvent jamais être jugés par défaut.

Rareté des récidives.

S'il est d'ailleurs satisfaisant de pouvoir constater que les récidives parmi les militaires sont rares, il faut tenir compte de ce que les condamnés à certaines peines entrent, après qu'ils les ont subies, dans des corps où la sévérité de la discipline est pour eux un frein salutaire, dont une surveillance spéciale double l'efficacité. Il faut tenir compte aussi de ce que, si c'est après l'expiration de leur temps de service que les militaires déjà condamnés commettent de nouveaux crimes ou délits, ils sont jugés par les tribunaux ordinaires, et leur récidive alors est comprise dans les statistiques du ministère de la justice.

Du reste, cette rareté des récidives est telle, que les statistiques de la justice militaire négligent de les constater; c'est surtout parmi les soldats condamnés pour vente d'effets qu'elles ont lieu. Ces sortes de délits sont le plus souvent commis par des militaires qui désirent changer de régiment pour passer en Afrique, ou qui cherchent à se procurer les moyens de satisfaire leur goût pour les liqueurs fortes.

Dépenses de la justice militaire.

L'administration de la justice militaire coûte à l'Etat, en frais généraux, en traitements, frais de procédure ou établissements pénitenciers, d'après les crédits accordés pour l'année 1856, la somme de 1,080,188 francs. Dans cette somme, les frais généraux de justice sont compris pour 433,900 francs, ceux occasionnés par les ateliers de militaires condamnés au boulet ou aux travaux publics pour 158,780 fr.; ceux des pénitenciers militaires pour 200,154 fr.; et enfin les frais de gîte et de geolage, pour 287,354 fr., mais sur la somme de 1,080,188 francs, à laquelle s'élèvent les frais de justice militaire, il faut imputer celle de 93,000 fr., produit des travaux des ateliers de condamnés, et celle de 102,000 fr., valeur des travaux dans les pénitenciers, ce qui pour les deux produits réduit les dépenses pour frais de justice à 885,188 fr.

Indépendamment des établissements pénitenciers qui sont en France, il en est de disciplinaires en Algérie qui méritent d'être mentionnés; ce sont, en premier lieu, l'établissement de Lambessa, qui renferme les transportés de 1848 et les repris de justice; leur effectif est de 500, leur dépense figure aux mêmes crédits de 1856 pour 320,000 fr.; en second lieu, les colonies pénitentiaires qui renferment les transportés de 1841, dont l'effectif est de 2,200 et qui coûtent au Trésor 650,000 fr. — Ces dépenses tendent à diminuer, car, d'après les crédits de 1855, la première s'élevait à 500,000 fr., et la seconde à 750,000 fr., ce qui pour les deux établissements fait une réduction de 280,000 fr.

§ IV. — COMMISSIONS MILITAIRES.

A côté des tribunaux chargés de maintenir l'ordre et la discipline dans l'armée, il en est d'autres, également composés de militaires, qui, à des époques de désastreuse mémoire et pour des cas exceptionnels, ont été substitués à la justice ordinaire : ce sont les *commissions militaires.*

Ce fut en 1793 que les premières commissions de ce genre furent instituées; on les chargea de juger dans les vingt-quatre heures les émigrés qui, ayant porté les armes contre leur patrie, seraient arrêtés, soit en France, soit en pays ennemi ou conquis. Les condamnés étaient livrés à l'exécuteur, et mis à mort dans le même délai.

Ces commissions étaient composées de 5 membres nommés par le chef de l'état-major de la division de l'armée dans l'étendue de laquelle les émigrés étaient saisis (1).

---

(1) Loi du 28 mars 1793, et loi du 25 brumaire an III.

Lors du coup d'Etat de fructidor an v, il fut décrété que les émigrés saisis dans l'intérieur ne seraient pas jugés, comme ils l'avaient été jusque-là, par les tribunaux ordinaires, qu'ils le seraient par des commissions militaires; mais celles-ci, au lieu d'être composées de 5 membres seulement, comme dans le cas prévu par les lois précédentes, où il s'agissait de juger l'émigré qui avait porté les armes contre la France, le furent de sept, nommés par le général commandant la division (1). Leur jugement ne pouvait être attaqué par recours à aucun autre tribunal, il devait être exécuté dans les vingt-quatre heures de sa prononciation.

D'autres commissions militaires de cinq membres étaient également établies pour juger les Français ou les étrangers, convaincus d'espionnage dans les places de guerre ou dans les armées (2), ainsi que pour juger les embaucheurs (3). Cependant, lorsqu'en brumaire an v des conseils de guerre permanents eurent été créés dans les armées et dans les divisions militaires de l'intérieur, ils furent exclusivement chargés de connaître des crimes d'embauchage et d'espionnage, et, à cet égard, les lois antérieures furent rapportées; mais les commissions militaires furent rétablies sous le gouvernement consulaire; seulement elles furent composées de sept membres, parmi lesquels

---

(1) Loi du 19 fructidor an v.

(2) Loi du 16 juin 1793.

(3) Loi du 4 nivôse an iv.

se trouvait l'officier faisant fonction de rapporteur; leurs décisions, comme celles dont nous avons fait mention plus haut, ne pouvaient être attaquées par recours à aucun autre tribunal, et elles étaient de même exécutées dans les vingt-quatre heures.

D'autres commissions militaires furent chargées d'appliquer les peines encourues par les prisonniers de guerre sortis, sans la permission du Gouvernement, du lieu fixé pour leur résidence. Elles étaient d'abord de cinq membres (1); elles furent ensuite de six, au nombre desquels devait se trouver un officier de gendarmerie comme rapporteur, et alors la compétence de ces commissions s'étendit à tous les délits commis par les prisonniers de guerre dans l'étendue de toute la France (2).

Enfin, la juridiction des commissions militaires embrassait tous les délits dont étaient prévenus les condamnés au boulet et aux travaux publics. Ces commissions se composaient, pour ce cas, du commandant de la place, de quatre officiers supérieurs les plus anciens du grade le plus élevé dans la garnison, et du commandant de la gendarmerie de la place, lequel remplissait les fonctions de rapporteur. Elles prononçaient contre les condamnés au boulet, la mort, une plus longue détention, ou le double boulet; et contre les condamnés aux travaux forcés, la même peine de mort, le boulet pendant un temps qui ne pou-

(1) Loi du 9 prairial an III.
(2) Loi du 17 frimaire an XIV.

vait excéder dix ans, ou une prolongation de peine (1).

On voit par ce rapide exposé la différence qui existait entre les commissions militaires et les conseils de guerre permanents, dont nous avons fait connaître l'organisation.

Les premières se formaient pour chaque affaire, et étaient dissoutes immédiatement après; les derniers, en état de permanence, sont composés de membres qui conservent leurs pouvoirs au moins une année; et quoique le général commandant ait la faculté de les changer pour le bien du service, néanmoins ce changement ne peut avoir lieu pour le jugement d'un délit à raison duquel le prévenu est déjà arrêté, ou à l'égard duquel l'information est commencée.

Autant les commissions militaires pouvaient, par leur composition faite pour la circonstance, et aussi par l'extrême rapidité de l'instruction et du jugement inspirer de justes ombrages à ceux qui étaient traduits devant elles, autant les conseils de guerre permanents leur offraient toutes les garanties d'une bonne et impartiale justice.

Dernière commission militaire.

Le dernier usage qui fut fait des commissions militaires eut lieu lors de la coupable insurrection qui vint affliger un des départements de la France dans les premières années de la Restauration.

Ce n'était point assez qu'au chef-lieu de ce département, il y eût une cour prévôtale en exercice qui,

---

(1) Loi du 19 vendémiaire an XII.

quatre jours après, prononça trois arrêts de mort immédiatement exécutés; cette justice fut trouvée trop lente. Outre un conseil de guerre dit permanent, composé de huit officiers ou sous-officiers, avec mission de juger les rebelles qui avaient fait partie de l'insurrection, une commission militaire, composée de cinq membres et d'un rapporteur, fut spécialement chargée de juger les habitants qui auraient donné asile aux insurgés ou chez lesquels on aurait trouvé des armes; et pour inspirer plus d'effroi, un simple arrêté du préfet et du lieutenant général, agissant en vertu de pouvoirs qu'ils disaient leur avoir été délégués, édicta des peines, ordonna que la mort serait infligée à ceux qui seraient jugés coupables, et que leur maison serait rasée, entreprenant ainsi sur les attributions exclusivement dévolues à la puissance législative.

La création de cette commission était une violation flagrante de la charte de 1814, dont les articles 62 et 63 portaient que nul ne serait distrait de ses juges naturels, et qu'il ne pourrait être créé, ni des commissions militaires, ni des tribunaux extraordinaires.

De sanglantes exécutions se succédèrent dans ce département; mais au lieu de produire l'intimidation comme on s'en était flatté, elles soulevèrent le sentiment public, et bientôt le Gouvernement, plus éclairé, se vit forcé de rendre à la justice son cours ordinaire.

Depuis lors, les commissions militaires n'ont plus été rétablies.

Si le tableau que nous venons de présenter de l'administration de la justice pénale, spéciale à l'armée de terre, quoique tracé à grands traits, a pu en donner une idée suffisante, nous le devons aux communications bienveillantes que nous avons reçues de l'administration de la guerre, et particulièrement à celles du jurisconsulte distingué placé à la tête du bureau de la justice militaire, M. de Chénier, dont les savants ouvrages sont devenus, à juste titre, les guides les plus sûrs des tribunaux de cet ordre de juridiction.

CHAPITRE II.

Tribunaux maritimes.

Ce n'est pas seulement l'armée de terre qui a ses tribunaux, la marine a également les siens.

C'était l'ordonnance du 25 mars 1765 qui, avant la révolution française, réglait la juridiction maritime, traitait des crimes et des délits, et déterminait les peines à infliger; elle avait renouvelé, avec très-peu de changements, celle du 15 avril 1689.

Cette juridiction prenait le nom d'*amirauté;* à sa tête était l'amiral de France, dont la charge était l'une des plus considérables du royaume; c'était en son nom que la justice maritime était rendue, et elle embrassait tous les faits de mer, piraterie, pillages, désertion des équipages, et, généralement, tous les crimes commis *sur la mer*, *dans les ports*, *havres et rivages*.

Les crimes et délits commis par les matelots et les troupes de la marine étaient jugés par les conseils de guerre qui siégeaient sur le vaisseau amiral, ou dans un lieu de l'arsenal disposé à cet effet, et qui étaient composés des officiers généraux ou des principaux officiers, au nombre de sept, selon le grade ou la position des prévenus. Pour donner une idée de l'esprit dans lequel ces conseils étaient institués, il nous suffira de dire, qu'à moins de circonstances extraordinaires, ils ne siégeaient jamais les jours de fête, que les membres devaient être à jeun, et qu'avant d'entrer en séance, tous étaient tenus d'assister à la messe.

Outre les conseils de guerre maritimes, il y avait les *conseils de marine*, qui s'assemblaient extraordinairement par ordre du roi, pour examiner la conduite des officiers généraux et autres, chargés du commandement des escadres, divisions ou vaisseaux, relativement aux missions qui leur avaient été confiées. L'ordonnance de 1776 réglait tout ce qui concernait ces conseils.

Organisation intermédiaire.

La loi du mois d'août 1790, connue sous le nom de *Code pénal des vaisseaux*, et celle du mois d'octobre 1791, qu'on pourrait appeler *Code pénal des arsenaux*, abrogèrent toute la législation antérieure.

La première de ces lois institua deux espèces de tribunaux maritimes : l'un de ces tribunaux, qui prenait le nom de *conseil de justice*, jugeait tous les délits correctionnels; il était composé de cinq officiers, dont le commandant du bâtiment auquel appartenait l'inculpé ne pouvait faire partie; l'autre, appelé *conseil martial,* prononçait sur les crimes emportant la peine des galères ou la mort; il était composé de onze juges du grade de capitaine ou de lieutenant; il fallait sept voix pour la condamnation aux galères, et huit pour la condamnation à mort.

Mais dans les conseils de justice, comme dans les conseils martiaux, les juges se bornaient à appliquer la peine; un jury, composé de sept personnes, dont le grade variait selon celui de l'accusé, et qui était désigné en nombre double par le commandant du bâtiment, de manière à ce que, soit par les récusations, soit par le sort, il fût réduit à sept; ce jury, disons-nous, prononçait sur le fait, et cinq voix étaient nécessaires pour la condamnation.

L'accusé pouvait se choisir un défenseur à bord du bâtiment. Le commandant avait le droit d'adoucir les peines prononcées et de les commuer en peines plus légères d'un degré. Il avait aussi le droit, en cas de révolte, de désobéissance ou de lâcheté en présence de l'ennemi, ou dans quelque danger pressant, mais après avoir pris l'avis de ses officiers, de punir le coupable sans jugement.

Cette législation, aussi humaine que protectrice des accusés, parut insuffisante au maintien de la discipline sur nos vaisseaux. En nivôse an II, elle fut profondément modifiée: la connaissance de certains crimes ou délits fut attribuée, les uns aux tribunaux révolutionnaires, les autres à de nouveaux tribunaux qui, sous le nom de *conseils de discipline,* prononçaient sans jurés et pouvaient appliquer la peine de mort; ils étaient composés de deux officiers ou sous-officiers mariniers, et de trois matelots, soldats ou canonniers.

Jusque-là, les décisions des tribunaux maritimes n'étaient assujetties ni à l'appel, ni à la révision, ni à la cassation. Ce fut la loi du 13 thermidor an VII qui les soumit à cette nouvelle épreuve, si nécessaire pour prévenir les erreurs, et qui, par un salutaire effet rétroactif, autorisa le recours en cassation contre tous les jugements rendus antérieurement.

Un décret du 22 juillet 1806 fit complétement disparaître le jury des tribunaux maritimes, comme il avait disparu en l'an III des tribunaux de l'armée de terre.

Organisation actuelle. Six juridictions.

Sans nous étendre davantage sur les diverses phases qu'ont éprouvées ces sortes de juridictions, nous dirons qu'aujourd'hui, elles se divisent en six catégories, savoir :

Les conseils de justice ;

Les conseils de guerre maritimes ;

Les tribunaux maritimes ;

Les tribunaux maritimes spéciaux ;

Les conseils de guerre maritimes permanents ;

Et les conseils de révision maritimes aussi permanents.

Nous allons parcourir rapidement chacune de ces juridictions, dont les unes rendent la justice à bord des vaisseaux, et les autres la rendent à terre.

§ Ier. — JURIDICTION A BORD DES VAISSEAUX. — CONSEILS DE JUSTICE.

Les conseils de justice connaissent de tous les délits commis à bord des bâtiments de l'État par les marins, les militaires de l'armée de terre, les passagers civils, et généralement tous les individus embarqués, quelle que soit leur position à bord; ils connaissent encore de tous les délits commis sur les bâtiments en armement ou en désarmement dans le port, et qui ne sont relatifs ni à la police, ni à la sûreté des ports et arsenaux, ni au service maritime de l'arsenal.

Ces conseils sont composés de cinq officiers, y compris le président, qui doit être le commandant du bâtiment sur lequel est embarqué le prévenu. Leur âge n'est point déterminé; ils doivent, autant que possible, être choisis parmi les officiers de ce bâtiment. L'agent comptable remplit les fonctions de greffier.

C'est en vertu d'une plainte ou d'un procès-verbal, constatant le délit, que la justice du conseil est saisie. Ce conseil est convoqué par le commandant du bâtiment s'il est commandant supérieur, ou d'après les ordres de son chef. Il s'assemble sur le pont; l'accusé est interrogé, et peut avoir un défenseur; les témoins sont entendus et confrontés; le rapporteur, qui a été désigné par le président, soutient l'accusation, le président recueille les voix, en commençant par le grade inférieur; il opine le dernier. Le jugement, formé à la majorité, est rédigé par le greffier et remis au commandant, qui en ordonne l'exécution. Il est lu auparavant au condamné par le même greffier, en présence de tout l'équipage assemblé, la garde sous les armes. Si la peine est afflictive, le commandant doit être sur le pont, à la tête de son état-major; il a le droit de la commuer en une peine plus légère d'un degré seulement. Ce droit, lors même qu'il a un chef supérieur, est inhérent à sa personne.

Compétence.

Peines.

Le conseil de justice n'est compétent pour juger le prévenu, qu'autant que la peine encourue ne lui paraît pas devoir être plus grave que celle de la cale ou de la bouline. La première de ces peines, on le sait, consiste à suspendre le condamné à la vergue du grand mât et à le plonger plusieurs fois dans la mer. La seconde consiste à le faire passer entre deux haies de matelots, qui le frappent avec des garcettes.

S'il résulte de l'examen de l'affaire que la peine encourue doive être plus grave, le conseil se déclare incompétent, et sa déclaration, qui exprime les motifs sur lesquels elle est fondée, est remise à qui de droit, pour examiner s'il y a lieu de traduire le prévenu devant un conseil de guerre maritime, lequel juge définitivement, quel que soit le mérite de la déclaration du conseil de justice.

Ainsi, ce dernier conseil, assimilé jusqu'à un certain point à nos tribunaux correctionnels, ne connaît que des délits qui n'ont pas une certaine gravité.

§ II. — CONSEILS DE GUERRE MARITIMES.

Les conseils de guerre maritimes sont seuls compétents pour prononcer sur les délits commis par les personnes embarquées sur les vaisseaux et bâtiments de l'État au jugement desquels il n'a pas été pourvu par les dispositions précédentes.

Ces conseils sont composés de huit juges au moins, y compris le président; chacun de ces juges doit être âgé de vingt-cinq ans accomplis, et nommé parmi les officiers généraux et les plus anciens capitaines de vaisseau ou de frégate.

Si c'est un officier, ou tout autre ayant rang d'officier, qui est traduit devant le conseil de guerre, les juges sont nommés par l'Empereur; si le prévenu est tout autre qu'un officier, ils sont nommés, soit par le préfet maritime, soit par le commandant en chef des forces navales, selon que le conseil a dû être convoqué par l'un ou par l'autre. Le rapporteur, nommé par l'Empereur, par le préfet maritime ou par le commandant en chef des forces navales, doit être âgé de vingt-cinq ans; c'est lui qui procède à l'instruction, qui entend les déclarations des témoins, qui interroge le prévenu, qui lui donne un défenseur, s'il ne fait pas ce choix lui-même.

Les séances du conseil de guerre sont publiques, et néanmoins, comme pour les tribunaux de l'armée de terre, le nombre des spectateurs ne peut excéder le triple de celui des juges.

L'accusé comparaît libre et sans fers, accompagné

de son défenseur ; il est admis à proposer les moyens de récusation qu'il peut avoir contre les témoins. Ceux-ci entendus, le rapporteur résume les débats et donne ses conclusions ; l'accusé, soit par lui-même, soit par son conseil, propose ses moyens de défense. Les juges opinent à huis clos et sans désemparer ; ils ne sont point autorisés, comme dans les juridictions ordinaires, à admettre les circonstances atténuantes. Les jugements sont rendus à la majorité absolue des voix ; en cas de partage, l'avis le plus doux prévaut. Les portes du conseil s'ouvrent alors, et le président prononce le jugement en présence de l'auditoire ; puis, le greffier se transporte à la prison et en donne lecture au condamné.

Pouvoirs des commandants.

Indépendamment de la répression par les conseils de discipline et par les conseils de guerre maritimes, la loi arme les commandants d'un pouvoir discrétionnaire suffisant pour que si, à tel moment donné, il est urgent que cette répression soit prompte pour être efficace, ils puissent, par un exemple énergique et salutaire, contenir l'équipage qui est sous leurs ordres.

Dans les cas extrêmes, tels que ceux de lâcheté devant l'ennemi, de rébellion ou de sédition, et de tous autres crimes commis dans quelque danger pressant, le commandant peut donc, sous sa responsabilité, punir ou faire punir les coupables sans formalité. Toutefois, il est tenu de dresser procès-verbal de l'événement, et de justifier, devant le conseil de marine, de la nécessité où il s'est trouvé, de faire usage de la faculté dont la loi l'a investi.

Ce pouvoir, concédé à un seul homme, peut paraître exorbitant; mais on l'a jugé nécessaire pour retenir chacun dans le devoir, et on peut dire, à l'honneur de notre marine, que, depuis le décret impérial de juillet 1806, qui l'a conféré aux commandants des bâtiments de l'Etat, il n'y a pas eu d'exemple qu'il en ait été fait abus.

Telles sont les formes d'après lesquelles s'exerce la justice maritime à bord des vaisseaux.

§ III. — JURIDICTIONS MARITIMES A TERRE. — TRIBUNAUX MARITIMES.

A terre, la justice pénale est administrée par les divers tribunaux dont nous allons faire connaître l'organisation, et d'abord :

Par des *tribunaux maritimes* qui, aux termes du décret du 12 novembre 1806, connaissent de tous les crimes et délits commis dans l'intérieur des ports et arsenaux ou dans les établissements qui en dépendent, et relatifs soit à la police, soit au régime intérieur de ces établissements, soit au service maritime, et quand même les auteurs et complices du crime ne seraient ni gens de guerre, ni attachés à la marine; mais depuis la charte de 1830, et d'après la jurisprudence de la cour de cassation, conforme à celle qu'elle a adoptée pour les tribunaux des armées de terre, et à laquelle le Gouvernement a adhéré, les tribunaux maritimes sont incompétents pour juger des crimes commis par les individus non attachés à la marine, lesquels sont renvoyés devant la juridiction ordinaire. Il en est de même pour les crimes commis dans l'intérieur des ports et arsenaux qui ne se rapportent ni à leur police, ni à leur sûreté, ni au service maritime ; les coupables sont jugés par les tribunaux compétents, comme si ces crimes eussent été commis hors du port ou de l'arsenal.

Les tribunaux maritimes connaissent encore de toutes les infractions aux ordonnances et règlements concernant la police et la sûreté des bagnes et des chiourmes, de tous les crimes et délits qui y sont relatifs; ils ont compétence pour juger les forçats, les gardes-chiourmes, les employés du bagne.

Si, à bord des vaisseaux, la justice est rendue par deux tribunaux différents, le conseil de justice et le conseil de guerre maritime, selon le plus ou moins de gravité des faits, à terre, il en est autrement : le tribunal maritime y est chargé de la répression de tous les crimes et délits, et même des contraventions simples; il juge également, en matière de police, toutes les fois que la peine disciplinaire encourue doit excéder huit jours de prison.

Les tribunaux maritimes sont dissous aussitôt après le jugement de l'affaire pour laquelle ils ont été convoqués. Le magistrat chargé de l'instruction et des fonctions du ministère public, le commissaire rapporteur et le greffier, sont seuls permanents.

Le tribunal est composé de huit juges, âgés de vingt-cinq ans accomplis ; le président doit être contre-amiral, s'il y en a un au port, et, à son défaut, l'officier le plus élevé en grade est appelé à présider ; les autres juges sont deux capitaines de vaisseau, deux commissaires de marine, un ingénieur maritime et deux membres du tribunal civil de l'arrondissement.

C'est le préfet maritime qui convoque le tribunal et qui désigne le président et les juges appartenant à la marine ; les deux juges civils sont désignés par le président du tribunal.

Le commissaire rapporteur est nommé par le chef de l'État ; il n'est pas tiré du corps de la marine ; d'après le décret du 12 novembre 1806, il doit réunir les conditions d'éligibilité exigées des procureurs généraux, institués alors près des cours de justice criminelle ; il faut donc qu'il soit licencié en droit. Le greffier est également à la nomination du chef de l'État.

Ports où résident les tribunaux maritimes.

Il y a un tribunal maritime dans chacun des cinq grands ports militaires de Brest, Toulon, Rochefort, Cherbourg et Lorient. Mais s'il arrivait que dans les arsenaux des ports secondaires, il se commît des crimes ou délits de la compétence des tribunaux maritimes, il en serait institué un pour la circonstance, qui se composerait du même nombre de juges, en prenant toujours les officiers les plus anciens et les plus élevés en grade, présents dans le port, ou en appelant au besoin des gradués en droit près le tribunal civil du lieu. Dans ces cas, le procureur impérial fait les actes attribués aux commissaires rapporteurs, et remplit les fonctions du ministère public. Un commis de marine, désigné par le chef du service maritime, remplit les fonctions de greffier.

Aussitôt qu'un crime a été commis dans le port,

l'arsenal ou autres lieux soumis à la juridiction du tribunal maritime, le commissaire rapporteur s'y transporte, rédige les procès-verbaux, et accomplit toutes les formalités qui sont de la compétence des officiers de police judiciaire.

Le tribunal maritime s'assemble au jour fixé par le préfet maritime; les débats, le mode de délibération, la formation et le prononcé du jugement, ont lieu comme pour les conseils de guerre maritimes.

Les peines infligées sont celles qui ont été établies par la loi du 12 octobre 1791, par quelques autres lois spéciales et, pour les cas qu'elles n'ont pas prévus, par le Code pénal ordinaire.

Pourvois en révision.

Le condamné peut se pourvoir en révision; le commissaire rapporteur a la même faculté. L'exécution du jugement a lieu dans les vingt-quatre heures, à partir de l'expiration du délai accordé pour former le pourvoi, et si ce pourvoi, ayant été fait, n'a pas été admis, le jugement est exécuté dans les vingt-quatre heures, à partir du moment où le rejet a été prononcé par le conseil.

La révision des jugements a lieu dans deux cas : pour violation des formes et pour fausse application de la loi pénale.

Le conseil de révision est composé du chef militaire et du chef d'administration de la marine, du président et du procureur impérial du tribunal de l'arrondissement; il est présidé par le préfet maritime; l'un des juges, désigné par le préfet maritime, remplit les fonctions de rapporteur.

Le conseil de révision se réunit à l'hôtel de la

préfecture maritime ; il rend sa décision dans les vingt-quatre heures, c'est-à-dire sans désemparer. Le conseil assemblé, le greffier donne lecture des pièces de la procédure, du jugement et de l'acte de recours. Le juge rapporteur fait son rapport ; le défenseur du condamné est entendu ; on entend aussi le commissaire rapporteur qui a participé au jugement attaqué.

La décision est émise à la pluralité des voix. Si le conseil reconnaît que le jugement a été rendu dans les formes voulues par la loi, et que la loi pénale a été bien appliquée, il rejette le pourvoi, et les pièces sont renvoyées par le préfet maritime au commissaire rapporteur, pour procéder à l'exécution. Si le pourvoi est admis et le jugement annulé pour violation des formes, ou fausse application de la loi pénale, l'affaire est renvoyée à un nouveau tribunal maritime, convoqué par le préfet, et dans lequel aucun des juges qui ont concouru au premier jugement ne peut être appelé ; le commissaire rapporteur et le greffier seuls restent les mêmes. Si la révision est basée sur l'incompétence, le renvoi est ordonné devant les juges auxquels appartient la connaissance du fait incriminé.

Le jugement rendu par le second tribunal maritime peut être attaqué de nouveau par voie de révision ; mais si le recours était basé sur les mêmes moyens qui avaient motivé l'annulation du premier jugement, le conseil s'adresserait à l'Empereur, en son conseil d'État, pour obtenir une interprétation de la disposition qui a donné lieu à la dissidence.

Le recours devant la cour de cassation est ouvert, d'après la loi du 27 ventôse an VIII, à tout individu non marin, ni assimilé aux marins, pour attaquer les jugements des tribunaux maritimes ; il est encore ouvert d'office, dans l'intérêt de la loi, conformément à l'article 441 du Code d'instruction criminelle.

Recours devant la cour de cassation.

§ IV. — TRIBUNAUX MARITIMES SPÉCIAUX.

Outre les tribunaux maritimes proprements dits, qui forment la juridiction ordinaire des ports et arsenaux, il y a les *tribunaux maritimes spéciaux*, qui, d'après l'ordonnance du 2 janvier 1817, connaissent des crimes et délits commis par les forçats pendant la durée de leur peine, et de tous les faits relatifs à la sûreté et à la police de la chiourme. Tous les autres accusés de crimes et de délits de même nature sont soumis à la juridiction du tribunal maritime ordinaire.

Les tribunaux spéciaux sont composés de cinq juges, y compris le président. Le commissaire rapporteur et le greffier du tribunal maritime remplissent auprès d'eux les fonctions de leur ministère.

Le préfet maritime ou, en cas d'empêchement, le major général de la marine, préside ; les autres juges sont deux capitaines de vaisseau ou de frégate, un commissaire ou un sous-commissaire de marine, un ingénieur ou un sous-ingénieur : tous sont nommés par le préfet maritime.

C'est le commissaire rapporteur qui fait l'informa-

4.

tion. On observe pour la procédure, les débats et le jugement, les mêmes formes que celles auxquelles sont astreints les tribunaux maritimes ordinaires. La sentence est exécutée dans les vingt-quatre heures de sa prononciation, excepté lorsqu'il s'agit de la peine capitale : l'exécution dans ce cas doit être différée, d'après la décision déjà mentionnée, du 2 octobre 1831, jusqu'à la réception des ordres de l'Empereur.

Les peines prononcées contre les forçats sont d'abord, celles qui ont été édictées par la législation antérieure à la loi du 12 octobre 1791, lorsque l'état de nos mœurs les rend encore susceptibles d'être appliquées, ensuite, les peines prononcées par le Code pénal des vaisseaux, et enfin, celles portées au Code pénal ordinaire.

§ V. — CONSEILS DE GUERRE MARITIMES PERMANENTS.

Jusqu'ici les tribunaux dont nous avons entretenu l'Académie n'ont d'autre durée que celle qu'exige le jugement de l'affaire pour laquelle ils ont été convoqués.

Voici maintenant d'autres tribunaux maritimes qui ont une existence plus stable. Des ordonnances royales, des 21 février et 22 mai 1816, établirent un conseil de guerre permanent dans chacun de nos cinq grands ports, pour juger les déserteurs, marins ou soldats de marine non embarqués, les déserteurs des corps de troupes appartenant à la marine, également non embarqués, et enfin les individus appartenant aux mêmes corps organisés, non embarqués, accusés de crimes ou de délits militaires.

Dans tous ces cas, les conseils de guerre permanents doivent observer les formes prescrites aux conseils de guerre de l'armée de terre, et appliquer le Code pénal militaire.

Ces conseils sont composés d'un capitaine de vaisseau ou d'un colonel d'artillerie de marine, président, et de six juges, savoir : un officier de marine ou d'artillerie, ayant le rang de lieutenant-colonel, deux officiers des mêmes corps ayant le rang ou le grade de capitaine, deux autres ayant le rang ou le grade de lieutenant en premier, un maître d'équipage, maître canonnier, ou sous-officier d'artillerie.

Les fonctions de rapporteur sont remplies par un officier de marine ou d'artillerie, du grade de capitaine, lequel choisit le greffier. Enfin un officier de la même arme, ayant le même grade, est chargé, sous le nom de commissaire impérial, de veiller à l'observation de la loi et de requérir l'application de la peine.

Tous les membres des conseils de guerre permanents, les rapporteurs et les commissaires impériaux, sont nommés par le préfet maritime.

L'information terminée, le conseil s'assemble et juge l'affaire sans désemparer.

Les peines prononcées sont celles qui ont été portées par les arrêtés des 5 germinal et 1er floréal an XII. L'accusé une fois déclaré coupable, il n'est plus au pouvoir du juge de changer ou d'adoucir la peine édictée par la loi, et il est fait défense au conseil, sous peine de forfaiture, de commuer ou de diminuer les condamnations encourues par les déserteurs. Mais la loi sur le recrutement du 10 mars 1818 tempère ce que cette obligation a de trop rigoureux, en autorisant les juges à recommander le condamné à la clémence royale, et quoique cette loi n'ait été rendue que pour le recrutement, il est admis que les juges de toutes les juridictions militaires peuvent en invoquer le bénéfice.

Les jugements sont exécutés dans les vingt-quatre heures, à partir de l'expiration du délai accordé pour former le recours en révision; mais, comme depuis la décision du 2 octobre 1831, aucune condamnation à mort ne peut être exécutée avant que le chef de l'Etat ne l'ait approuvée, le délai qui s'écoule dans ce cas, entre la condamnation et l'exécution, est nécessairement plus long.

Lorsque le marin déserteur est condamné à la chaîne, il est conduit à bord du bâtiment auquel il appartenait, ou à bord du vaisseau amiral, ou dans le lieu désigné par le préfet maritime; il comparaît la chaîne au pied, revêtu de l'habillement des condamnés, en présence des équipages et des marins à terre. Il entend à genou la lecture de sa sentence, passe devant les détachements qui défilent à leur tour devant lui; il est enfin conduit par la gendarmerie au lieu où il doit subir sa peine. Le marin condamné à la bouline entend sa sentence debout, et reçoit son châtiment également en présence des détachements assemblés.

§ VI. — CONSEILS DE RÉVISION.

Les jugements rendus par les conseils de guerre permanents peuvent être attaqués par la voie du recours en révision.

Le conseil de révision est composé de cinq juges, savoir : un officier général de la marine ou de l'artillerie, président; un capitaine de vaisseau ou colonel d'artillerie, un capitaine de frégate ou lieutenant-colonel d'artillerie, deux lieutenants de vaisseau ou capitaines d'artillerie. Tous sont désignés par le préfet maritime, mais la majorité d'entre eux doit appartenir au corps dont l'inculpé fait partie.

Le rapporteur est pris parmi les membres du conseil et choisi par eux. Un commissaire ou sous-commissaire de la marine remplit les fonctions de commissaire impérial; le greffier est nommé par le président.

Les conseils de révision maritimes procèdent comme ceux des armées de terre; si le jugement est annulé, le prévenu et les pièces sont renvoyés devant celui des deux conseils maritimes permanents qui n'a pas connu de l'affaire.

Recours en cassation.

Enfin, le recours en cassation est ouvert contre les décisions des conseils de guerre et des conseils de révision maritimes permanents dans tous les cas où, conformément à la loi du 27 ventôse an VIII, il peut être exercé contre les sentences des tribunaux militaires.

Telles sont les juridictions chargées de rendre la

justice maritime, soit en mer et à bord des vaisseaux de l'État, soit à terre lorsque des crimes ou des délits ont été commis dans les ports, arsenaux ou dans les établissements qui en dépendent. N'est-il pas à craindre que la diversité de ces juridictions n'entraîne quelquefois de la confusion, et ne fasse naître des conflits? L'absence de statistiques pour la justice maritime ne permet pas de résoudre cette question.

§ VII. — MODIFICATIONS DANS LES PEINES.

Nous avons parlé des peines qui étaient infligées à bord des bâtiments, et notamment de la bouline, de la cale et des coups de corde; c'est la loi du 12 août 1790 qui avait édicté ces peines, lesquelles ne pouvaient être prononcées que par un conseil de justice et pour des délits graves. L'Assemblée constituante, dont les sentiments de philanthropie pénétraient dans toutes les lois qu'elle promulgua, avait cru cependant que ces châtiments corporels étaient nécessaires pour le maintien de la discipline, et depuis lors ils ne cessèrent pas d'être employés, sans qu'il s'élevât à cet égard aucune réclamation.

Abolition de la bouline, de la cale et des coups de corde.

Mais après la révolution de février, le Gouvernement provisoire, par un décret du 12 mars 1848, les abolit et les remplaça par un emprisonnement de quatre jours à un mois.

Les motifs de ce décret méritent d'être rapportés: « Considérant que le châtiment corporel dégrade « l'homme; qu'il appartient à la République d'effa- « cer de la législation tout ce qui blesse la dignité

« humaine ; que c'est un bon exemple à donner au « monde ; que la suppression des peines corporelles, « en affermissant dans la marine le sentiment de « l'honneur, ne peut que donner aux matelots une « idée plus haute de leurs devoirs et leur inspirer « plus de respect encore pour eux-mêmes et pour « les lois de la discipline. »

Le nouveau Gouvernement a cru devoir maintenir l'abrogation des peines corporelles; seulement, comme elles avaient été remplacées par une peine unique, l'emprisonnement de quatre jours à un mois, il leur a substitué une pénalité définie et graduée, de nature à assurer (est-il dit dans le rapport du ministre) une répression efficace, sans que les exigences journalières du service maritime puissent en souffrir.

Peines substituées aux châtiments corporels.

En conséquence, et d'après un décret du 26 mars 1852, les coups de corde au cabestan ont été remplacés par dix jours de cachot ou de double boucle, au pain et à l'eau. A la cale a été substituée l'inaptitude à l'avancement pendant un an, avec retenue, de trois à six mois, du tiers de la solde intégrale pour les officiers mariniers et les quartiers-maîtres, et du quart pour les autres personnes de l'équipage, ou vingt jours de cachot ou de double boucle, au pain et à l'eau, de deux jours l'un, pendant toute la durée de la punition. Enfin, à la bouline, on a également substitué l'inaptitude à l'avancement pendant un an, avec retenue, de six mois à un an, du tiers de la solde intégrale pour les officiers mariniers et quartiers-maîtres, et du quart pour les autres personnes de l'équipage, outre trente jours de cachot ou de double boucle, au pain et à l'eau.

Ces peines sont appliquées par les conseils de justice, qui peuvent en outre prononcer contre le coupable une ou plusieurs réductions de grade ou de classe, jusqu'au dernier grade ou jusqu'à la dernière classe de marins.

Enfin, le même décret a remplacé la peine du carcan, qu'avait édictée la loi du 12 octobre 1791, par un emprisonnement de six mois à deux ans, sans préjudice des peines accessoires qui viennent d'être mentionnées.

Cette abolition complète des peines corporelles dans la marine a été, nous devons le dire, diversement jugée. On a craint qu'il n'en résultât un grave affaiblissement dans la discipline. Ce sera à l'expérience à prononcer; et cependant déjà, dans les graves conjonctures où nous nous trouvons, il ne paraît pas que le gouvernement de la République ait trop présumé de nos marins, en supposant que cette abolition « leur donnerait une idée plus haute de « leurs devoirs, et leur inspirerait plus de respect « pour eux-mêmes et pour les lois de la discipline. » Il est certain que si ce résultat est obtenu, le décret dont il s'agit aura donné un bel exemple au monde, et, sous le rapport moral, placé notre marine au-dessus de toutes les autres.

Dépenses.

Les dépenses occasionnées par l'administration de la justice maritime ne sont portées au budget de l'État que pour une somme de 100,000 francs. Cette somme est employée en traitements de cinq commissaires rapporteurs et de cinq greffiers, en frais de capture et de justice, en frais de bureaux des greffes des conseils maritimes et de révision, en indemnités aux témoins, en habillements, effets de couchage des détenus, et en trousseaux des hommes condamnés aux travaux publics ou au boulet.

Absence de statistiques pour la marine.

Quoique le ministère de la marine ait un bureau qui prend le nom de *bureau de justice maritime*, cependant tous les faits, tous les actes qui concernent l'administration de la justice à l'égard de nos marins, ne s'y centralisent pas, comme ils se centralisent dans le bureau de la justice militaire au ministère de la guerre; ces faits et actes, recueillis et conservés dans divers bureaux, y demeurent séparés et enfouis; une même pensée ne les coordonnant pas, il en est résulté le grave inconvénient qu'il n'a pu être fait pour la marine de statistiques criminelles, à l'instar de celles qui ont été recueillies et rédigées par les ministères de la justice et de la guerre, de sorte qu'il nous est impossible de dire quel a été, parmi nos marins, le nombre des individus poursuivis, ni celui des condamnations, ni conséquemment celui des récidives. C'est une lacune que M. le ministre de la marine, si jaloux d'améliorer toutes les branches de son administration, s'empressera sans doute de remplir.

TITRE IV.

JURIDICTIONS PÉNALES IRRÉGULIÈRES ET RÉVOLUTIONNAIRES, OU CRÉÉES PAR DES LOIS PERMANENTES, POUR DES CAS SPÉCIFIÉS, OU PAR LA CONSTITUTION DU PAYS.

Jusqu'ici nous avons entretenu l'Académie des juridictions régulières, chargées de prononcer sur le sort des individus appartenant à l'ordre civil, ou aux armées de terre et de mer, ou qui, composées exclusivement de militaires ou de marins, ont eu attribution pour prononcer dans des cas spéciaux.

La matière cependant n'est point épuisée; nous avons encore à faire connaître certaines autres juridictions qui, formées de juges pris dans l'ordre civil ou militaire, et ayant un caractère essentiellement politique, ont eu à certaines époques, ou ont encore aujourd'hui, mission de juger, soit certains cas déterminés, soit certaines catégories de personnes.

Ces tribunaux peuvent être rangés en deux classes : ou ils sont institués dans des circonstances graves, au milieu des crises ardentes, et pour juger certains individus en état de suspicion ou déjà arrêtés : ou bien ils sont institués, soit par les lois permanentes, soit par la constitution du pays, pour des cas clairement définis.

CHAPITRE PREMIER.

Tribunaux d'exception, ou révolutionnaires.

§ Ier. — COMMISSIONS.

Les tribunaux irréguliers ou d'exception sont les plus redoutables ; ils ont rempli les pages les plus sanglantes de notre histoire. Sous les noms de commissions, de chambres ardentes, de grands jours, trop souvent ils furent substitués à la justice ordinaire, et chargés de juger de la manière la plus expéditive les individus que le pouvoir, entraîné par ses passions, livrait à leur implacable juridiction.

Ce qui distingue particulièrement les commissions, c'est que d'ordinaire elles sont créées pour la circonstance et en vue de frapper des individus spécialement désignés ; de sorte que l'objet de leur création étant défini, et les juges étant nommés dans un but déterminé, il n'est pas d'exemple qu'ils aient jamais failli à leur mission.

Les Gouvernements qui recourent à ces moyens odieux, pour se délivrer de leurs ennemis, sont peu embarrassés (il est triste d'avoir à le dire) pour trouver des complices.

« Il n'est jamais arrivé, dit Montesquieu, qu'un « tyran ait manqué d'instruments de sa tyrannie ; « Tibère trouva toujours des juges prêts à condam-

« ner autant de gens qu'il en put soupçonner (1). »

C'est par commissaires que furent jugés et que périrent sur l'échaufaud, le comte de Chalais, le maréchal de Marillac, le duc de Lavalette, Cinq-Mars, de Thou, et tant d'autres, poursuivis par la haine du Gouvernement.

Composition des commissions.

La composition de ces commissions ne présenta donc jamais de difficultés pour le pouvoir, mais elle a varié selon les temps : tantôt il les formait d'hommes pris indistinctement parmi ceux qu'il jugeait propres à ses vues, tantôt il les prenait parmi les maîtres des requêtes qui, plus rapprochés du trône, étaient considérés comme des auxiliaires dont la docilité était plus assurée.

D'autres fois, lorsqu'on voulait colorer un jugement de quelque apparence de justice, on choisissait les commissaires parmi les membres les plus dévoués de la magistrature. Ainsi ceux qui, sous Louis XIII, envoyèrent le comte de Chalais à la mort furent tirés du parlement de Bretagne ; mais le caractère de magistrats dont ils étaient revêtus ne leur donnait qu'un faux semblant d'indépendance, démenti par le choix même dont ils étaient l'objet.

Moine de Marcoussi.

Aussi, pour caractériser cette justice sommaire et d'expédient, pour marquer la différence qui existe entre elle et la véritable justice, avons-nous cité ailleurs (2) un fait qui honore la mémoire de

---

(1) *Grandeur et décadence des Romains*, chap. VI.

(2) *De la justice criminelle en France*, p. 79.

François Ier. Ce prince étant à Marcoussi devant le tombeau de Montaigu, décapité sous Charles VI, il lui échappa de dire que « c'était dommage qu'un tel « homme fût mort par justice. » Un moine qui était présent lui répondit : « Sire, il ne fut pas condamné « par *justice*, mais par *commissaires.* » Frappé de ces paroles, le roi jura de ne jamais faire mourir personne par commission.

§ II. — TRIBUNAUX RÉVOLUTIONNAIRES.

Quand de tels tribunaux sont créés dans les temps de révolutions, ils deviennent aux mains des partis de redoutables instruments de domination ou de vengeance.

Institués, d'ordinaire, à la suite d'événements dont les conséquences favorables à une minorité triomphante n'ont pu effacer l'impression de terreur que ce triomphe même lui inspire, ils n'ont d'autre destination que de rassurer en secret cette minorité contre l'appréhension, qu'elle nourrit sans cesse, d'un retour plus ou moins prochain d'énergie de la part de la majorité qu'elle opprime. En vue de ce danger, les tribunaux révolutionnaires frappent sans pitié, comme sans relâche, sur la simple désignation qui, d'un ennemi fait un accusé, et d'un accusé une victime !

Tribunal révolutionnaire de 1793.

Ainsi, et pour ne pas remonter plus haut, procéda, la main et les pieds dans le sang, le tribunal créé par décret du 10 mars 1793, sous la dénomination de *tribunal criminel extraordinaire*; dénomination qui, ne répondant point assez à la pensée de son institution, fut changée, par un autre décret du 29 octobre suivant, en celle de *tribunal révolutionnaire.*

Les circonstances qui amenèrent cette création méritent d'être rapportées; elles montrent jusqu'à quel point les divers mobiles que nous avons signalés plus haut, et surtout la peur, peuvent égarer les pouvoirs dominés par les passions politiques.

Les massacres de septembre avaient attristé la France; la condamnation de Louis XVI vint ajouter à la consternation générale; le même jour où cette condamnation fut prononcée, Gensonné monta à la tribune et dit, « que la Convention devait y joindre « deux mesures dignes de toute sa sollicitude; qu'a- « près avoir puni *Louis le Tyran*, l'assemblée n'avait « fait que la moitié de son devoir; que le com- « plément de la sagesse était de poursuivre avec « toute la rigueur de la loi les brigands, les can- « nibales qui, les 2 et 3 septembre, avaient ajouté « à l'histoire de notre révolution le chapitre odieux « du massacre des prisons; il demanda que le « ministre de la justice fut chargé de poursuivre « les provocateurs, auteurs, complices et adhérents « des assassinats et des brigandages qui avaient eu « lieu les 2 et 3 septembre précédents. »

La presque totalité de l'assemblée se leva pour appuyer cette proposition. Tallien ayant demandé par amendement que les individus qui s'étaient trouvés le 10 août au château des Tuileries fussent compris dans la poursuite, et Thuriot ayant proposé d'y joindre les fonctionnaires qui avaient déserté leur poste pour venir conspirer à Paris, l'assemblée, tant elle cédait à toutes les influences ! décréta le 20 janvier ces diverses propositions.

La société des Jacobins s'étant émue d'une résolution qui menaçait les cannibales, objet de ses sympathies, se présenta à la barre de l'assemblée, et lut une pétition dans laquelle, faisant l'apologie de leurs crimes odieux, elle disait : « Ils seraient déplorables « ces événements dans un temps calme, mais au sein « d'une révolution orageuse, à la suite d'une insur- « rection sanglante, ne peut-on donc les excuser ? « Si la morale les réprouve, la politique les justifie, « et comme le dit Isnard, *les vengeances populaires sont « un supplément au silence des lois.* Est-ce le peuple de « Paris et les fédérés qu'on veut poursuivre ? Alors « ce sont 800,000 hommes que vous auriez à punir. « Est-ce une poignée de brigands soldés, comme le « prétendent les aristocrates et les modérés ? Dans « cette hypothèse, le peuple serait encore complice, « puisque par son silence il aurait adhéré à leurs « exécutions. Cette procédure ridicule qu'on veut « inventer contre les auteurs des journées de sep- « tembre n'est qu'un échafaudage contre-révolution- « naire, bâti par les ennemis de la république. C'est « pour leur arracher le masque, que nous venons à « votre barre, vous demander le rapport du décret « qu'ils vous ont surpris. »

Après une vive discussion, la Convention eut la faiblesse de décréter, le 8 février 1793, que les poursuites et les procédures commencées contre les auteurs des massacres de septembre seraient *suspendues.*

Par le fait, elles furent *annulées;* mais ceux qu'on appelait les complices de la cour demeurèrent sous le coup du décret du 20 janvier.

L'agitation était extrême, la fièvre révolutionnaire régnait de toutes parts; les premiers revers de nos armées accrurent l'exaspération; les accusations, les dénonciations se multiplient. La Convention se déclare en permanence; des commissaires sont envoyés aux armées, dans les départements, dans les sections de Paris; une levée en masse est ordonnée, mais on ne veut pas la laisser partir avant qu'un tribunal extraordinaire ne soit établi pour juger les traîtres, les conspirateurs, les contre-révolutionnaires. On veut, lorsqu'on va combattre les ennemis au dehors, ne pas en laisser à l'intérieur; il faut les anéantir. Carrier et Levasseur en font la demande formelle, et dans la même séance (9 mars 1793) l'établissement de cet affreux tribunal est décrété. Le lendemain on s'occupe de déterminer sa compétence et de régler sa composition.

Compétence du tribunal révolutionnaire.

Sa compétence! on s'étudia à la rendre tellement étendue que nul ne pût y échapper. Ce tribunal reçut mission de connaître de toute entreprise contre-révolutionnaire, de tout attentat contre la liberté, l'égalité, l'unité, l'indivisibilité de la république, la sûreté intérieure et extérieure de l'État, et de tous complots tendant à rétablir la royauté, ou à établir toute autre autorité attentatoire à la liberté, à l'égalité et à la souveraineté du peuple, soit que les accusés fussent fonctionnaires civils, ou militaires, ou simples citoyens.

Ce tribunal se composa : de 12 jurés, choisis pour la première fois dans le département de Paris et des quatre départements voisins; de cinq juges, pouvant juger à trois; d'un accusateur public et de trois substituts, tous élus par la Convention. Première organisation du tribunal révolutionnaire.

D'abord, l'accusateur public ne pouvait poursuivre qu'en vertu d'un décret rendu par la Convention; les poursuites et la rédaction des actes d'accusation étaient confiées à une commission de six membres de l'assemblée; peu après, et par le décret du 5 avril 1793, l'accusateur public fut autorisé à poursuivre sur la dénonciation d'une autorité constituée quelconque, et même d'un simple citoyen. Les représentants du peuple, les ministres, les généraux, étaient seuls exceptés de cette mesure; l'accusateur ne pouvait décerner le mandat d'arrêt contre eux que lorsqu'il y était autorisé par la Convention. Les peines n'étaient encore que celles qui étaient portées par le Code pénal et par les lois postérieurement rendues. Mode de poursuites.

Mais bientôt on trouva que cette juridiction ne remplissait pas avec assez de célérité sa tâche meurtrière, et par le même décret du 14 février an II (4 décembre 1793) qui ordonnait à l'accusateur public de mettre en jugement Dumouriez, Custine, Biron, Barthélemy et une foule d'autres, il fut enjoint au Comité de salut public de faire, dans le plus bref délai, son rapport sur les moyens de perfectionner l'organisation du tribunal révolutionnaire.

Ce ne fut cependant que six mois après et par la loi du 22 prairial an II (10 juin 1794), que ce Deuxième organisation du tribunal révolutionnaire.

tribunal reçut le complément de son organisation.

Le nouveau décret, discuté et voté en 30 minutes, composa le tribunal de 1 président, de 4 vice-présidents, de 12 juges, de 1 accusateur public et de 4 substituts. — Le nombre des jurés fut porté à 50. Le tribunal fut divisé en sections composées chacune de 3 juges et de 9 jurés, lesquels ne pouvaient juger en moindre nombre que celui de 7.

Compétence et mode d'organisation.

Il fut institué pour punir les ennemis du peuple, et cette fois il lui fut prescrit de n'infliger d'autre peine que la mort. Tout interrogatoire préliminaire au jugement fut supprimé. Les preuves matérielles ou morales dispensaient d'entendre des témoins, à moins que leur audition ne fût nécessaire pour découvrir des complices, ou pour d'autres considérations d'intérêt public. Ce qui achevait de déterminer le caractère de cette effrayante juridiction, fut une disposition portant : « La loi « donne pour défenseurs aux patriotes calomniés « des jurés patriotes ; elle n'en accorde point aux « conspirateurs. » Enfin, le droit fut conféré à tout citoyen de saisir et de traduire devant les magistrats les conspirateurs et les contre-révolutionnaires.

Dès le lendemain, la Convention, craignant que des représentants ne fussent frappés par cette loi, sans sa participation, défendit de déférer aucun de ses membres au tribunal révolutionnaire, sans qu'au préalable il n'eût été rendu contre lui un décret d'accusation.

C'est ainsi que le glaive se trouva suspendu sur un nombre indéfini de têtes.

On trouva des hommes pour occuper les siéges imprégnés de sang de ce tribunal d'assassins ; on en trouva pour toutes les commissions qui furent organisées sur le même modèle dans quelques autres départements, notamment à Orange, et la France fut couverte d'échafauds.

La Convention réprouve son propre ouvrage.

Mais il vint un moment où, recouvrant son indépendance, la Convention, qui avait institué ces tribunaux, et qui avait soumis à leur juridiction les prêtres, les émigrés, les suspects de toutes les classes, frappa de réprobation son propre ouvrage, en donnant à leurs jugements, pour les flétrir, cette qualification de *révolutionnaire* que, dans un esprit tout opposé, elle avait donnée à la juridiction elle-même.

Ce fut après la réaction thermidorienne qu'eut lieu, de la part de l'Assemblée, ce tardif retour aux principes d'humanité et de justice.

Le 28 thermidor an III, elle décréta :

« Sont réputés *jugements révolutionnaires*, ceux rendus :

« Par le tribunal révolutionnaire établi à Paris ;

« Par les tribunaux populaires institués à l'instar de ce dernier tribunal ;

« Par les tribunaux criminels de département, lorsqu'ils ont instruit et jugé autrement qu'avec le concours du jury ;

« Par des tribunaux ou commissions militaires jugeant des individus non militaires, et pour des faits à eux extraordinairement attribués. »

Tous les jugements rendus *révolutionnairement* par ces tribunaux jusqu'au 8 nivôse an III, contre des personnes encore vivantes, prononçant peine afflictive ou infamante, détention ou emprisonnement, furent déclarés non avenus.

Il faut jeter un voile sur ces temps malheureux, où la faction qui avait usurpé le pouvoir sentait qu'elle ne pouvait le conserver que par la terreur, et où cependant elle semblait vouloir rendre une sorte d'hommage hypocrite aux principes, en créant un simulacre de jury, et en donnant à ses assassinats les formes menteuses de la justice; dérision sacrilége, puisque cette justice était constituée de manière à couvrir de son nom le plus déplorable arbitraire!

Mais bientôt, et cet exemple ne doit pas être perdu pour ceux qui seraient tentés de les imiter, conventionnels, juges et jurés, subirent le sort qu'ils avaient fait à leurs victimes; presque tous rachetèrent par l'effusion de leur propre sang celui qu'ils avaient répandu à si grands flots. Cette fois la justice ne s'égara pas.

§ III. — TRIBUNAUX CRIMINELS SPÉCIAUX.

Après le règne de la Convention, plusieurs années s'écoulèrent, et nous ne voyons qu'en l'an XI reparaître un tribunal d'exception, né au milieu de circonstances graves et dont l'établissement fut motivé par un effroyable attentat, celui du 3 nivôse.

Établissement d'un tribunal criminel spécial.

On était sous le Consulat : une opposition s'était formée dans le sein du Corps législatif, et surtout du Tribunat; plusieurs projets avaient été rejetés. Deux lois, l'une sur les justices de paix, l'autre sur la justice de sûreté, avaient reçu un accueil si peu favorable, que le Gouvernement s'était vu obligé de les retirer, lorsque survint l'attentat dont nous venons de parler. Dès le lendemain, le Tribunat en corps porta au premier consul l'expression de son indignation, et inséra ces mots dans son adresse : « La position intérieure de la république et la na- « ture des crimes dont nous sommes témoins ont « prouvé que la législation n'est pas telle qu'il la « faudrait pour les prévenir ou pour les punir avec « la sévérité convenable. Que le Gouvernement pré- « sente les mesures que l'intérêt public exige, il peut « compter sur le zèle du Tribunat. »

Dès le 17 suivant, le Gouvernement présenta le projet de loi portant *établissement d'un tribunal criminel spécial* dans les départements où il le jugerait nécessaire. L'illustre Portalis, alors conseiller d'État, en exposa les motifs. Pour justifier la création de cette juridiction exceptionnelle, et sa substitution dans certains cas à la justice ordinaire, l'exposé s'autorisait de l'art. 92 de la constitution alors en vigueur, qui admettait des circonstances dans lesquelles l'*empire de la constitution pouvait être suspendu par une loi ;* il ne la proposait d'ailleurs que comme une mesure temporaire, qui prendrait fin lorsqu'on *rentrerait dans cet ordre naturel des choses, où les lois protégent tout le monde et ne s'arment contre personne*; dans tous les cas, elle devait cesser deux années après la paix.

Composition du tribunal spécial.

Ce tribunal était composé de 8 membres, savoir : du président et de 2 juges du tribunal criminel, de 3 militaires ayant au moins le grade de capitaine, et de 2 citoyens ayant les qualités requises pour être juges; il pouvait juger en nombre pair et avec 6 juges au moins. Le commissaire du Gouvernement et le greffier du tribunal criminel remplissaient leurs fonctions respectives près le tribunal spécial.

L'exposé s'attacha à démontrer que ce tribunal n'était point une commission; qu'on ne pouvait appeler de ce nom qu'un rassemblement de juges choisis au moment, pour prononcer sur des personnes déterminées et sur des faits individuels;

Que le tribunal spécial n'avait point ce caractère;

Qu'en adjoignant trois militaires à cinq officiers civils, le tribunal serait plus civil que militaire;

Que les débats seraient publics;

Que le droit sacré de la défense était respecté, et qu'on conservait tout ce qui était de la substance des jugements.

Compétence du tribunal. Pénalité.

Le projet attribuait au tribunal spécial la connaissance de tous les délits commis par des vagabonds, gens sans aveu, condamnés évadés; celle de tous les crimes commis sur les grandes routes et dans les campagnes; des insurrections, des attroupements séditieux lorsque les personnes auraient été surprises en flagrant délit au milieu de ces attroupements; des assassinats prémédités, de l'incendie, de la fausse monnaie, etc. Il punissait de mort le vol sur les grandes routes; il établissait des peines graduées contre ceux qui attaqueraient les acquéreurs de biens nationaux. Le Code pénal ordinaire devait continuer à régir tous les autres crimes.

Les jugements rendus par ce tribunal devaient être en dernier ressort, non susceptibles de recours en cassation, et exécutés dans les vingt-quatre heures. On n'admettait le recours en cassation qu'à l'égard des jugements de compétence, et l'instruction ne devait point en être suspendue.

La discussion de ce projet donna lieu dans le sein du Tribunat aux plus vifs débats. Enlever au jury ses attributions, dans les cas les plus importants, pour les confier à huit citoyens, parmi lesquels cinq ne se trouvaient pas protégés par l'inamovibilité que garantissait la constitution, était une chose aussi grave que hardie. Des orateurs tels que Daunou, Chénier, Ginguené, Bailleul, Benjamin Constant, firent sentir tout ce qu'une telle entreprise avait de menaçant pour la sécurité des citoyens. Que devait-il sortir en effet de ce mélange bizarre de juges en titre, de simples citoyens sans caractère, de magistrats et de militaires pour composer un tribunal?

Les considérations auxquelles ces orateurs se livrèrent produisirent un grand effet sur l'assemblée. Il s'en fallut de peu que le projet ne fût rejeté; son adoption n'eut lieu qu'à la majorité de 49 voix contre 41 ; mais, immédiatement porté au Corps législatif, la majorité qu'il y réunit s'éleva à 192 voix contre 88. Il fut converti en loi le 18 pluviôse an IX.

Plus tard, et par les lois des 23 floréal an X et 13 floréal an XI, on attribua encore à ces tribunaux la connaissance des crimes commis en récidive, les faux, la contrebande avec attroupement et port d'armes, la rébellion envers toute force armée. Accroissement de compétence.

Un arrêté du 4 ventôse an IX les avait établis dans un certain nombre de départements du Midi et de l'Ouest.

Cette juridiction dérogatoire au droit commun, et qui jusque-là n'avait été que temporaire, trouva place dans le Code d'instruction criminelle promulgué en 1808. Elle eut dès lors un caractère définitif et permanent, ainsi que nous le verrons bientôt.

§ IV. — COURS PRÉVÔTALES.

La Restauration offrit un autre exemple de l'une de ces juridictions qui, créées pour un temps, portent toujours l'empreinte des circonstances au milieu desquelles elles sont nées et qui les ont motivées.

Établissement des cours prévôtales.

La charte promulguée par Louis XVIII renfermait, au point de vue judiciaire, de précieuses garanties ; l'une de ces dispositions portait : « Nul ne pourra « être distrait de ses juges naturels. Il ne pourra en « conséquence être créé de commissions et de tri- « bunaux extraordinaires. » Le même article renferma cependant une réserve qui détruisait le bienfait de cette disposition : « Ne sont pas comprises, fut-il « ajouté, sous cette dénomination (de commissions « et de tribunaux extraordinaires), les juridictions « prévôtales, si leur rétablissement est jugé néces- « saire. »

La première entrée du roi en France, accueillie d'abord avec sympathie, parce qu'elle faisait cesser un état de guerre devenu ruineux pour la nation, n'avait pas tardé à susciter des inquiétudes. Ceux qui accompagnaient le monarque, ou qui étaient les plus dévoués à sa cause, méconnaissant ses intentions, manifestaient des prétentions en opposition profonde avec le sentiment public. Après les Cent-Jours, la seconde rentrée du roi fut suivie de mesures et de projets hautement avoués, qui augmentèrent le mécontentement général.

Dans la défiance où l'on était de l'état des esprits, les lois les plus rigoureuses ne parurent pas suffire; on recourut à ce moyen si souvent employé, qui consistait à enlever au jury la connaissance du plus grand nombre des cas dont le jugement lui était confié, et à lui substituer des tribunaux d'exception temporaires.

C'est ainsi que les juridictions prévôtales, dont la charte avait réservé le *rétablissement*, furent instituées.

Mais, pour être *rétablies*, ces juridictions n'eurent néanmoins rien de commun avec celles qui existaient sous l'ancien régime; car avant 1789, et d'après l'ordonnance de 1670, quoique les prévôts, assistés de sept assesseurs, gens de robe ou légistes, eussent compétence pour le jugement de certains crimes ou délits, il y avait à cette compétence tant de limitations personnelles, réelles, principales et tacites; tant d'autres encore, réglées par l'ordonnance de février 1731, dues au chancelier d'Aguesseau et aux représentations du Parlement, que les cas prévôtaux étaient devenus très-rares; si rares qu'à peine les prévôts rendaient ils un jugement par an dans chaque siége.

Or, il n'y avait dans toute la France que 32 siéges, un par généralité.

Composition des cours prévôtales.

La loi du 20 décembre 1815 créa une cour prévôtale par département : elle les composa de 1 président, de 4 juges, dont un désigné pour remplir les fonctions d'assesseur, tous choisis parmi les juges du tribunal de première instance du lieu où siégeait la cour prévôtale, et d'un prévôt ayant au moins le grade de colonel. Le président et le prévôt étaient nommés par le roi, les juges et assesseurs étaient annuellement désignés par le premier président de la cour d'appel, et la première fois par le ministre de la justice. Les fonctions du ministère public étaient remplies par le procureur du roi du tribunal de première instance.

Mode de procéder.

Le prévôt faisait l'instruction, assisté de son assesseur ; il se transportait sur les lieux, il informait ; la cour prévôtale, sur sa réquisition ou sur celle du prévôt ou du procureur du roi, pouvait également se transporter et siéger dans les lieux par elle indiqués.

Compétence.

Sa compétence était fort étendue, et embrassait des cas nombreux, tels que : la rébellion armée et toutes ses variétés et conséquences, l'affiche, la vente et la distribution d'écrits séditieux, les cris et discours ayant le même caractère, le fait d'avoir arboré un autre drapeau que le drapeau blanc. Étaient d'ailleurs justiciables des cours prévôtales les prévenus d'assassinat et de vol sur les grands chemins, enfin les militaires, en activité de service ou en non activité, prévenus de vol ou d'actes de violence, qualifiés crimes par le Code des délits et des peines.

Comme il arrive toujours dans les moments où l'esprit de parti égare, il se trouva des orateurs qui, lorsque la loi créatrice de cette juridiction exceptionnelle fut présentée aux chambres, la trouvèrent trop timide, et auraient voulu étendre sa compétence; il fut même proposé de rétablir pour elle un supplice inusité depuis longtemps, et le ministre rédacteur du projet fut obligé de modérer un mouvement qui dépassait ses vues.

Il faut le dire, la présentation de cette loi répandit l'effroi; il était trop évident qu'elle était dirigée contre le parti vaincu, c'est-à-dire contre la nation tout entière, dont la tranquillité était cependant assurée par la présence, pendant cinq ans, de 150,000 étrangers.

La loi une fois votée, on ne pouvait lui donner une efficacité réelle qu'en choisissant les membres de ces tribunaux parmi les hommes qui avaient donné le plus de gages de dévouement. Aussi, dès leur installation, fut-on frappé d'appréhension, en entendant le prévôt du premier siége du royaume, dédaignant le serment prescrit par la loi, jurer sur son épée *qu'il obéirait à tous les commandements du roi!*

Les résultats qu'on s'était promis de l'établissement de cette justice exceptionnelle ne furent pas heureux: dans quelques départements, où la disette avait occasionné des mouvements tumultueux, la cour se transportait au milieu des populations agitées, suivie de l'instrument du supplice, et rendait des arrêts des mort qui, exécutés dans les vingt-quatre heures, pouvaient causer l'épouvante; mais qui, bien loin de rallier les esprits au nouvel ordre de choses, devaient les lui aliéner sans retour.

Fin des cours prévôtales.

Cependant, l'existence de cette juridiction expéditive ayant été limitée par la loi à la fin de la session de 1817, si elle n'était pas renouvelée dans le cours de cette session, le Gouvernement reconnaissant les fâcheux effets qu'elle avait produits, renonca à en proposer la continuation.

CHAPITRE II.

Tribunaux d'un autre ordre créés par des lois permanentes, pour des cas spécifiés, ou par la constitution du pays.

Nous avons dit qu'après les tribunaux nés des orages politiques, et qui se ressentent toujours de leur origine, se trouvaient des tribunaux spéciaux d'un autre ordre, institués dans le calme de la réflexion, les uns par les lois permanentes, les autres par la constitution du pays, pour des cas clairement définis.

§ Ier. — TRIBUNAUX SPÉCIAUX.

Les tribunaux qui, en dehors des juridictions ordinaires, doivent leur existence à des lois permanentes, inspirent plus de confiance que les précédents; car on peut, jusqu'à un certain point, les considérer comme appropriés à une situation particulière qui commande leur création. Nous ne croyons pas cependant qu'on ait jamais eu à s'applaudir de ce démembrement de la justice régulière; toute déviation des règles du droit commun produit rarement de bons fruits.

Compétence.

Tels furent les tribunaux institués par la loi du 18 pluviôse an IX, dans les circonstances que nous avons fait connaître; ces tribunaux furent en quelque sorte réhabilités par la place qui leur fut donnée dans le Code d'instruction criminelle de 1808; leur compétence fut restreinte aux crimes commis par des vagabonds, gens sans aveu, et par des condamnés à des peines afflictives et infamantes, à la rébellion armée, à la force armée, à la contrebande armée, à la fausse monnaie et aux assassinats préparés par des attroupements armés.

Du reste, le Code rendit hommage à un principe dont nous avons déjà eu occasion de faire apprécier l'importance: lorsque parmi les prévenus de crimes qui, par la simple qualité des personnes, auraient dû être attribués à la cour spéciale, il s'en trouvait qui ne devaient point, en raison de cette qualité, être justiciables de cette cour, le procès et les parties étaient renvoyés devant les cours d'assises.

Ce tribunal, ainsi modifié, offrait un peu plus de garanties que le précédent: s'il se composait également de huit juges, il ne pouvait rendre ses arrêts qu'à ce nombre, au lieu de six; il comprenait bien toujours trois militaires, mais les cinq autres juges, indépendamment du président, avaient le caractère de magistrats et jouissaient tous de l'inamovibilité.

Plus tard, cette institution fut encore consacrée par la loi magistrale du 20 avril 1810 sur l'organisation judiciaire. D'après cette loi, l'Empereur nommait, chaque année, pour faire le service des cours spéciales, six officiers de gendarmerie, dont trois étaient désignés pour être suppléants.

Composition nouvelle des cours spéciales.

Ainsi se trouva faire partie de notre législation permanente une institution née au milieu de circonstances périlleuses, et à la suite d'un attentat qui avait causé dans le pays la plus vive émotion.

Nous avons participé nous-même à cette juridiction, nous avons donc pu l'apprécier; c'était ordinairement immédiatement après la clôture de la session de la cour d'assises que la cour spéciale siégeait, pour juger les affaires de sa compétence. Ainsi, les jurés disparaissaient, et trois officiers de gendarmerie venaient s'asseoir au milieu des juges. Nous ne pouvons assez insister sur ce qu'il y avait d'anormal dans ce mélange de magistrats et d'hommes d'épée; on s'observait mutuellement, on se redoutait; la délibération intérieure était gênée, nous pourrions même dire que jusqu'à un certain point elle n'était pas libre, et on a eu quelquefois à déplorer des arrêts auxquels le sentiment public refusait sa sanction.

§ II. — COURS SPÉCIALES EXTRAORDINAIRES.

Le Pouvoir toutefois ne s'en tint pas là; il y eut des départements tellement agités, que le jury s'y montrait, ou timide, ou plein de sympathies pour les accusés. La même loi du 20 avril 1810 institua encore pour ces départements des *cours spéciales extraordinaires*, composées de huit membres entièrement pris, cette fois, parmi les magistrats de la cour impériale, et nommés par le grand juge, ou, à son défaut, par le premier président. L'Empereur les établissait lorsque la multiplicité de certains crimes, sur quelques points de l'empire, exigeait des voies de répression plus actives. Ces cours remplaçaient les cours d'assises; leurs pouvoirs ne duraient qu'une année; elles se transportaient, quand il était ordonné par le grand juge, dans l'étendue du ressort de la cour impériale, pour y connaître des affaires de leur compétence. Elles se conformaient, pour l'instruction et le jugement, aux dispositions du Code d'instruction criminelle concernant les cours spéciales ordinaires: néanmoins leurs arrêts définitifs étaient sujets au recours en cassation, ce qui les dispensait de rendre des arrêts de compétence.

Fin des tribunaux spéciaux.

Les tribunaux spéciaux, ordinaires et extraordinaires, n'eurent d'autre durée que celle de l'empire; ils finirent avec lui; nous avons dit comment la charte de 1814 les abolit. Celle de 1830, ainsi que la nouvelle constitution impériale, ont proscrit pour toujours ces juridictions exceptionnelles et de circonstance, qui témoignent du malheur des temps, de la faiblesse ou de la passion des gouvernements, et de la fureur des partis. Juridictions impuissantes pour maintenir et protéger l'ordre, fatales au pouvoir qui les institue, incapables de prévenir ou de retarder sa chute quand, par ses fautes ou par ses excès, il l'a rendue inévitable!

Règle générale : la création de tous ces tribunaux nés de prétendues nécessités politiques est une calamité ; car ils font douter de la justice elle-même. Leur action, si régulière qu'elle soit, irrite les esprits et, en la fomentant, perpétue la discorde. Alors même que leurs arrêts seraient équitables, ils revêtent, aux yeux des peuples, une couleur de vengeance. Les peuples, en effet, ne se croient bien et impartialement jugés que par leurs juges naturels ; la sainteté de l'institution est ce qui la rend forte ; si la défiance amène la plainte, de la foi vient la résignation.

Espérons que l'avenir ne verra plus se reproduire ce recours des gouvernements à une arme dont l'un des tranchants blesse ceux qui s'en servent, non moins que ceux contre lesquels elle est dirigée, et qu'après tant d'essais malheureux, l'arbitraire juridique aura fait son temps !

§ III. — HAUTES JURIDICTIONS CRÉÉES PAR LES CONSTITUTIONS DU PAYS.

Mais si les tribunaux irréguliers dont nous venons de faire connaître l'organisation encourent à bon droit la réprobation publique, on ne saurait en dire autant des hautes juridictions, créées par les constitutions du pays, pour le cas où des crimes, qui compromettent la sûreté de l'État, réclament de la part des juges assez d'indépendance pour résister, tout à la fois aux exigences de l'autorité et à la pression des partis.

Les peuples anciens, comme les peuples modernes, reconnurent la nécessité de ces institutions. Le tribunal des amphictyons, l'ancien sénat de Rome, l'antique cour des pairs de France, et celle créée par les chartes de 1814 et 1830, ne parurent pas placés à une trop grande hauteur, pour recevoir la mission de juger les crimes d'État.

Haute cour nationale

Ainsi, en suivant chez nous l'ordre des temps, on voit la constitution de 1791, qui n'admit qu'une seule chambre élective, instituer une *haute cour nationale* qu'elle forma de quatre grands juges tirés au sort parmi les membres de la cour de cassation, dont le plus âgé était le président, de vingt-quatre hauts jurés et de six suppléants, également tirés au sort, sur une liste formée par les colléges électoraux, à raison de deux par département. La haute cour était saisie par un décret d'accusation que rendait le Corps législatif, et qui tenait lieu de décret de prise de corps. L'Assemblée désignait le lieu où la haute cour devait se réunir. Ce lieu devait être éloigné de trente mille toises au moins de celui où elle siégeait elle-même. Les grands procurateurs de la nation avaient la faculté d'exercer des récusations, mais ils ne pouvaient les proposer qu'en donnant des motifs, lesquels étaient appréciés par les grands juges. De leur côté, les accusés avaient le droit d'exercer, sans en donner de motifs, le double des récusations accordées par le décret sur la procédure par jurés. Enfin, le commissaire du roi, placé auprès du tribunal de district et dans le territoire duquel la haute cour nationale s'assemblait, remplissait, auprès de cette cour, les

6.

mêmes fonctions, relativement à l'instruction et au jugement, que celles qu'il exerçait auprès du tribunal criminel ordinaire.

La Convention qui, dans ses mauvais jours, ne cherchait, dans les formes judiciaires, que les voies les plus promptes pour arriver aux fins des accusations, ne pouvait s'accommoder d'un mode de jugement aussi solennel et qui offrait de telles garanties; aussi le supprima-t-elle par son décret des 25 et 26 septembre 1792. Mais lorsqu'elle eut recouvré son indépendance, elle le rétablit par la constitution du 5 fructidor an III, sous le nom de *haute cour de justice.*

Haute cour de justice d'après la Constitution de l'an III.

Cette nouvelle cour fut composée de cinq juges et de deux accusateurs nationaux pris, comme précédemment, dans le sein de la cour de cassation, et de hauts jurés nommés comme précédemment aussi, par les assemblées électorales de département.

Elle fut instituée pour juger les accusations portées par le Corps législatif, soit contre ses propres membres, soit contre ceux du Directoire exécutif.

Elle ne se constituait qu'en vertu d'une proclamation rédigée et publiée par le conseil des Cinq-Cents; elle tenait ses séances dans le lieu désigné par ce conseil : ce lieu ne pouvait être plus près de douze myriamètres de celui où il siégeait lui-même.

Lorsque le Corps législatif avait proclamé la formation de la haute cour de justice, la cour de cassation, réunie en séance publique, tirait au sort quinze de ses membres, et puis nommait, parmi ces quinze, les cinq juges de la haute cour : ceux-ci choisissaient entre eux leur président. Dans la même séance, la cour de cassation nommait aussi, parmi ses membres, deux magistrats pour remplir, auprès de la haute cour de justice, les fonctions d'accusateurs nationaux.

Haute cour d'après la Constitution de l'an VIII.

La constitution consulaire du 22 frimaire an VIII établit à son tour une haute cour pour prononcer sur le sort des ministres mis en jugement par un décret du Corps législatif; elle était encore choisie par le tribunal de cassation et dans son sein; les jurés devaient être pris dans la liste renfermant les citoyens du département éligibles aux fonctions publiques nationales, le tout suivant les formes que la loi devait déterminer, et il est à remarquer que cette loi ne fut jamais rendue.

Haute cour impériale d'après le sénatus-consulte de floréal an XII.

Enfin, le sénatus-consulte organique du 28 floréal an XII ayant constitué l'empire, la haute cour, qui prit le titre d'*impériale*, reçut une organisation nouvelle. Elle se composa des princes, des grands dignitaires et grands officiers de l'Empire, du ministre de la justice, de soixante sénateurs, de six présidents des sections du conseil d'État, et de vingt membres de la cour de cassation, tous appelés par ordre d'ancienneté. Les fonctions du ministère public devaient être remplies par un procureur général que l'Empereur nommait à vie, assisté de trois tribuns désignés chaque année par le Corps législatif, sur une liste de neuf candidats présentés par le Tribunat, et enfin de trois magistrats que l'Empereur nommait aussi chaque année parmi ceux des cours d'appel et des cours de justice criminelle.

La haute cour devait être présidée par l'archichancelier : ses attributions étaient fort étendues ; elle avait à connaître des délits personnels commis par les membres de la famille impériale, par les titulaires des grandes dignités de l'Empire, par les ministres, les sénateurs, les conseillers d'État ; elle était appelée à prononcer sur les crimes, attentats et complots contre la sûreté de l'État, contre la personne de l'Empereur, et sur *tous les délits de responsabilité d'office*, tels que ceux commis par les ministres, les capitaines généraux des colonies, les préfets coloniaux, les généraux de terre et de mer, etc., etc. Tous pouvaient être dénoncés par le Corps législatif, ou poursuivis par le ministère public.

Mais cette cour ne fut jamais constituée, elle n'eut pas occasion de se réunir; on n'a donc pu juger ce qu'aurait produit une institution formée d'éléments si divers.

Cour des pairs d'après les Chartres de 1814 et 1830.

Le régime représentatif et parlementaire ayant été établi avec la Restauration, et continué après la révolution de juillet, la chambre des pairs, constituée en cour de justice, fut chargée de connaître des crimes de haute trahison et des attentats à la sûreté de l'État, qui seraient définis par la loi. Cette attribution se trouve répétée de la même manière dans les deux chartes de 1814 et de 1830; cependant jamais il n'a été rendu de loi pour définir ces attentats. Chaque fois que la chambre des pairs s'est constituée en tribunal, elle a été saisie par une ordonnance du roi; sa procédure n'a eu d'autre règle que ses *précédents*, qui, recueillis avec soin, ont formé un corps de doctrine; elle ne put appliquer d'autres peines que celles qui sont édictées par le Code pénal ordinaire, mais elle eut la faculté de les modérer et de suivre en cela uniquement les inspirations de sa conscience et les règles de l'équité.

Ce grand corps politique, dans lequel toutes les hautes notabilités du pays avaient leur place marquée, réunissait au plus haut degré, on ne peut le contester, les lumières, la fermeté, l'indépendance, le respect de tous les droits et toutes ces précieuses qualités qui, en honorant la justice, ajoutent à l'autorité de ses arrêts. Combien de fois sous le dernier Gouvernement n'eut-il pas à faire preuve d'impassible courage et de modération ! Ne suffit-il pas de citer le jugement des ministres de Charles X, qui nous a déjà fourni l'occasion de rendre hommage à sa haute impartialité, au milieu d'une crise où le rôle des juges et celui des accusateurs n'étaient pas sans péril ? Ne peut-on pas citer encore le grand procès de 1834, à l'égard duquel on put un moment douter si le nombre et l'audace des accusés ne triompheraient pas des lois et de tous les moyens mis à la disposition du Gouvernement pour assurer leur exécution.

On put admirer la longanimité, la sollicitude pour les immunités de la défense dont la cour fit preuve dans le jugement de ce procès, qui comprenait 442 accusés, dont 324 présents.

On admira la haute intelligence, la parfaite mesure avec lesquelles la cour, dans ces circonstances difficiles, comme dans toutes les autres, était présidée. On vit avec quel soin la grande illustration placée à sa tête s'étudiait à protéger les accusés contre leurs propres excès, et à les avertir, lorsque, entraînés par leurs passions, ils tenaient un langage compromettant pour eux. Un tel exemple, donné de si haut, avait une grande portée; il devait influer sur la conduite des magistrats qui, dans des occasions analogues, pouvaient être appelés à diriger des débats où de graves intérêts politiques se trouveraient engagés.

Haute cour de justice, d'après la Constitution républicaine.

Après la révolution de 1848, la constitution qui inaugura le Gouvernement républicain, institua une haute cour de justice, composée de cinq juges et deux suppléants, pris toujours parmi la cour de cassation et élus par elle; ainsi que de trente-six jurés et quatre suppléants, tirés au sort parmi quatre-vingt-dix membres des conseils généraux, lesquels étaient eux-mêmes désignés par le sort parmi leurs collègues de chaque département. La haute cour nommait son président, qu'elle prenait dans son sein; le Gouvernement nommait de son côté le magistrat appelé à exercer les fonctions du ministère public.

La haute cour était saisie par un décret de l'assemblée nationale pour juger les attentats contre la sûreté de l'Etat; elle se saisissait elle-même dans certains cas déterminés.

Haute cour de justice, d'après la Constitution impériale.

Lorsque le nouvel Empire a été déclaré, la haute cour, aux termes de la constitution impériale, a été organisée sur d'autres bases; elle ne peut plus être saisie qu'en vertu d'un décret de l'Empereur; elle se compose d'une chambre des mises en accusation et d'une chambre de jugement, formées de conseillers pris parmi les membres de la cour de cassation.

Chaque chambre est composée de cinq juges et de deux suppléants, nommés tous les ans par l'Empereur; le décret qui saisit la haute cour désigne parmi les juges de chaque chambre celui qui doit la présider. L'Empereur désigne également pour chaque affaire le procureur général et les autres membres du ministère public, chargés de soutenir l'accusation. Le haut jury est formé de la même manière que par la précédente constitution. Sa déclaration portant que l'accusé est coupable, et celle qui admet en faveur de l'accusé des circonstances atténuantes, doivent être rendues à la majorité de plus de vingt voix. La haute cour n'est pas autorisée, comme l'était l'ancienne cour des pairs, à arbitrer les peines; elle est tenue de les appliquer conformément aux dispositions du Code pénal.

Différence entre l'organisation de la nouvelle cour de justice et la précédente.

On aperçoit tout de suite en quoi la constitution de la nouvelle cour diffère de celle qu'elle a remplacée : 1° sa division en deux chambres pourvoit à une lacune qui était regrettable; car pour la remplir, c'était précédemment la chambre d'accusation de la cour d'appel de la Seine qui intervenait; 2° au lieu de devoir leur nomination au choix de leurs collègues, les juges sont nommés chaque année directement par l'Empereur, qui nomme aussi, mais pour chaque affaire seulement, les présidents des deux chambres. Cette dernière modification a sans doute été motivée par le changement de forme du Gouvernement, et aussi par l'article de la constitution impériale qui attribue à l'Empereur seul la nomination à tous les emplois de magistrature.

Les hautes cours de justice, instituées à peu près sur le même plan, soit par la constitution de l'an III, soit par les constitutions promulguées depuis 1848, ont été saisies et se sont réunies dans trois occasions mémorables.

Haute cour de Vendôme. Jugement de Babeuf et de ses complices.

La première de ces cours eut à juger les individus impliqués dans la conspiration de Babeuf; non que ce fût la nature de la conspiration qui la lui fit déférer, mais parce que parmi les accusés se trouvait Drouet, membre du Conseil des Cinq-Cents.

Cette circonstance donna lieu à une loi générale du 24 messidor an IV qui, consacrant le principe de l'indivisibilité des procédures, ainsi que l'avait fait pour les délits militaires la loi rendue deux jours auparavant (le 22 messidor), renvoya tous les accusés, complices de Drouet, devant la haute cour de justice.

Quoi qu'il en soit, la haute cour se réunit à Vendôme. Le Gouvernement n'était pas rassuré sur les suites du procès. La conspiration avait des ramifications dans toute la France. C'était par le pillage et le massacre, c'était en soulevant les masses, les pauvres contre les riches, qu'elle prétendait établir son système d'égalité sociale. On craignait l'enlèvement des accusés dans leur translation de Paris à Vendôme. Ce fut donc avec un formidable appareil qu'ils furent conduits dans les prisons de cette ville. Toutes les gardes nationales, voisines des lieux qu'ils devaient parcourir, eurent ordre de prendre les armes et de faire la haie sur leur passage. De forts détachements de gendarmerie, des régiments de cavalerie, formaient l'escorte, et on ne crut pas que ce fût trop d'un corps d'armée, stationnant autour de Vendôme, pour protéger la haute cour et empêcher un coup de main sur les prisonniers.

Ceux-ci, au nombre de quarante-sept, parmi lesquels se trouvaient trois femmes, arrivèrent à Vendôme dans la nuit du 11 au 12 fructidor an IV. Les membres de la haute cour s'y réunirent le lendemain 13, et immédiatement ils procédèrent à l'instruction. Ce ne fut que six mois après, et le 2 ventôse an V, que les débats s'ouvrirent ; ils durèrent trois mois.

Les accusés, ainsi que leurs défenseurs, se livrèrent aux violences les plus inouïes, élevant incidents sur incidents, troublant l'audience par leurs clameurs, entonnant des chansons démagogiques pour en interrompre le cours, et espérant, à force d'excès, lasser la patience de la cour et rendre le jugement impossible. Mais la longanimité des juges ne se démentit pas. Aux irrévérences, aux violences des accusés, ils opposaient le calme, la dignité ; et quoique blâmés par ceux qui, ne comprenant pas les véritables devoirs du magistrat, auraient voulu que les accusés fussent traités avec moins de ménagements, la justice finit par triompher, et ce triomphe fut obtenu sans que l'impartialité de ce haut tribunal pût être un seul instant mise en doute.

Les juridictions politiques, en effet, devant lesquelles tant de passions sont en feu, ne se font accepter, leurs décisions n'obtiennent la sanction du pays et l'approbation de l'histoire, qu'autant que les juges, et surtout celui qui est appelé à l'honneur de diriger les débats, savent résister à l'influence trop souvent contagieuse que pourraient exercer sur eux, soit la véhémence de l'accusation, dont ils ne doivent pas être les auxiliaires, soit l'ardeur de la défense, dont leur devoir est de protéger les immunités ; qu'autant surtout qu'ils s'étudient à conserver, devant l'opinion, ce prestige qui fait repousser jusqu'à la pensée qu'ils puissent être l'instrument de la passion ou de la haine.

Le 7 prairial an v, les hauts jurés, après deux jours de délibération, rendirent leur verdict. Babeuf et Darthé furent seuls condamnés à mort. Cinq accusés, parmi lesquels était Buonarotti, le furent à la déportation ; tous les autres furent acquittés ; dix-huit contumaces le furent également.

Au moment où le président prononçait l'arrêt, les deux accusés qui avaient encouru la peine capitale tentèrent de se donner la mort ; mais leur bras fut arrêté à temps, et la blessure qu'ils se firent fut légère. Le lendemain, ils furent exécutés.

Haute cour de Bourges. Attentat du 15 mai.

Ce fut après la révolution de 1848 que, pour la deuxième fois, une haute cou r, instituée, ainsi qu'on l'a vu, à peu près dans la même forme q ue celle de Vendôme, eut à se réunir. Les auteurs et complices de l'attentat du 15 mai 1848 lui furent déférés par un décret de l'Assemblée nationale du 22 janvier 1849. On sait ce que fut cet attentat ; les souvenirs en sont trop récents pour avoir besoin d'être rappelés. La salle de l'Assemblée nationale envahie, les membres de cette Assemblée expulsés de leurs siéges, la tentative de renverser un gouvernement que les fauteurs de ce mouvement avaient eux-mêmes fondé ; telle était la grave accusation sur laquelle la haute cour allait avoir à prononcer.

Elle se réunit à Bourges. On pouvait craindre, comme lors du précédent procès, que des efforts ne fussent tentés pour empêcher l'action de la justice nationale. Un corps considérable de troupes fut donc encore réuni pour prévenir et au besoin comprimer toute tentative de mouvement.

La haute cour eut à juger 13 accusés ; elle siégea depuis le 7 mars jusqu'au 3 avril, entendit 266 témoins à charge, parmi lesquels figuraient le président de l'Assemblée nationale et un ministre ; elle entendit aussi 62 témoins à décharge. L'audience fut souvent ralentie par des incidents que soulevaient les accusés ; la compétence de la cour était déclinée par eux ; ne reconnaissant pas sa juridiction, quelques-uns refusèrent de paraître ; il fallut les y contraindre. L'un d'eux poussa la résistance jusqu'à vouloir opiniâtrément garder le lit, dans un état qui était pour les agents de l'autorité une sorte de défi de l'amener devant ses juges ; il y eut nécessité de lui imposer de force des vêtements, de le porter et de le placer sur son banc à l'audience. Tous cependant finirent par prendre part aux débats, par contredire les dépositions des témoins, par se défendre enfin, et ils le firent avec une liberté dont tout autre tribunal, qui n'eût pas eu une mission politique à remplir, ne les eût certainement pas laissés jouir.

Haute cour de Versailles, attentat du 13 juin.

Quelques mois étaient à peine écoulés, que, sous le prétexte que la constitution avait été violée, un nouvel attentat, celui du 13 juin 1849, fut commis. Il se manifesta par des mouvements insurrectionnels que dirigeaient des membres du Corps législatif réunis dans un hôtel de la rue du Hasard, et ensuite au Conservatoire des arts et métiers; il motiva un décret de l'Assemblée législative du 10 août 1849, qui saisit de nouveau la haute cour, et qui désigna la ville de Versailles pour le lieu de sa réunion.

Les mêmes magistrats qui avaient composé la haute cour de Bourges, et dont les pouvoirs n'étaient pas expirés, siégèrent encore dans celle-ci.

Elle eut à prononcer sur le sort de 30 accusés, et demeura en séance depuis le 10 octobre jusqu'au 16 novembre. De nombreux incidents signalèrent, comme à Bourges, le cours de ses audiences. Parmi ces incidents, il en est un qui mérite d'être rappelé, comme un exemple des extrémités auxquelles peuvent porter les passions politiques.

Grave incident.

Pendant près d'un mois qu'avaient duré les débats, les accusés et leurs défenseurs avaient discuté pied à pied tous les témoignages, les uns soutenant que la manifestation incriminée avait été pacifique, les autres que l'appel aux armes de leur part avait été provoqué par l'intervention de la force publique, en l'absence des formes imposées par la loi. Plusieurs protestèrent même contre la théorie sauvage que professent ceux qui, au lieu de recourir aux lois, s'arment pour résister à l'oppression dont ils se croient l'objet; lorsque les défenseurs, oubliant qu'il n'est aucune liberté sous le ciel qui n'ait sa limite, prirent des conclusions pour demander d'être autorisés à plaider cette proposition révolutionnaire, que *toute violation de la Constitution de la part du Corps législatif, donne naissance au droit d'insurrection.*

Ces conclusions devaient être et furent repoussées; tous les défenseurs offrirent alors ce spectacle inouï dans les annales du barreau, d'un corps d'avocats désertant les causes qui leur étaient confiées et se retirant tout entier de l'audience. La haute cour, et plus tard le conseil de l'ordre des avocats, gardien de l'honneur et de la dignité de ses membres, infligègèrent à cette conduite passionnée le blâme qu'elle méritait.

Il fallut renvoyer l'audience au surlendemain pour désigner aux accusés des défenseurs d'office. Les membres du barreau de Versailles, plus pénétrés de leurs devoirs, acceptèrent la mission qui leur était donnée; mais, à l'ouverture de l'audience, le bâtonnier de l'ordre, tant en son nom qu'au nom de ses confrères, déclara que s'ils s'étaient empressés d'accepter la commission d'office qu'ils tenaient du président de la haute cour, leur rôle devait se borner à une assistance silencieuse, tous les accusés ayant refusé leur ministère.

Les hautes cours de Bourges et de Versailles, plus heureuses que celle qui, cinquante ans auparavant, avait siégé à Vendôme, n'eurent pas, grâce à l'adoucissement de nos lois pénales en matières politiques, à porter comme elle des sentences de mort. La première de ces cours prononça parmi les accusés pré- Condamnations.

sents 6 acquittements, 2 condamnations à la déportation, et 5 à diverses années de détention. 6 contumax furent condamnés à la déportation.

Des 30 accusés jugés par la seconde, 10 furent acquittés, 17 furent condamnés à la déportation, et 3 à cinq ans de réclusion ; enfin la peine de la déportation fut prononcée contre les contumax, au nombre de 36.

Les jurés qui prirent part au jugement de ces mémorables procès se tinrent constamment à la hauteur de leurs fonctions. Chaque fois qu'ils furent appelés à constituer la haute Cour, ils se montrèrent dignes de la confiance que le pays mettait en eux ; leur attention soutenue, qui attestait le plus vif désir de s'éclairer, leur patience à endurer des débats dont la longueur et souvent la violence rendaient le spectacle non-seulement fort pénible, mais très-souvent révoltant, témoignaient combien ils avaient le sentiment de leurs devoirs. Fermes sans passions, indulgents sans faiblesse, au-dessus de toute intimidation, ils surent faire à chaque accusé la part de justice qui lui était due, et les amis de l'ordre et des lois n'eurent qu'à applaudir à la sagesse et à la modération de leurs décisions.

Si, maintenant, il était permis de comparer les deux grandes juridictions chargées de juger les crimes contre la sûreté de l'État et instituées, l'une par les Chartes de 1814 et 1830, l'autre par plusieurs de nos constitutions, on hésiterait peut-être à indiquer celle dont la constitution offrirait le plus de garanties

Aussi, nous bornerons-nous à exposer les avantages et les inconvénients que chacune d'elles a pu présenter, et qui d'ailleurs n'ont point échappé aux esprits éclairés.

On a d'abord mis en doute s'il n'y avait pas quelque danger à confier à un corps politique, tel que l'était la Chambre des pairs, le jugement des crimes politiques, de ces crimes qui, par leur gravité, mettent l'État en péril.

Ne peut-on pas craindre de la part de ces corps, a-t-on dit, la plus funeste des influences, celle de l'esprit de parti? Les hommes qui les composent, prenant chaque jour part aux luttes engagées pour la défense de leurs opinions, ne seront-ils pas portés, même à leur insu, à être favorables ou contraires aux accusés traduits devant leur tribunal, selon que les opinions de ceux-ci se rapprocheront ou s'écarteront davantage des leurs? S'ils sont appelés à juger des fonctionnaires d'un ordre très-élevé, tels que des ministres, sauront-ils se dégager toujours, soit des sympathies que leurs relations avec eux auront pu faire naître, soit des antipathies qui résultent trop souvent de l'habitude de se combattre? Pourra-t-on espérer d'ailleurs qu'ils auront assez d'empire sur eux-mêmes pour pouvoir passer subitement et sans inconvénient de l'arène politique, où tant de questions brûlantes et passionnées sont souvent discutées, à l'arène judiciaire qui exige tant de calme, tant de circonspection, et où l'esprit doit se montrer si parfaitement affranchi de toutes préventions? Enfin, un grand corps, tel que celui dont nous nous occupons, devant être le modérateur suprême et nécessaire des autres pouvoirs, conservera-t-il toujours ce caractère, si la constitution du pays met entre ses mains l'arme destinée à frapper les infracteurs des lois que lui-même aura concouru à établir? Et ce cumul de fonctions législatives et judiciaires n'amènera-t-il pas une confusion fâcheuse, contraire à toutes les idées reçues sur la séparation des pouvoirs; n'en produira-t-il pas une surtout, si ce sont les mêmes hommes qui prononcent sur le fait, et qui tout à la fois appliquent la loi et arbitrent la peine?

Ces considérations ont sans doute de la gravité, et cependant il en est d'autres qui ont aussi une grande valeur.

La permanence de ce pouvoir modérateur n'offre-t-elle pas un immense avantage, en ce qu'elle lui impose le devoir d'une modération plus grande, d'une impartialité plus entière, afin de ne pas affaiblir aux yeux de la nation l'autorité légitime dont il est investi?

Dans un corps permanent, la responsabilité des décisions ne saurait être illusoire; elle pèse de tout son poids sur le corps entier comme sur chacun des membres qui le composent, bien autrement qu'elle ne le ferait sur des juges pris au hasard, et qui, la décision une fois rendue, se perdraient dans la foule, sans que l'opinion publique eût prise sur eux et pût leur en demander compte.

Pourrait-on d'ailleurs contester qu'un corps dans lequel, comme on l'a dit plus haut, toutes les notabilités du pays ont leur place marquée, ne réunisse au plus haut degré, les lumières la fermeté, le respect des droits de chacun, et toutes ces précieuses qualités qui, en honorant la justice, ajoutent à l'autorité de ses arrêts. Ici, ajoute-t-on, l'épreuve est faite, une expérience de plus de trente années a montré que l'ancienne Chambre des pairs n'a jamais manqué à sa haute mission, et que dans les circonstances malheureusement trop nombreuses où elle a été appelée à se constituer en cour de justice, elle a noblement satisfait aux grandes obligations qui lui étaient imposées.

Si après ces diverses appréciations on met en regard les hautes cours instituées par plusieurs de nos constitutions, on trouve également dans celles-ci quelques-uns des inconvénients, comme quelques-uns des avantages que nous venons de signaler.

Les inconvénients sont, comme on vient de le faire pressentir, qu'avec un jury qui se dissout et se sépare aussitôt après le jugement, la responsabilité échappe, les jurés ne formant point un corps toujours subsistant qui puisse l'assumer; que rentré dans ses foyers, chaque juré n'est plus qu'une fraction, bientôt oubliée, du haut tribunal qui a été appelé à prononcer; que si cette dissémination du jury, après l'accomplissement de sa tâche, peut être considérée comme un avantage lorsqu'il est formé pour juger des crimes ou délits communs, il n'en est plus un, lorsqu'il est appelé à prononcer sur ces grands crimes politiques qui, en compromettant la sûreté de l'État, mettent trop souvent les partis en présence; il n'en est plus un, surtout au point de vue de la responsabilité, qui, lorsqu'elle est collective, se défend, comme on l'a dit, contre les attaques dont elle peut être l'objet, mais qui, si elle est individuelle et n'est pas liée à celle d'un corps haut placé, dont l'autorité toujours subsistante le protége, ne peut manquer, dans l'isolement où le juré se trouve, de le mettre en butte avant le jugement aux séductions ou aux menaces des partisans des accusés, comme après le verdict, et rentré dans ses foyers, de le laisser exposé à toutes les haines que les mauvaises passions peuvent susciter contre lui.

Ces inconvénients paraissent réels; on fait toutefois remarquer que les jurés, qui sont appelés à constituer la haute cour, se bornant à l'appréciation du fait et n'étant pas chargés en même temps de la tâche si délicate d'appliquer la loi et d'arbitrer la peine, se trouvent dans une meilleure situation pour faire cette appréciation; que ces jurés sont d'ailleurs le produit de l'élection, ce qui, jusqu'à un certain point, promet des choix éclairés; que cette élection étant toujours antérieure au fait incriminé, et n'ayant pas conséquemment lieu en vue de ce fait, laisse à l'esprit toute son indépendance et toute sa liberté; que ces jurés désignés par le sort, et appelés de tous les points de la France, sans liens entre eux, sans possibilité de parti pris d'avance, sont moins disposés à se laisser entraîner par des considérations étrangères aux circonstances qui vont être soumises à leur examen; que venus d'ailleurs presque tous de lieux éloignés du théâtre où le corps du délit s'est produit, ils seront moins sous son impression, et plus en état de le juger froidement et sans passion ; qu'enfin le sort désignant encore sur un nombre presque double, ceux d'entre eux qui, après les récusations exercées, soit par le ministère public, soit par les accusés, seront appelés à prononcer, on est amené à reconnaître qu'en présence de toutes ces précautions, les inconvénients signalés plus haut s'effacent, ou sont du moins fortement atténués.

Ce sont sans doute ces considérations qui ont prévalu dans la pensée d'où émane la dernière constitution impériale, lorsqu'elle a conservé les hautes cours de justice précédemment établies. Elle a voulu consacrer une fois de plus, pour les crimes qui mettent l'État en péril, la grande institution du jury, si chère à la France ; elle a préféré en saisir cette juridiction, plutôt que de les attribuer au Sénat, et en appelant des membres de la cour de cassation pour composer, soit la Chambre d'accusation, qui, sa mission remplie, demeure étrangère au jugement ultérieur, soit la haute cour appelée à appliquer la loi, lorsque le jury a prononcé sur le fait, elle a environné cette justice nationale de tout ce que la prudence humaine pouvait suggérer, pour la rendre la plus propre à protéger la société comme à offrir aux accusés les meilleures garanties d'impartialité et d'indépendance.

On le voit, entre ces deux grandes institutions il serait difficile de prononcer.

Mais ne serait-il pas permis de dire que si l'ancienne Chambre des pairs a pu, non-seulement sans danger, mais encore avec avantage pour le pays, être transformée en cour de justice, lorsque le besoin l'exigeait, c'est que, plus appropriée à la forme du Gouvernement qui existait alors, et composée d'éléments plus analogues peut-être à cette forme, il se trouvait en elle des conditions de bonne justice que, dans la situation donnée, on eût peut-être vainement demandées à d'autres combinaisons; tandis que sous le Gouvernement né du suffrage universel et qui repose sur le principe électif, l'institution d'une haute cour dans laquelle se trouve combiné avec ce principe, pour la formation du jury, celui de l'inamovibilité appliqué aux membres qui composent le tribunal, cette institution, disons-nous, ne semble-t-elle pas devoir être une conséquence non moins impérieuse de la constitution nouvelle et de l'état des esprits qui n'auraient probablement pas accepté avec la même faveur une juridiction politique instituée sur d'autres bases?

TITRE V.

COUP D'ŒIL SUR L'ÉTAT DE LA SOCIÉTÉ EN GÉNÉRAL.

Après avoir parcouru les diverses juridictions chargées de rendre en France la justice pénale, nous avons à jeter un coup d'œil sur l'état de la société à laquelle cette justice est appliquée.

En nous livrant à cet examen, nous voulons nous abstenir de toute exagération, et tâcher de nous maintenir dans le vrai. Nous savons tout ce que la société française a gagné depuis un demi-siècle; ce n'est pas nous qui nierons les progrès de la raison publique et ceux que l'expansion des lumières a produits dans toutes les classes.

A une autre époque, et traitant le même sujet devant l'un des grands corps de l'Etat, nous tâchions, au nom de la commission dont nous étions l'organe, de rassurer les esprits à cet égard.

La société française n'est pas dégénérée.

« La société française, disions-nous, n'est pas une « société dégénérée; nos mœurs actuelles n'ont rien « à redouter de la comparaison qui peut en être faite « avec ce qu'elles étaient il y a trois quarts de siècle, « avec ce qu'elles sont chez les nations voisines. Loin « de là ! rapports sociaux, liens de famille, tout tend à « se raffermir; de toutes parts le sentiment religieux « est en progrès; on n'est plus tenté d'abuser de ce « qu'il y a de plus sacré parmi les hommes, en cou- « vrant son ambition du masque désormais discrédité « de l'hypocrisie, ni de livrer les croyances publiques

« aux sarcasmes vieillis et usés d'un cynisme philoso-
« phique. A aucune époque ne se sont manifestés
« avec plus d'éclat, l'esprit de charité, la mansuétude
« générale, l'empressement des classes riches à assis-
« ter le pauvre, dans toutes ses souffrances, dans tou-
« tes ses misères (1). »

Ce que nous disions alors, nous le répèterons aujourd'hui, malgré les désordres qui, dans les derniers temps, ont affligé notre état social, malgré l'accroissement qu'on remarque parmi les délits d'un certaine nature. Et sur ce point, nous répèterons encore :

Infirmités morales.

« que toute société a sa part d'infirmités morales ; que
« ses perfectionnements mêmes sont la source de
« nouveaux besoins, qui amènent de nouveaux dé-
« sordres ; que c'est la loi du monde. Mais que ce
« que la civilisation est trop souvent impuissante à
« prévenir, il lui appartient de le réparer, et que c'est
« son triomphe le plus éclatant, de porter en elle-
« même le remède aux maux qu'elle engendre (2). »

Remède à chercher.

C'est donc ce remède que nous avons à rechercher ; mais, pour y parvenir, il faut rechercher aussi quelles sont les infirmités morales de notre société, quelles sont leurs causes, en quoi ces causes se rapprochent ou s'éloignent de celles qui, dans les temps antérieurs, produisaient des effets ou analogues ou plus pernicieux. Il faut examiner aussi quel est le caractère de

---

(1) Rapport fait à la Chambre des pairs, le 24 avril 1847, sur le projet de loi relatif au régime des prisons.

(2) Même rapport.

nos populations, en quoi ce caractère diffère, de région à région, de département à département; différence qui provient de la richesse ou de la stérilité du sol, de la situation géographique, ou du degré d'instruction. De cette étude, faite sur les agrégations d'hommes, il faut passer à celle des individus groupés par professions similaires ou par identité de position, soit de fortune et d'aisance, soit de pauvreté et de misère.

Il est des faits punissables qui se révèlent dans certaines localités et qui ne se produisent pas dans d'autres; il en est qui ne sont propres qu'à l'exercice de certaines professions; de telle sorte que ceux-là mêmes qui, dans ces conditions données, n'hésitent pas à s'en rendre coupables, reculeraient devant toute autre infraction; ce qui semblerait donner raison à ce paradoxe d'un écrivain du XVIIIe siècle (1), que « nul n'est honnête dans son métier » ; axiome décourageant qui, s'il était vrai, irait jusqu'à faire douter de la conscience elle-même.

C'est à ces divers points de vue que nous allons envisager l'état moral de notre société.

Opposition de l'état actuel à l'ancien.

Et d'abord, si on le compare à ce qu'il était dans le précédent siècle, c'est-à-dire, avant que les principes d'une saine philosophie eussent pénétré dans nos lois, on ne pourra se dispenser de reconnaître que cette comparaison est toute à l'avantage de notre époque.

(1) Raynal.

Nos populations croupissaient dans l'ignorance; les écoles élémentaires étaient rares, et de cette absence à peu près complète d'instruction naissaient des préjugés, des erreurs, qui trop souvent imprimaient à l'intolérance fanatique des masses une impulsion menaçante pour la paix publique.

Le sol était réparti entre un petit nombre de propriétaires, soit possesseurs de fiefs, qui, de générations en générations, se transmettaient, par voie de substitution, les biens de la famille: soit gens de mainmorte, qui, comme les communautés religieuses, acquéraient constamment, sans aliéner jamais.

Cette concentration de la propriété dans quelques mains ne laissait, en présence d'un nombre restreint de privilégiés qui, par une exception exorbitante, étaient affranchis de toute participation aux charges de l'État, qu'un peuple entier de petits cultivateurs, d'ouvriers, de prolétaires, sur qui ces charges pesaient de tout leur poids; et ces prolétaires n'avaient pas même la libre disposition de leurs bras ou de leur intelligence; ce droit de la nature était enchaîné par des entraves de toutes sortes, sous les noms de *jurandes*, de *maîtrises;* entraves qui maintenaient dans un perpétuel état de servage toute aptitude, toute activité en dehors du cercle où s'exerçait, au profit de quelques-uns, le monopole du négoce ou de l'industrie.

Ainsi, d'un côté, richesse exubérante, culture de l'esprit, immunités exclusives, déploiement illimité des forces intellectuelles; de l'autre, misère, ignorance, asservissement, et, par une loi fatale, propension à tous les genres de méfaits que cette situation favorise ou provoque.

Aussi, de quelles rigueurs la législation n'armait-elle pas la justice pour contenir ces populations, irritées par les privations les plus dures, et quelquefois poussées au crime par la faim !

Cruautés de l'ancienne législation.

On a peine à le croire aujourd'hui : « Au mo-« ment où la révolution française éclata, la peine de « mort, avec toutes les variétés de son application, « telles que la potence, la roue, le bûcher, em-« brassait cent quinze cas différents, et les crimes et « délits qui échappaient au dernier supplice étaient « punis de la mutilation d'un membre, de l'em-« preinte du fer rouge, de la section de la lèvre ou « de la langue, de la flétrissure et de tous les raffi-« nements qu'une cruauté ingénieuse s'était plu à « inventer (1). » Sans parler de la torture, employée sur les prévenus eux-mêmes comme moyen infaillible et légitime de parvenir à la découverte de la vérité, mais n'ayant souvent d'autre effet, en brisant l'âme et le corps, que d'arracher de mensongères déclarations à la souffrance.

Progrès depuis lors.

Quels pas nous avons faits depuis lors ! Cette terre de France n'est plus la propriété du petit nombre ; son sol, cultivé par plus de bras et par des bras intéressés à le féconder, en même temps qu'il produit davantage, retient plus fortement ceux qui le possèdent dans les voies de l'ordre et de la conser-

(1) Même rapport fait à la Chambre des pairs.

vation. On n'a plus à craindre ces grandes crises qui, à diverses époques de notre histoire, ont affligé l'humanité, ces famines, avec le lugubre cortége des révoltes qu'elles soulèvent et de la répression sanglante qu'elles nécessitent. Chaque citoyen exerce librement la profession à laquelle il se croit propre. Tout homme qui veut user de ses forces en trouve l'emploi ; toute intelligence d'élite qui tend à s'élever n'est plus arrêtée dans son essor. A chacun le droit et le pouvoir de disposer, comme il l'entend, de ses facultés, de son temps, de ses ressources, dans la mesure de ses intérêts, de ses goûts, de ses besoins personnels ou de famille.

On voit donc combien cet ordre nouveau, né avec la grande révolution française, a apporté d'améliorations dans notre état social ; améliorations que nous avons chèrement payées et dont le maintien doit nous être doublement précieux, si nous en comparons la valeur à ce qu'elles nous ont coûté.

CHAPITRE PREMIER.

État de la société au point de vue des crimes politiques.

Mais si la société nouvelle ne renferme pas dans son sein les mêmes causes de perturbation, elle en recèle d'autres qui, quoique moins alarmantes à certains égards, menacent trop souvent encore la sécurité de nos villes et de nos campagnes.

Causes de perturbation

Le sentiment de la liberté humaine, développé à

l'excès, a créé de nombreuses individualités qui, jalouses de leur importance, n'admettent ni distinctions sociales, dont elles sont cependant avides pour elles-mêmes, ni déférence pour l'autorité, et qu'on trouve toujours prêtes à prendre part aux désordres publics : de là les crimes politiques, qui, trop souvent, ont exposé notre patrie à de sérieux dangers. dans la société moderne.

L'instruction populaire plus répandue, mais peut-être pas assez réglée dans son expansion, ni suffisamment appropriée à toutes les classes, en faisant entrevoir à de jeunes imaginations un avenir plus flatteur que la condition modeste dans laquelle cependant leurs pères ont trouvé le bonheur et une honnête aisance, excite et entretient en elles ce besoin de s'élever qui, rarement satisfait, s'en prend à la société des déceptions qu'il entraîne, et y jette par suite, le malaise et le trouble dont il est la source.

Ce sont, en effet, ces êtres non classés qui, dédaignant les arts manuels qu'ils eussent peut-être cultivés avec succès et avec honneur, et ne trouvant pas dans les professions libérales, où s'agite leur médiocrité présomptueuse, la fortune et la considération qu'ils s'étaient promises, ont recours, pour subvenir aux nécessités de cette position, à des moyens plus ou moins illicites, qui finissent presque toujours par attirer sur eux les sévérités de la justice.

D'un autre côté, le développement du commerce et de l'industrie, qui crée des besoins nouveaux; les progrès du luxe, la recherche du bien-être, résultats d'une civilisation avancée, font consacrer à la conquête de ces jouissances de la vanité ou de la mollesse, des efforts qui se traduisent le plus souvent en actes susceptibles d'être réprimés. Si à ces diverses causes on ajoute les difficultés croissantes nées de la concurrence, les déclassements d'intérêts produits par l'application des nouvelles découvertes, les bouleversements qu'amène dans les fortunes privées le contre-coup des commotions publiques, la fureur des jeux de bourse, alimentée par les vicissitudes de la politique, on aura la mesure et l'explication de tant d'actions coupables qui prennent leur source dans la différence des temps.

Ce que produit le sentiment exagéré de la liberté.

Constatons d'abord, en nous attachant particulièrement aux principales de ces causes, que le plus généreux des sentiments de l'homme, l'amour de la liberté, a, dès l'aurore de notre grande révolution, produit les fruits les plus amers.

C'est au nom de cette liberté, si indignement outragée, que tant de sang fut répandu ; c'est en son nom et sous le prétexte de l'affermir, que l'essor fut donné à tant de tentatives coupables, que tant de théories insensées furent imaginées et répandues, théories qui troublent encore nos esprits, et dont il est à craindre que nous ne ressentions longtemps la funeste influence.

Rien de ce que nous avons vu dans les dernières années n'a droit de nous surprendre. Les novateurs qui de nos jours ont eu la prétention de refaire la société, n'ont été que les imitateurs d'autres insensés qui leur avaient ouvert la voie.

Doctrines de Babeuf.

Babeuf n'avait-il pas dit avant eux : que la nature a donné à chaque homme un droit égal à la jouissance de tous les biens; — que le but de toute société est de défendre cette égalité; — que les labeurs et les jouissances doivent être communs; — qu'il y a oppression, quand l'un s'épuise par le travail et manque de tout, tandis que l'autre nage dans l'abondance sans rien faire — que nul n'a pu sans crime s'approprier exclusivement les produits de la terre ou de l'industrie; — que, dans une véritable société, il ne doit y avoir ni riches ni pauvres; — que les riches qui ne veulent pas renoncer au superflu sont les ennemis du peuple; — qu'enfin, la révolution n'a eu en vue que l'abolition de cette diversité de parts dans les avantages sociaux et le rétablissement du bonheur individuel sur la base d'un nivellement général, et que sa fin dernière est de détruire l'inégalité et de rétablir le bonheur commun (1)?

Telles furent les doctrines de ceux qui s'appelèrent *les Égaux*. Ces doctrines, professées dans les derniers temps, ne sont donc pas nouvelles; elles le paraîtront moins encore si on les met en regard du manifeste par lequel Babeuf les recommandait aux classes dont elles devaient éveiller ou flatter les convoitises.

« Nous sommes tous égaux, répétait-il : nous prétendons désormais vivre et mourir égaux comme nous sommes nés; nous voulons cette égalité, n'importe à quel prix. La révolution française n'est que l'avant-coureur d'une autre révolution bien plus

(1) Mémoires de Buonarotti.

grande, bien plus solennelle, et qui sera la dernière. Nous consentons à tout et à *faire table rase*, pour obtenir l'égalité. *Périssent, s'il le faut, tous les arts*, pourvu qu'il nous reste l'égalité réelle. La loi agraire, ou le partage des campagnes, fut le vœu instantané de quelques soldats sans principes, de quelques peuplades mues par leur instinct plutôt que par la raison. Nous tendons à quelque chose de plus sublime et de plus équitable, le *bien commun*, ou la *communauté des biens!* Plus de propriété individuelle; *la terre n'est à personne;* nous voulons la jouissance commune des fruits de la terre : *les fruits sont à tout le monde.* Nous déclarons ne pouvoir souffrir davantage que la très-grande majorité des hommes travaille et sue au service et pour le bon plaisir de l'extrême minorité. Qu'il cesse enfin, ce grand scandale, que nos neveux ne voudront pas croire! Disparaissez, révoltantes distinctions de riches et de pauvres, de grands et de petits, de maîtres et de valets, de *gouvernants* et de *gouvernés* (1)*!* »

Ces doctrines sont séduisantes pour le pauvre.

Si nous avons reproduit textuellement ces extravagantes doctrines, c'est pour faire ressortir ce qu'elles renferment de séductions et de menaces; de séductions pour celui qui souffre, ou par sa faute, ou par une suite inévitable des maux attachés à l'humanité, et qui ne sait ou ne veut pas trouver dans le travail, l'ordre et l'économie, les moyens de se substanter, lui et sa famille; de menaces pour toute

(1) Mêmes Mémoires de Buonarotti.

société organisée, qui, si elle peut adopter sans inconvénient l'égalité devant la loi, cette précieuse conquête des temps modernes, repousse, comme exclusive de son existence, l'égalité des conditions, inconciliable avec la diversité des aptitudes et des facultés que Dieu a réparties parmi les hommes.

Ainsi, d'un côté, des rêveurs aveuglés par l'ambition; de l'autre, des prolétaires entraînés par la misère : voilà les promoteurs et les adeptes de ces théories, non moins dangereuses que perverses, qui ont tant de fois porté la perturbation dans notre ordre social, et qui trouvent trop souvent, il faut bien nous l'avouer, une sorte d'encouragement dans l'inertie des classes élevées, chez lesquelles soixante ans passés au milieu des révolutions, des changements continuels de gouvernements et de constitutions, auxquels il a fallu jurer toujours la même obéissance et la même fidélité, ont éteint toute foi politique et les ont rendues indifférentes à tout ce qui ne les touche pas personnellement et directement.

Influence de ces doctrines sur certains esprits.

Quant à ceux qui ont le malheur de se laisser prendre à ces idées de rénovation, on ne saurait croire à quel point ils s'y complaisent, s'y affermissent et deviennent capables de tout pour en amener la réalisation. Une fois en marche vers cet avenir, objet de leurs folles aspirations, rien ne les arrête, ni les fortunes à spolier, ni le sang à répandre, ni l'édifice social à renverser du sommet à la base. On en a vu qui, doux et humbles de cœur dans les commencements de leur vie, se sont faits cruels par entêtement, impitoyables par système; tant il est vrai qu'il en est des crimes politiques comme des crimes communs, que c'est par degrés, insensiblement, et pour ainsi dire à son insu, qu'on s'avance dans la voie qui conduit aux abîmes.

Causes des conspirations.

Les hommes qui adoptent la même foi se groupent bientôt, se communiquent leurs projets, s'exaltent mutuellement, entraînent ou raffermissent les faibles; les associations se forment ainsi, et soit par persuasion, soit par intimidation, elles se maintiennent à l'état de conspiration permanente contre les lois qui régissent la société. Là, les complots se préparent, les résistances sont prévues, les moyens de les surmonter arrêtés, et on ne recule devant aucune extrémité, pas même devant l'assassinat.

Ce peu de mots renferme l'histoire de toutes les conspirations depuis les anciens temps jusqu'à nos jours.

Celle qui sous le Directoire fut le résultat de doctrines de Babeuf, et qui nous a été révélée par Buonarotti, l'un de ses principaux complices, n'eut ni une autre marche ni un autre but.

Celles que la Restauration eut à combattre s'organisèrent de la même manière, et trouvèrent un puissant aliment dans les circonstances qui avaient replacé sur le trône l'ancienne famille de nos rois.

Le gouvernement de Louis-Philippe eut également à lutter contre elles, et plusieurs fois la Chambre des pairs, constituée en cour de justice, eut à sévir contre leurs auteurs, qui avaient eu recours aux plus infernales machinations pour arriver au régicide.

Les conspirations,

Il faut dire aussi que c'est presque toujours sous

les attentats ne réussissent presque jamais.

les gouvernements faibles, ou qui doivent leur existence à l'étranger, et qui sont soutenus par lui, ou dont le principe est contesté, que les conspirations se multiplient. Elles deviennent surtout menaçantes lorsqu'elles sont suscitées pour le triomphe de doctrines qui ont action sur les masses. Mais ce qui est rassurant pour la morale publique, et tout à la fois d'un grand enseignement pour ceux qui inclineraient vers ces œuvres de ténèbres, c'est que très-rarement les conspirations réussissent : ou le secret est involontairement mal gardé, ou de faux-frères comme *Grisel* (1), se mêlent à la conspiration pour en exploiter à prix d'argent la découverte ; ou bien le plan, si habilement conçu qu'il soit, échoue par l'effet de circonstances fortuites : ce sera le cœur qui, au moment décisif manquera à l'un des conjurés ; pour quelques-uns le trouble de la conscience, pour d'autres la crainte de compromettre leur famille, l'appréhension du danger que va courir un ami, averti mystérieusement de se tenir à l'écart ; ce seront enfin mille incidents impossibles à prévoir et sans gravité apparente qui, de proche en proche, amèneront l'autorité sur la trace de la pensée coupable.

S'agit-il d'assassinats politiques ? Combien de coups mal assurés ont fait échouer les tentatives les plus hardies ! A ce moment suprême, la vue s'obscurcit, les idées se confondent, la main tremble, le but ne se présente plus distinct et net à l'œil égaré, et pro-

(1) Ce fut Grisel qui dévoila la conspiration de Babeuf.

tégée contre le crime par l'effroi instinctif qu'il inspire, la victime échappe à l'assassin !

Ainsi, et dans la plupart des cas, le conspirateur est trahi ou par ses complices, ou par le hasard, ou par lui-même !

Étude sur les hommes qui se livrent à des attentats.

C'est d'ailleurs une étude curieuse à faire que celle du caractère, des mœurs privées, des inclinations de ces hommes qui se dévouent à une mort à peu près certaine, en s'attaquant à la personne du souverain.

Louis-Philippe a été l'objet de six attentats de ce genre; un septième fut dirigé contre l'un de ses fils. La lecture des procès-verbaux de la cour des pairs, qui en jugea les auteurs, renferme à cet égard de précieux enseignements; mais les plus précieux peut-être sont ceux qu'il nous a été donné de puiser dans les notes que le respectable aumônier de la Chambre, chargé d'offrir à ces hommes, pendant la durée de leur procès, les consolations de son ministère, a conservées de ses entretiens avec eux; entretiens tout à fait en dehors de la confession, et qu'en témoignage de leur repentir, ils l'ont formellement autorisé à rendre publics.

En parcourant ces notes, que de fois nous avons admiré cette mission vraiment divine, consacrée au soulagement des plus grandes souffrances que l'homme puisse endurer, puisqu'il les a lui-même appelées sur sa tête et qu'elles sont le fruit empoisonné du crime ! Combien nous avons béni ce ministère secourable qui aide à vivre et à mourir, et assure à celui qui s'est violemment séparé de ses semblables et que tout parait abandonner, la pitié de la terre et le pardon du ciel !

L'homme de Dieu qui est chargé de préparer à la mort le coupable d'un crime ordinaire, a moins de précautions à prendre, moins d'efforts à faire, moins de ménagements à garder, que celui dont le devoir est de ramener à de meilleurs sentiments l'auteur d'un attentat que le fanatisme politique a produit. Pour l'un, il suffit de rappeler les principes de cette morale chrétienne qu'on peut oublier un instant, mais qui tôt ou tard reprennent leur empire sur le cœur de l'homme; à l'égard de l'autre, il faut combattre d'abord avec réserve, puis avec énergie, ces théories décevantes qui ont poussé au crime; il faut montrer comment, ayant pris leur source dans l'orgueil, dans l'ambition, dans le désir de s'élever, elles ont fait taire la conscience, en se placant sous l'égide d'un faux patriotisme. Tâche difficile ! Mieux que personne l'abbé Grivel sut l'accomplir avec un dévouement au-dessus de tout éloge.

Attentats contre la vie de Louis-Philippe.

Ce fut dans l'intervalle du 18 novembre 1832 au 29 juillet 1846 inclusivement, que s'accomplit cette série d'attentats.

Le plus infernal d'entre eux fut, sans contredit, celui qui, pour frapper plus sûrement le roi, ne craignit pas de faire une hécatombe de victimes. Un maréchal de France, des généraux, des officiers, des citoyens de toutes les classes, des femmes et des enfants, périrent dans cet affreux guet-apens ; et comme pour justifier ce que nous disions plus haut, que de tels coups produisent rarement l'effet qu'on s'en promet, le roi fut sauvé, aucun des princes ne fut atteint.

Quand on analyse la vie et le caractère des quatre auteurs de ce drame sanglant, on reconnaît combien il a fallu de désordre d'esprit, d'orgueil et d'idées fausses pour les y amener.

Fieschi. Fieschi, d'abord soldat, puis licencié, commet un vol qui le fait condamner à dix ans de réclusion et à la surveillance perpétuelle de la police; il vit de débauche, de jeu. Suivant ses propres déclarations, il n'avait aucune haine contre le roi; il était exempt de fanatisme religieux ou politique, mais il avait soif de célébrité, et ce fut là, d'après son aveu, le mobile auquel il obéit.

Boireau. Boireau était jeune; simple ouvrier lampiste, il avait été perverti par les doctrines les plus insensées sur la liberté humaine; on en jugera par ces quelques mots : « Si Dieu, disait-il un jour à l'aumônier, « avait voulu que les hommes fussent esclaves, il « les aurait fait naître avec une selle ou un bât sur « le dos. » Le digne prêtre lui répondit en citant ces paroles de Voltaire : « Criez contre les lois et l'autorité, vous aurez tous les badauds; et quand vous « aurez ces badauds à vos ordres, il se trouvera des « gens d'esprit qui leur mettront une selle et une « bride, et leur monteront dessus pour renverser les « trônes et les empires. » Boireau réfléchit un instant, puis dit : « Ma foi, vous pourriez bien avoir « raison. »

Morey. Morey, simple ouvrier également, exerçant la profession de bourrelier, était arrivé à une décrépitude précoce, pouvant à peine marcher, atteint d'oppression et de rhumatisme. Il s'était dès longtemps nourri des idées les plus subversives que son humeur atrabilaire, entretenue par ses souffrances, faisait tomber de tout leur poids sur la société et toutes les supériorités qu'elle renferme; il était si convaincu de la légitimité de son action, qu'il disait avoir la conscience tranquille, et ajoutait-il : « Quand on a au-« tant d'infirmités que moi, la mort n'est pas un « malheur, elle est plutôt un bienfait ; » aussi mourut-il avec un stoïcisme glacé qui ne se démentit pas.

Pepin était épicier, et le seul de tous qui eût quelque aisance. On peut juger des lectures qui lui étaient habituelles, par ce fait que, lorsqu'il fut arrêté, on trouva parmi ses effets un volume des œuvres de Saint-Just.

Voilà les hommes qui s'étaient unis pour former et mettre à exécution le plus abominable des complots. Quels ravages n'avaient pas dû faire dans leurs esprits le dévergondage des opinions, les excentricités de la presse, les excitations de toutes sortes provenant de ces publications enflammées que chaque jour voyait naître, pour étouffer en eux le cri de l'humanité, les plus vulgaires instincts de la conscience, et les porter à sacrifier tant de vies pour en atteindre une seule ! Pepin.

A peine une année s'était-elle écoulée, qu'eut lieu l'attentat d'Alibaud. Celui-ci, fils d'un aubergiste, n'ayant reçu qu'une éducation ébauchée, soldat quelque temps, n'avait que 26 ans ; son exaltation politique était extrême. Il la manifesta avec le plus grand Alibaub.

sang-froid, en professant, devant la cour des Pairs, « que le régicide est le droit de l'homme qui ne peut « obtenir justice que par ses mains, et qu'il avait eu « à l'égard de Louis-Philippe le même droit dont « usa Brutus contre César. »

Le digne aumônier s'étudia à calmer cette imagination malade; il lui fit sentir combien étaient subversives de tout ordre social les paroles qu'il avait prononcées devant la cour; qu'aucun crime ne pouvait être justifié par son motif; que Rousseau lui-même ne pensait pas que la liberté d'une nation pût être acquise au prix de la vie d'un seul homme; que l'action de Brutus avait porté plus de dommage au monde et l'avait plus fait reculer vers la barbarie que les cruautés de Néron et les turpitudes d'Héliogabale; que le meurtre de César produisit une série non interrompue de luttes sanglantes et de despotismes intolérables. Alibaud écoutait; il gardait le silence, étonné de ce qu'il entendait pour la première fois. L'aumônier lui offrit de lui laisser l'Évangile, à la première page duquel il avait fait transcrire ces mots de Rousseau : « Si la vie et la mort de Socrate « sont celles d'un juste, la vie et la mort de Jésus-« Christ sont celles d'un Dieu. » Alibaud lut attentivement, et dit : « Je ne connaissais pas ce passage, « c'est bien beau ! Comme Rousseau, j'admire et « j'aime Jésus-Christ. C'était un républicain comme « moi; sa vie et sa mort ont été consacrées au bien « de l'humanité, à l'établissement de la liberté, à la « destruction de la tyrannie. » — « Quelle erreur, « lui répondit l'abbé ! Jésus-Christ a prêché la sou-

« mission et le respect aux puissances, lors même « qu'elles abusent de leur pouvoir ; il ordonne de « rendre à César ce qui est à César, fût-il même Ti- « bère. » Alibaud ne répliqua pas et réfléchit longtemps. Peu à peu ses idées se modifièrent, la raison reprit son empire, et, grâces aux entretiens du bon abbé, ce fut avec de meilleurs sentiments qu'il se prépara à la mort. Arrivé au pied de l'échafaud, il lui dit, de manière à être entendu de ceux qui l'entouraient : « Rapportez à ma famille que je suis « mort en chrétien ; dites-le à tous. » Ces mots ne renfermaient-ils pas la rétractation la plus complète des erreurs de sa vie ! — Mais, ô fragilité de l'esprit ! ô puissance de l'orgueil ! lorsque, monté sur l'échafaud, il entendit la lecture de son arrêt, les fatales pensées qui avaient causé sa perte se représentèrent à lui ; exaspéré par cette lecture, il s'écria : « Je meurs pour la liberté et pour l'humanité ! » L'abbé s'élança vers lui : « Qu'avez-vous fait ! Ré- « tractez vos paroles ; dites que vous mourez pour expier votre crime. » Alibaud se réveilla comme en sursaut, baisa le crucifix, et alla se placer de lui-même sous le fatal instrument.

Quel triste sujet de réflexion !

« Qui nous expliquera, écrivait un homme dont « nous ne craignons pas de rapporter le jugement, « quoique plus tard une triste célébrité se soit attachée « à son nom (1), qui nous expliquera ces anomalies

---

(1) M. Louis Blanc.

« et ces mystères du cœur humain ? A une exaltation « politique poussée jusqu'à la fureur Alibaud joi« gnait une extrême aménité de mœurs et de carac« tère, une sensibilité profonde, une probité coura« geuse et cette flamme intérieure qui porte l'homme « à se prodiguer. Enfant, ne sachant pas encore na« ger, il s'était précipité dans les flots pour sauver un « autre enfant avec lequel il faillit périr. A 17 ans, se « trouvant à Narbonne, il avait sauvé une jeune fille « qui se noyait, et l'avait ramenée sur le rivage aux « acclamations d'une foule nombreuse. Sous-officier « à Strasbourg, il avait subi la sévérité d'un châti« ment militaire, pour s'être dévoué dans une rixe, « au salut de quelques-uns de ses camarades. Voilà « ce que divers témoins sont venus affirmer ! »

Si l'auteur que nous citons eût voulu sérieusement chercher l'explication qu'il demandait, il l'eût trouvée dans le vice d'une éducation qui, incomplète et mal dirigée, avait jeté dans l'esprit d'*Alibaud* plus de ténèbres que de lumières; dans le mécontentement qu'avait suscité en lui la médiocrité de sa condition; dans la fréquentation des révolutionnaires d'Espagne, au milieu desquels il s'était rendu, et dont l'effervescence contagieuse avait, ainsi qu'il le disait lui-même, achevé d'exalter son âme; enfin, dans de pernicieuses lectures, et particulièrement dans celles des œuvres de *Saint-Just*, déjà fatales à d'autres qui l'avaient précédé dans la voie du régicide, et trouvées de même à son domicile.

Meunier. Meunier, qui avait également tiré sur le roi, n'avait que vingt-deux ans; il était né de parents obscurs.

Des habitudes d'oisiveté et d'intempérance, une extrême faiblesse de caractère, une instruction imparfaite, l'impression produite sur lui par des brochures impies, la plus complète ignorance en matière de religion, jointe à une cynique affectation d'athéisme, telle avait été sa jeunesse. Inconstant, il avait successivement entrepris et abandonné plusieurs professions; les sociétés secrètes avaient fini par s'emparer de cette volonté sans force, de cette existence sans but, et c'étaient elles qui l'avaient précipité dans le crime. Avant de le commettre, il en avait eu horreur, il aurait voulu fuir, disait-il plus tard; et la résolution à laquelle il s'était arrêté, au milieu des fluctuations de son esprit, avait été de se tuer lui-même, aussitôt après qu'il aurait frappé sa victime.

Mais, lui fit-on observer, quand on procède à un assassinat, alors surtout qu'on agit dans l'intérêt d'un parti, on doit désirer y survivre. « Non, répondit-il, « à quelque parti qu'on appartienne, il faut toujours « mourir : car la conscience ne laisse plus aucun « repos ! » Dans un nouvel interrogatoire, il lui échappa de s'écrier : « Ah ! si avant de donner la « mort, les assassins savaient ce que je souffre depuis « vingt-cinq jours, il y aurait de quoi les en empêcher. »

Le premier soin de l'aumônier fut de l'éclairer et de lui inspirer des sentiments religieux; il y parvint sans peine. Le remords, la visite d'un oncle qui avait perdu une jambe à l'armée, et qui lui reprocha son action avec la chaleur d'âme d'un soldat plein d'honneur; l'arrivée de sa mère, simple femme, mais pleine de sens et de cœur, pour laquelle il avait beaucoup de tendresse, et qui, l'exhortant à racheter son crime par ses révélations et le voyant hésiter à lui répondre, le menaça de le maudire ; toutes ces circonstances déterminèrent en lui une révolution salutaire, et montrèrent combien étaient coupables ceux qui abusant de sa faiblesse d'esprit, de sa crédulité ignorante, et des entraînements de son âge, avaient fait de ce malheureux jeune homme un assassin. En considération de ces circonstances, et de la sincérité de ses regrets, la peine de mort à laquelle il avait été condamné fut commuée d'abord en déportation, et plus tard en 10 années de bannissement.

Attentat contre les ducs d'Aumale et de Nemours.

Un autre attentat eut lieu, ainsi que nous l'avons rappelé déjà, non contre le roi, mais contre les princes ses fils.

Les ducs d'Orléans et de Nemours étaient allés au-devant du duc d'Aumale qui ramenait d'Afrique le régiment qu'il commandait. Les trois princes étant rentrés dans Paris, à la tête d'un brillant cortége, un coup de feu dirigé sur eux se fit entendre ; quelques chevaux seulement furent atteints. L'assassin est arrêté ; c'est Quénisset, qui, se trouvant au milieu de nombreux conjurés, les appelle vainement à son aide. Des arrestations sont faites. — Ce sont tous des ouvriers qui, réunis habituellement chez un marchand de vin, recevaient leur impulsion des sociétés secrètes. Le principal coupable avoua qu'il n'était qu'un instrument, qu'on l'entretenait dans les doctrines du régicide, et qu'on le *pétrissait* (ce furent ses expressions) pour en faire un homme d'action.

Quénisset, Colombier et Brazier, traduits devant la cour des Pairs, furent condamnés à mort; mais leur repentir et d'autres circonstances qui atténuaient leur participation au crime firent commuer leur peine, en déportation pour le premier, et en travaux forcés pour les deux autres.

Quénisset, Colombier et Brazier.

A la voix de l'aumônier, leurs idées s'étaient bientôt rectifiées; tous demeurèrent convaincus qu'ils s'étaient laissé éblouir par les mots de liberté, d'égalité, de progrès, dont leur défaut d'instruction ne leur avait pas même permis de comprendre la véritable valeur. Tous revinrent à ces impressions religieuses du jeune âge que le temps altère, mais qu'il n'efface pas; et rien ne démontre mieux la vanité des doctrines qu'on leur avait suggérées, que la rapidité avec laquelle ils reconnurent leurs erreurs.

Darmès.

Darmès, qui tira sur la voiture du roi, et dont l'arme éclata entre ses mains, avait 43 ans; son extraction était également obscure; son père exerçait la profession de tailleur; lui-même, après avoir servi comme domestique, s'était fait frotteur. Il avait tenu une conduite constamment déréglée; on l'avait même plusieurs fois soupçonné de vol. Il était l'un des adeptes de ce culte dérisoire qui prenait le nom d'*Église française*. Mauvais mari, il obligea sa femme à se séparer de lui; mauvais fils, il se porta envers sa mère aux plus coupables excès; en proie, dans la condition d'où il n'avait pu sortir, aux secrètes irritations de l'orgueil, il s'abandonna tout entier à une effervescence d'opinions habituellement entretenue par les brochures les plus anarchiques, dont on trouva chez lui une ample collection; il s'affilia à la société dite des *Travailleurs égalitaires*, et en adopta avec ardeur le programme, à savoir : *que le but auquel tendaient les affiliés était l'égalité réelle, au moyen de la communauté des biens;* c'étaient encore les théories de Babeuf, qu'on retrouve partout. Darmès jetait sur le papier ses propres pensées, et entre autres celles-ci : « que la classe moyenne ne se compose que des af- « franchis de 89, qui, après avoir volé les nobles, « leurs maîtres, se sont retournés contre le peuple « pour l'opprimer à leur tour; que dans cette classe « règnent tous les vices. » Une autre fois, s'attaquant aux positions les plus humbles, il signale, comme méritant la haine publique, une espèce d'hommes « avides, dit-il, de bénéfices, et qui sont d'un « égoïsme à toute outrance; ce sont les subalternes « des diverses administrations, les contre-maîtres des « fabriques, des ateliers, les petits fabricants, les do- « mestiques, les commissionnaires des coins de rue, « et les commissaires de police de leur quartier. »

C'est ainsi que Darmès tomba du désordre dans le régicide; entraînement fatal, qu'il expia sur l'échafaud !

Lecomte. Lecomte, qui à deux reprises successives tira sur le roi, dans la forêt de Fontainebleau, ne fut point un assassin politique. Appartenant à une famille de cultivateurs honorée dans son pays, ayant reçu une certaine éducation, il céda au profond ressentiment que lui avait inspiré ce qu'il appelait un déni de justice, ressentiment dont il fit remonter la cause et l'effet jusqu'à la personne du roi.

Cet homme n'était point né pour le crime : entré, en 1815, dans un bataillon des gardes nationales de la Côte-d'Or, il fit avec lui la courte campagne des Cent-Jours; à son retour, il s'engagea de nouveau, ne pouvant supporter la vue des Autrichiens établis chez son père, et il fut incorporé dans les chasseurs à cheval de la garde. Il alla en Espagne. La première fois qu'il se trouva en face de l'ennemi, il dit : « Aujourd'hui, je gagnerai la croix, ou je serai tué. » Il ne fut pas tué, et il eut la croix. Le lendemain de cette action, le colonel lui envoya trois pièces d'or, en considération de ce qu'ayant pris trois officiers, il ne leur avait rien enlevé. A Issoudar, où son régiment mit en déroute le corps de Riégo, il fait un colonel prisonnier et refuse l'argent que celui-ci lui présentait. En Grèce, un jeune Anglais de bonne famille est blessé et va tomber au pouvoir des Turcs, qui feront tomber sa tête; il l'emporte dans ses bras, et lui sauve la vie. Voilà l'homme qui, dans un moment d'égarement, donne à tout ce passé le plus sanglant démenti!

Réclamant une pension qui ne lui fut point accordée, ayant à ce sujet adressé au roi une pétition qui ne reçut point de réponse, réduit pour vivre à se défaire d'une partie de ses vêtements et des objets qui lui étaient le plus nécessaires; pressé par le besoin, il sent sa tête s'exalter; une sombre fureur s'empare de lui, et c'est au roi qu'il s'en prend de son dénûment.

Mais que de combats durent se livrer dans son âme avant qu'il en vînt à une pareille extrémité!

« Plusieurs fois, disait-il à l'aumônier, j'ai voulu en « finir avec la vie. La pensée du suicide ne ressemble « point à celle de la vengeance : la première nous « vient dans le calme et la tristesse, et ce qu'elle a « d'effrayant s'efface par degrés; on se familiarise « insensiblement avec elle. La seconde naît de l'exas- « pération produite par l'injustice et l'ingratitude, « le désespoir engendre les plus sinistres pensées de « vengeance, et cependant personne n'a eu meilleur « cœur que moi. » Dans ses épanchements avec l'abbé, cet homme s'attendrissait, pleurait ; au moindre bruit, un sentiment de fierté lui faisait reprendre son air serein. Pour le calmer, le saint prêtre lui disait que très-probablement le roi n'avait pas reçu sa pétition; des larmes alors brillaient dans ses yeux : « Ah ! monsieur, disait-il, si vous saviez tout « ce que j'ai fait pour me soustraire à cette fatale « pensée! Je croyais la fuir et me fuir moi-même en « sortant de ma chambre, où j'étouffais; je courais « souvent toute la journée sans savoir où j'allais ; je « parcourais les rues, les boulevards, dans l'espoir que « le mouvement me distrairait. Parmi cette foule « qui allait et venait en tous sens, pas une figure de « connaissance, pas une personne à qui je pusse m'a- « dresser; je n'avais qu'un ami, c'était mon chien. « Bientôt une idée fixe vint me saisir, et je m'en- « fonçai de plus en plus dans ma détresse et mon « désespoir. » Sa grande préoccupation était d'établir qu'il n'avait eu d'autre mobile que l'irritation amenée par les circonstances dont nous avons donné l'explication, et il considérait comme la plus vive injure qui pût lui être faite, la supposition qu'il eût été l'instrument d'un parti. « Je me serais jeté à l'eau, « disait-il, plutôt que d'y consentir. »

Lecomte n'était d'ailleurs pas entièrement dépourvu de sentiments religieux. L'abbé lui remit l'*Imitation de Jésus-Christ*, en lui disant : Lisez et priez! « Hé-« las! répondit-il, je ne sais pas prier, surtout lon-« guement; mais il m'arrive dans certains moments « de m'écrier : Mon Dieu, ayez pitié de moi! Même « dans les camps, j'y manquais rarement le soir et « le matin; mais j'ai abandonné Dieu à certaines « époques de ma vie, et il m'a abandonné. »

Condamné à mort, Lecomte entendit la lecture de son arrêt dans la prison avec le plus grand sang-froid; il s'y attendait. L'abbé arriva aussitôt et le pressa sur son cœur; il avait plusieurs fois remarqué combien, au seuil de l'éternité, le souvenir des années innocentes de la vie, lorsqu'elles ont été consacrées par la piété, a de charme et de puissance : il lui rappela donc sa première communion. Comme Alibaud, Lecomte se montra profondément ému : « J'étais heureux alors! » s'écria-t-il. Le lendemain, une messe d'expiation fut célébrée par l'aumônier, qui « eut, dit-il, la consolation de voir le condamné « remplir le devoir auquel Jésus-Christ attache la « grâce de la réconciliation et du pardon céleste. »

Lecomte avait une franchise de caractère qui ne se démentit pas un seul instant. M. Duvergier, l'un des avocats les plus éminents du barreau de Paris, l'avait défendu avec cette éloquence du cœur, souvent si supérieure à celle de l'art; il lui porta une demande en grâce qu'il avait rédigée, et dans laquelle se trouvait cette phrase : « Ce crime n'est pas l'œuvre de « ma volonté. » — « Je n'écrirai pas cela, dit Le- « comte; je n'ai jamais menti. » On lui fit comprendre que, moralement parlant, il n'avait pas été libre; il se laissa convaincre, et signa la demande.

Lecomte ne se faisait pas d'illusion sur les résultats de son recours en grâce; il sentait lui-même que l'énormité de son crime et la nécessité d'un exemple arrêteraient les effets d'une clémence qui n'avait certes pas besoin d'être provoquée quand elle pouvait s'exercer librement, c'est-à-dire sans danger pour la morale et l'ordre public.

Ce malheureux monta sur l'échafaud d'un pas assuré. Après la lecture de son arrêt, il déplora son crime à haute voix, protesta de son repentir. « Ce « n'est pas sur l'échafaud, dit-il, que j'aurais dû « mourir, mais sur un champ de bataille. » Il pressa le digne prêtre entre ses bras, baisa le crucifix et se livra à l'exécuteur.

Que de réflexions font naître cette vie, cet attentat, cette mort!

Henri. Nous ne faisons pas mention de deux faibles explosions d'armes à feu, qui, parties d'un groupe, paraissaient dirigées contre le balcon du jardin des Tuileries, où était le roi, et qui vinrent clore cette trop longue série d'attentats. Henri, qui en était l'auteur, esprit malade, dégoûté de la vie, avait rêvé ce moyen de trouver la mort qu'il cherchait, en se donnant quelque célébrité. Aussi, rien ne prouvant que les armes dont il s'était servi eussent renfermé des projectiles, la Cour des pairs ne put le considérer comme un assassin dans toute l'étendue de ce mot, et elle se borna à le condamner aux travaux forcés à perpétuité.

Conséquences et moralité.

Cette rapide esquisse des divers attentats contre les jours du roi Louis-Philippe et de ses fils nous a paru nécessaire pour mettre en relief cette double vérité, que nous avions établie en principe et qu'il nous restait à démontrer par les faits : d'une part, que les doctrines antisociales germent dans la misère, s'accréditent par l'ignorance, et, grâce à l'appât qu'elles offrent, soit à la vanité impatiente de bruit, soit à la sensualité avide de jouissances, conduisent au paroxysme de l'exaltation politique, pour aboutir à la rébellion et à l'assassinat; d'autre part, que les actes de cette nature n'ont le plus souvent d'autre effet que d'augmenter la force morale des pouvoirs auxquels ils s'attaquent; qu'en ce qui concerne le régicide particulièrement, pour un Jacques Clément, un Ravaillac et un Louvel qui ont réussi, nos fastes nous présentent une longue liste de ces forcenés trompés dans le vœu de mort qui a armé leurs bras, nonobstant les chances de succès en apparence les mieux assurées. Ainsi, un Fieschi, qui voit les victimes s'amonceler sous l'explosion de son infernale machine, et laisser debout, au milieu des sinistres lueurs qu'elle jette, celui-là seul contre qui elle était dirigée; un Darmès disant : *J'avais visé longtemps, je me croyais sûr de mon coup;* un Lecomte, habile tireur, abrité contre un mur, sur lequel était appuyé son fusil. Aveuglement du coupable, hors d'état de prévoir, quand il médite son crime, tant de causes qui en paralysent l'exécution : cette conscience qui, au moment décisif, se trouble et se révolte; cette main qui tremble, ce regard qui se voile, cette arme qui éclate, et, par-dessus tout, la haute et providentielle intervention dont l'homme n'a pas le secret!

Facilités qu'ont les classes inférieures pour s'élever.

Et dans quel temps s'efforce-t-on de propager au sein des masses ces stériles aspirations vers un avenir impossible, qui amènent le découragement, quand elles ne poussent pas au crime? A une époque où toutes les voies leur sont ouvertes pour se mettre, par le travail et par le libre développement des facultés qui le fécondent, au niveau de tout ce qui, dans un pays, constitue les supériorités sociales.

Si une certaine aristocratie existe encore en France, ce n'est plus que de nom; elle n'y vit plus que de souvenirs. Le Code civil, par son ordre de successions, d'où naît le fractionnement des fortunes; avant lui, l'Assemblée constituante par la proclamation du principe de l'égalité devant la loi, qui forme notre droit public en cette matière, ont abaissé les principales barrières qui séparaient entre elles les conditions.

Depuis un demi-siècle, ne s'opère-t-il pas dans les profondeurs de la société un mouvement de reconstitution tout à l'avantage des classes inférieures?

Extinction graduelle de l'ancienne aristocratie.

Ce n'est pas seulement en France que l'ancienne aristocratie décline et tend à disparaître : presque partout il semble qu'elle ne renferme plus en elle, ni sous le point de vue moral, ni sous le point de vue matériel, ces gages de perpétuité qui la faisaient si forte. Soit qu'envahie par les autres classes, elle soit amenée par la toute-puissance des mœurs et de l'opinion à se confondre avec elles, soit que sa vitalité se soit affaiblie à la longue par l'abus des avantages qu'elle avait en propre, il est de fait que les grandes familles laissent peu d'héritiers de leur nom.

En Angleterre.

En Angleterre, celui de tous les pays où elle est peut-être la plus vivace, sur cette terre du privilége maintenu par le droit d'aînesse et les substitutions, elle n'a pu se soustraire à l'empire des causes qui la minent incessamment.

En 1688, on y comptait, au rapport de *Gregory King*, 27,000 individus nobles; en 1811, il n'en restait plus que 12,500; cent vingt-trois ans avaient suffi pour en détruire plus de la moitié!

En France.

En France, où le privilége ne soutient plus les grands noms, cette décroissance est bien plus grande encore; un fait va le prouver. Le roi Louis XVIII nomma, en 1814, cent quarante-neuf pairs dont la plupart portaient des noms historiques, et formaient la haute aristocratie de l'ancienne France. Lorsqu'en 1830 la nouvelle dynastie remplaça l'ancienne, cinquante-deux de ces pairs étaient morts sans avoir laissé d'héritiers mâles; ainsi, en quinze ans, plus du tiers de ceux qui portaient ces grands noms s'étaient éteints.

Dans les villes de province.

Il n'est pas jusqu'à nos villes de province qui ne voient disparaître successivement les familles qui appartenaient ou à la noblesse ou seulement à la haute bourgeoisie; nous pourrions citer l'une d'elles, qui nous est plus particulièrement connue, et où, depuis moins de cinquante ans, sur une population de 18,000 à 20,000 habitants, plus de cent de ces familles se sont évanouies et ont été remplacées par d'autres d'origine différente, qui forment aujourd'hui cette bourgeoisie riche par le travail, éclairée par l'éducation, en possession de toutes les professions libérales, de tous les emplois de la cité, de toutes les hautes positions du commerce et de l'industrie, qui se recrute à son tour et sans cesse dans les couches inférieures d'où, à une heure ou à une autre, elle est sortie elle-même.

Ses rangs se grossissent de tout citoyen qui a fait un heureux emploi de son intelligence ou de son activité, de tout artisan qui s'est créé, par une aptitude spéciale, cette notoriété qui enrichit en même temps qu'elle honore, de tout agriculteur dont une exploitation habile a fait fructifier les sueurs.

Ainsi se substitue une société nouvelle à celle qui s'en va. C'est à peine si, dans la ville à laquelle nous faisons allusion, il subsiste encore six ou huit de ces familles qui formaient la bourgeoisie d'autrefois, et on nous assure qu'il en est de même dans la plupart de nos villes de province.

Ce facile accès à toutes les positions dans l'ordre politique et civil, ce tableau offert à nos regards, d'hommes que la conscience de leur valeur, secondée par une volonté ferme, a aidés à parvenir aux plus hauts grades de l'armée, à occuper les siéges les plus élevés de la magistrature, à s'asseoir dans les conseils de la Couronne : est-ce là un ordre de choses qui donne raison aux détracteurs systématiques de nos institutions sociales, et ne sent-on pas, en examinant de près ce qu'il y a au fond de ces déclamations passionnées, s'accroître son indignation contre ces sophistes de mauvaise foi, qui attristent par le découragement la destinée des petits et des pauvres, au lieu de l'adoucir par la résignation ou de la relever par l'espérance ?

CHAPITRE II.

Tableau de la société, eu égard aux crimes ordinaires.

Après avoir présenté ce tableau de notre situation sociale, au point de vue des crimes politiques, lesquels forment une catégorie à part, nous avons à exposer le même tableau au point de vue des crimes ordinaires.

§ Ier. — RÉPARTITION DE LA POPULATION FRANÇAISE QUANT A SA CRIMINALITÉ.

Tâchons d'abord de classer la population française, en tenant compte, soit des lieux sur lesquels elle est disséminée, soit des moyens d'existence assurés à chaque habitant, ou qu'il peut se procurer par son travail, soit des professions diverses qui sont exercées : toutes circonstances qui doivent avoir action sur la moralité et par suite sur la criminalité, objet de nos recherches.

Selon les races.

La population française se compose de races d'origines différentes. Quelques économistes ont eu la pensée que le nombre et la nature des crimes et des délits pouvaient se trouver en rapport avec ces origines, et que, par exemple, il pouvait y avoir à cet égard des distinctions à faire entre les départements du Haut et du Bas-Rhin, dont les habitants sont de race germanique, et les départements du Morbihan, du Finistère, des Côtes-du-Nord, où la race celtique domine; entre les départements du Var, des Hautes et Basses-Alpes d'origine italique, et les départements des Hautes et des Basses-Pyrénées qui ont pour souche la race ibère; enfin, entre les habitants de race flamande, tels que ceux des départements du Nord et du Pas-de-Calais, et les habitants d'origine normande, tels que ceux du Calvados.

Nous n'avons rien trouvé dans nos statistiques qui pût servir à justifier ces distinctions. Les nombreux siècles qui se sont écoulés depuis la fusion des races, ont fait disparaître, sinon tout à fait les types originaux, du moins les différences notables qui, dans l'origine, pouvaient exister entre elles. Régis par les mêmes institutions, soumis au même Gouvernement, vainqueurs et vaincus n'ont plus formé, avec le temps, qu'un seul peuple, mettant en commun ses notions du bien et du mal, sous le niveau de ces lois générales de l'humanité qui imposent à chaque nation, comme à chaque individu, sa part d'infirmités morales.

Nous laisserons donc de côté les différences d'origine, pour ne nous attacher qu'à celles que nos statistiques nous permettront de saisir avec plus de certitude.

Répartition de la population en France.

La population de la France est répandue inégalement dans les villes et les campagnes; en la portant à 36 millions d'habitants, les économistes les plus accrédités et notamment notre savant confrère, M. Moreau de Jonnès, qui a bien voulu nous communiquer à cet égard le résultat de ses laborieuses recherches, ont divisé cette population ainsi : 24 millions d'habitants seraient employés aux travaux agricoles ; 2,500,000 dans les manufactures ; 3,800,000 aux arts et métiers, et 5,700,000 composeraient les autres classes de la société; mais comme sur les 9 millions et demi d'habitants dont se forment ces dernières classes, il en est plus d'un million qui, résidant dans les villages et les bourgs, se livrent temporairement aux travaux d'agriculture et d'horticulture, on peut porter à 25 millions le nombre de ceux qui constituent, en France, la population proprement dite agricole, ce qui fait un peu plus des deux tiers de la population totale.

Proportion des crimes entre les villes et les campagnes.

La proportion entre les habitants des villes et ceux des campagnes étant donc de 1 à 3, il devrait se commettre deux fois plus de crimes dans les campagnes que dans les villes. Or, c'est presque le contraire qui arrive. En 1851 et 1852, sur 7,071 accusés pour la première de ces deux années, et sur 7,096 pour la seconde, il y a eu 2,673 accusés dans l'une, et 2,605 dans l'autre, parmi les habitants des campagnes; tandis que si le nombre de ces accusés eût été réparti également, les populations des campagnes auraient dû en fournir beaucoup plus.

Si on consulte d'ailleurs les dernières statistiques

de nos maisons centrales, on trouve que, sur 19,720 condamnés, 12,602 appartiennent aux populations rurales, et 7,118 à celles des villes; c'est toujours, eu égard à la totalité de la population française, un nombre plus considérable de cette sorte de condamnés dans les villes que dans les campagnes; mais il faut dire que, dans celles-ci, les passions sont plus fortes, et que c'est là que se commettent les plus grands crimes.

Criminalité, eu égard aux localités, à la richesse, au travail.

Quant à la dissémination de la population sur le territoire français, il est des faits punissables qui, comme nous le disions plus haut, se commettent de préférence dans certaines localités; ainsi, nos départements frontières sont, à raison de leur situation, ceux où la contrebande et tous les crimes ou délits qui en sont la suite donnent lieu à une plus fréquente répression; de même que les vols de bois sont plus multipliés dans le voisinage des forêts de l'Etat.

§ II. — COMPARAISON ENTRE LES DÉPARTEMENTS AU MÊME POINT DE VUE.

La Corse.

Si ensuite, on compare les départements entre eux, on trouve qu'il se commet plus de crimes dans les uns que dans les autres, selon que le sol est plus ou moins riche, que les habitants y ont un travail plus ou moins assuré. Le dernier dans l'échelle est la Corse, où on a compté en 1852, un accusé sur 1,243 habitants. Mais la Corse est dans une position exceptionnelle; les crimes qui se commettent dans cette contrée sont d'une nature particulière : ce sont ceux auxquels donnent naissance les haines héréditaires de famille à famille (1). Dans la même année de 1852 on y comptait, sur une population totale, restreinte à 236,251 habitants, 129 meurtres ou assassinats; c'est autant que peuvent en fournir 30 autres départements à la fois. Mais si le Corse est vindicatif, c'est ouvertement qu'il attente à la vie de son ennemi; il rougirait d'employer pour atteindre ce but des moyens occultes. Ainsi, chez lui, l'empoisonnement est inconnu. Il est d'ailleurs une foule d'autres crimes qui surchargent les tableaux statistiques des autres départements, et qu'on ne retrouve pas dans ceux qui le concernent : par exemple, le respect de l'autorité est grand chez ces insulaires; on ne voit point éclater parmi eux de rébellion, ou se produire des actes d'agression envers les fonctionnaires publics. Ils ne connaissent pas non plus ce genre de méfaits qu'engendre une corruption basse ou invétérée; ainsi point de faux en écritures de commerce, privées ou publiques, point d'abus de confiance, point surtout de ces sortes d'abus de la part des domestiques ou des gens à gages ; enfin, point de vols dans les églises, ni à l'aide de violence. Tel est le Corse : supprimez la *vendetta*, déracinez du cœur de l'habitant ce faux point d'honneur qui le porte à donner une satisfaction sanglante à ces passions haineuses qu'il nourrit quelquefois au fond de son cœur pendant de longues années, et la Corse, celui de nos départements qui, dans l'état actuel, compte le plus d'accusés, sera cer-

(1) Voir le 1er vol. page 9.

tainement celui qui en offrira le moins; résultat qu'il est permis d'attendre de la continuation des moyens qu'on a mis en usage, et qui déjà, dit-on, commencent à porter leurs fruits : bonne administration, police vigilante, instruction sagement répandue, et surtout répartition aussi large que possible de cet enseignement religieux, qui seul peut-être, renferme en lui le pouvoir de triompher d'un préjugé sauvage, en dehors de toute civilisation, et en révolte ouverte contre toute morale divine et humaine.

Départements du Midi.

Si, la Corse mise à part, on groupe les départements par ressorts de cours impériales, on trouve que ceux du Midi apportent à la répression un contingent beaucoup plus considérable que ceux des autres parties de la France. Dans le ressort de la Cour d'Aix, par exemple, qui comprend les départements des Bouches-du-Rhône, des Basses-Alpes et du Var, il y a un accusé par 3,019 habitants, celui de ces départements dont Marseille est le chef-lieu en compte 1 sur 2,306. L'élévation de ce chiffre tient-elle à ce que ces départements ont des ports où le contact des étrangers avec la population a dû amener un plus grand relâchement dans les mœurs, ou au bagne, dont les libérés peuvent répandre dans les contrées environnantes la contagion de leur perversité? Mais le ressort de la Cour de Rennes se trouve dans des conditions semblables; les ports de Brest, de Lorient, de Nantes, et surtout le bagne du premier de ces ports, devraient, en la confirmant, justifier cette explication, et cependant le nombre des accusés n'y est que de 1 sur 4,731 habitants. A quoi donc attribuer cette différence? Évidemment à d'autres causes qui échappent à l'œil de l'observateur.

Départements riches où le travail est assuré.

Les ressorts des Cours d'appel qui fournissent le moins d'accusés sont, comme nous le disions, ceux où le sol est le plus riche et le travail le plus assuré. Ainsi le ressort de Douai, qui comprend les départements du Nord et du Pas-de-Calais, n'a qu'un accusé sur 13,815 habitants. Le premier de ces départements, dont le sol est si productif et dont l'industrie a reçu tant de développements, n'en compte même qu'un sur 14,478.

Après Douai, les ressorts de Grenoble et de Limoges sont ceux qui approchent le plus de cette situation morale; ils comptent, le premier un accusé sur 10,840 habitants, et le second un sur 10,419. Il y a cependant une différence sensible entre les départements qui composent chacun de ces ressorts. Dans celui de Grenoble, le département de l'Isère n'a qu'un accusé sur 11,833 habitants, et celui de la Drôme un sur 10,213, tandis que celui des Hautes-Alpes, montagneux, improductif, et pouvant difficilement nourrir sa population, compte un accusé sur 8,802 habitants. Dans le ressort de la Cour impériale de Limoges, les trois départements qui le composent sembleraient contredire ce que nous avons avancé de l'influence de la richesse, puisque la Creuse et la Corrèze, dont le sol est aride et les produits inférieurs à la consommation locale, n'ont qu'un accusé, le premier sur 13,670 habitants, et le second sur 13,369; mais il faut considérer que, pendant huit mois de l'année, presque toute la population valide va chercher l'ouvrage qui lui manque, à Paris ou ailleurs, tandis que dans la Haute-Vienne, où l'émigration est moins nombreuse, il y a un accusé sur 7,258 habitants. Au surplus, et quelque influence que la richesse du sol et l'industrie répandue dans toutes les classes puissent exercer en général sur la moralité des populations, cette influence n'est pas tellement générale et absolue, que des faits contraires ne viennent souvent la démentir; ce qui, comme nous le disions, tient à d'autres causes que l'œil le plus attentif ne parvient pas toujours à découvrir.

Grands centres de population.

Remarquons cependant que les grands centres de population renferment toujours des principes de désordre qui, atteignant principalement les dernières couches de la société, augmentent la criminalité parmi elles.

Département de la Seine.

Le département de la Seine compte un accusé sur 1,443 habitants, et Paris exerce une action si fatale sur les sept départements qui rayonnent autour de lui et qui forment le ressort de la Cour d'appel, que ce ressort compte un accusé pour 2,348 habitants; c'est de toute la France celui où le chiffre des accusations est le plus élevé. Cette action démoralisante se fait également sentir de Marseille, Rouen et Nantes, sur les départements dont ces villes sont les chefs-lieux. Dans les Bouches-du-Rhône, il y a un accusé sur 2,306 habitants; dans la Seine-Inférieure, un sur 3,663; et dans la Loire-Inférieure, un sur 3,719. Les mêmes causes agissent moins puissamment sur le département dont Bordeaux est le chef-lieu; on n'y compte qu'un accusé par 5,964 habitants.

Marseille, Rouen, Nantes.

Bordeaux.

Ce n'est pas toujours eu égard au chiffre de la population que certains crimes se reproduisent plus souvent; cela tient surtout au caractère particulier des habitants. Les Bouches-du-Rhône, avec leurs 428,989 âmes, ont eu à déplorer, en 1852, plus de meurtres et de tentatives d'assassinats que le département de la Seine avec ses 1,422,064 habitants. Le premier de ces départements a compté 17 accusés de ce genre, tandis que le second n'en a eu que 14. Ces deux départements, ainsi que ceux de la Seine-Inférieure, de la Loire-inférieure et du Rhône, sont ceux où les attentats aux mœurs sont les plus fréquents.

Mais c'est à Paris qu'il se commet le plus grand nombre de faux en écriture, soit de commerce, soit authentique, soit privée; tandis qu'il est remarquable que dans les départements où le commerce reçoit aussi un grand développement, tels que ceux dont les villes de Lyon, de Rouen, de Lille, de Bordeaux, sont les chefs-lieux, ce genre de crime est presque inconnu. C'est encore dans le département de la Seine que les vols domestiques et les abus de confiance sont les plus nombreux. Ce département a compté, en 1852, 342 accusés de ce genre de crimes; les Bouches-du-Rhône, la Gironde viennent après, mais à une fort grande distance, le premier dans la proportion de 28 accusés, le second dans celle de 21. Paris.

Paris, cette capitale si peuplée, si riche, qui renferme tant de splendeurs et tout à la fois tant de misères, mériterait d'être observée à part; car la population de toutes les classes, surtout celle des couches inférieures, a un caractère qui lui est propre et dont on ne trouve pas d'analogue dans les autres grandes villes.

Enquête faite par la chambre de commerce de Paris.

L'enquête si remarquable à laquelle la chambre de commerce s'est livrée pour les années 1847 et 1848 renferme des détails tout à la fois curieux et pénibles sur cette grande agglomération d'hommes, c'est-à-dire sur leurs moyens d'existence, leur genre de vie, leurs habitudes, leurs mœurs, les maladies auxquelles ils sont le plus souvent exposés, et les causes qui les produisent. Après avoir lu ce consciencieux document qui, à certains égards, laisse dans l'âme une si douloureuse impression, tempérée à certains autres par les merveilleux effets de l'ordre et du travail, et par les prodiges de la charité publique, peut-on s'étonner de ce que les pages de la criminalité parisienne soient surchargées au point où elles le sont? Et cependant s'il fallait comparer cette cité avec la splendide capitale d'un État voisin, avec Londres, quelle supériorité au point de vue moral ne reconnaîtrions-nous pas dans la première! Le tableau que les écrivains anglais nous ont tracé eux-mêmes de l'effroyable déréglement de mœurs dont est souillée cette grande métropole du commerce et de l'industrie, de la dépravation qui s'y produit sous toutes les formes, de la misère qui, dans certains quartiers, atteint des proportions inconnues au reste du monde, dépasse tout ce que l'imagination peut se figurer, et défie toute comparaison.

Comparaison de Paris avec Londres.

Quoi qu'il en soit, il y aurait injustice à juger sous ce rapport une nation par sa capitale. On conçoit les difficultés que rencontre, au milieu de ces grandes agglomérations d'hommes, la recherche des moyens d'existence. De ces difficultés et du rapprochement de tant d'individus placés dans les positions les plus diverses, naissent, ou d'ardentes convoitises, ou de profonds découragements, ou des résolutions désespérées, source intarissable de malheurs, de dommages et de crimes.

Résumé sur ce point.

En résumant ce qui précède, nous sommes amené à reconnaître que la criminalité dans les villes a un caractère plus prononcé que dans les campagnes; que là où la population est nombreuse et compacte, là se manifeste plus fréquemment la nécessité de punir; qu'il existe un ordre d'infractions affectant certains pays plus que d'autres, à raison soit des prédispositions particulières à leurs habitants, soit de leur situation, soit de la nature de leurs produits; qu'en général, et sauf des exceptions dont il est difficile de se rendre compte, les départements qui abondent en ressources de tous genres, et où le travail va au-devant de l'homme, donnent moins de prise à la répression que ceux où le sol est rebelle à la culture, et où les bras ne trouvent pas toujours leur emploi.

Ces déductions, qui ressortent des faits, sont-elles fondées? C'est ce que l'Académie appréciera.

§ III. — Classement de la population quant a la moralité.

Classement de la population.

Ces points posés, le moraliste reconnaît que, dans toute société civilisée, il y a un classement indispensable à faire pour découvrir quel est le degré de moralité de chaque individu.

On peut en effet diviser la population d'un pays en quatre grandes catégories :

1° Ceux qui ont des ressources suffisantes pour se passer de travail;

2° Ceux à qui le travail est nécessaire, et qui ont la ferme volonté de travailler;

3° Ceux qui le voudraient et qui ne le peuvent pas;

4° Ceux enfin qui le pourraient et qui s'y refusent.

Première catégorie : ceux qui n'ont pas besoin de travailler.

La première de ces catégories, qui se compose de rentiers et de propriétaires vivant de leur revenu, ne donne lieu, bien qu'elle soit considérable en France, qu'à un nombre très-restreint d'accusations qui se rapportent plus généralement à des attentats contre les personnes qu'à des atteintes portées à la propriété. Sur 73 de ces accusations déférées en 1852 aux Cours d'assises, les attentats contre les personnes figurent dans la proportion de 48 ou des deux tiers. D'où il est permis de conclure qu'en ce qui concerne cette partie de la population, la criminalité a son principe dans la violence des passions, bien plus que dans la bassesse des sentiments.

Deuxième catégorie : ceux qui ont besoin de travailler et qui le veulent.

La seconde catégorie, formée de ceux qui ont la ferme volonté de travailler, parce que le travail est nécessaire à leur existence, comprend les hommes qui exercent, ou des fonctions publiques, ou des arts libéraux, ou des professions dites libérales, ou de simples métiers.

Fonctionnaires publics salariés.

Les premiers à placer dans cette catégorie sont, sans contredit, les fonctionnaires publics salariés, dont le nombre s'élève, d'après l'exposé du projet de loi sur les pensions civiles, à 158,227.

Constatons à l'honneur de notre pays que cette classe, parmi laquelle les employés de l'administration des finances figurent pour un tiers, ou 53,000, ne cesse de se montrer digne de la confiance que le gouvernement lui accorde. Malgré ce nombre prodigieux de titulaires, malgré les tentations auxquelles peuvent être exposés, ceux surtout qui ont des maniements de deniers, il n'y a eu que 25 poursuites en 1852; encore sur ce nombre, 17 l'ont-elles été contre des employés d'un ordre très-inférieur, tels que des gardes forestiers ou de pêche, de sorte qu'il n'y a réellement eu que 8 poursuites dirigées contre des fonctionnaires d'un ordre plus élevé.

Ce relevé de nos statistiques démontre avec quelle loyauté les fonctions publiques sont exercées en France; et il serait superflu d'ajouter que parmi ceux à qui elles sont confiées, les membres de l'ordre judiciaire se distinguent le plus éminemment par l'accomplissement de tous leurs devoirs d'hommes, de citoyens et de magistrats.

Fonctionnaires publics non salariés.

Après les fonctionnaires salariés, viennent ceux qui ne le sont pas, et dont le dévouement reçoit pour seule récompense la considération qui est attachée à leurs fonctions. Cette classe se compose particulièrement des maires de nos 30,000 communes, parmi lesquels 24 seulement ont été poursuivis pour entraves à l'exercice des enchères. Cette nature spéciale d'actes coupables doit être plus particulière aux maires des petites communes rurales, chez quelques-uns desquels l'absence d'instruction et de lumières peut ne pas permettre d'envisager toujours ce qu'il y a de ré-

10.

préhensible, dans les manœuvres directes ou indirectes par lesquelles ils cherchent à gêner la liberté de ce genre d'opérations.

Arts libéraux.

Viennent ensuite les arts libéraux et les professions qui, par leur nature, sont considérées comme libérales.

Quant aux premiers, et c'est un éloge mérité pour ceux qui les professent ; peu d'entre eux ont donné lieu à des poursuites. Dans ce grand nombre de peintres, de musiciens, d'artistes dramatiques, répandus dans toute la France, livrés à toutes les vicissitudes d'une existence incertaine et même quelquefois nomade, souvent aux prises avec les nécessités qu'entraîne l'état précaire des ressources, joint au désordre des habitudes, la statistique de 1852 ne signale que 11 accusés, parmi lesquels une seule femme. — Ne serait-ce pas que les arts, en même temps qu'ils rendent la vie douce et facile, entretiennent dans l'âme une chaleur généreuse, y tiennent éveillés ses meilleurs instincts, et, en éloignant d'elle les inspirations d'une cupidité dégradante, la mettent à l'abri des actes coupables qui en dérivent ?

Professions dites libérales. Commerçants.

Peut-on en dire autant des professions dites libérales, et en particulier du commerce ? Nous voudrions le croire ; mais il est trop vrai qu'en général une pensée absorbante de lucre, quelque légitime qu'elle soit par elle-même, devient, par le développement que reçoit son application journalière, d'autant plus impérieuse dans ses exigences, qu'elle est plus irritée en secret des obstacles qu'elle rencontre, soit pour enfler démesurément ses bénéfices, soit pour détourner des pertes imminentes.

On a recours à mille moyens qui blessent d'abord la délicatesse, puis la morale, et qui finissent par atteindre la probité. Ébloui par l'appât si souvent trompeur des spéculations, on ferme les yeux sur ce qu'elles ont de téméraire, pour ne voir que ce qu'elles promettent. Dans l'ordre moral, tout se tient, tout se lie; c'est ainsi que d'entraînement en entraînement, on compromet autrui en se perdant soi-même, et qu'ayant pour enjeu les fonds dont on a reçu le dépôt, on se rend, pour ainsi parler, volontairement complice de ce hasard aveugle auquel on les livre!

Aussi, le nombre des faillites dans l'année qui a précédé la révolution de février s'éleva-t-il à 4,762, dont le passif dépassa 150,000,000 de francs, et qui n'offrirent aux créanciers chirographaires qu'un actif de 19 fr. 86 cent. pour 100, formant un peu moins d'un cinquième des sommes déposées ou prêtées. Le chiffre de ces sinistres commerciaux a, il est vrai, diminué dans les années suivantes; mais, par une triste compensation, les dividendes distribués aux créanciers chirographaires sont devenus plus faibles. Ils n'ont plus été, pour l'année 1851, que de 17 fr. 15 c. pour cent, ce qui n'excède guère le sixième des créances. Faillites.

Il est affligeant d'avoir à dire que sur 7,096 accusés en 1852, le commerce en a fourni 531, c'est-à-dire presque un treizième environ du nombre total. Nous devons toutefois nous hâter de reconnaître qu'il a pris en France, comme partout, un accroissement prodigieux, et que, si on jugeait du nombre de ceux qui en font profession par celui des patentés, on en compterait 180,000 au moins, payant à l'État un impôt qui augmente chaque année, et qui s'élève déjà à plus de 54 millions. Mais parmi ces patentés figure une foule d'ouvriers exerçant de petites industries qu'on ne saurait comprendre parmi ceux qui sont voués à la profession du commerce proprement dit, ce qui met presque exclusivement à la charge de ces derniers cette part d'un treizième dans les accusations.

Médecins. Les médecins et les officiers de santé n'encourent que très-peu de poursuites pour crime, les études sérieuses et fortes qu'exige (quant aux premiers surtout), la connaissance de leur art les garantissant de ces tentations du mal auxquelles d'autres professions sont plus naturellement exposées. Deux médecins et trois officiers de santé sont les seuls qui aient été portés sur le tableau des accusations de 1852.

Mais il est des professions également libérales qui, tenant de l'autorité le droit d'être exercées, devraient par cela même se montrer plus jalouses d'échapper au blâme et à la honte.

Notaires. Parmi elles nous voudrions taire le nom de celle qui, dépositaire du secret des familles, est plus intéressée qu'aucune autre à se rendre digne par sa moralité et son désintéressement, de la confiance publique; nous entendons parler du notariat.

Le plus grand nombre de ceux qui ont à remplir ces délicates fonctions en comprend et en pratique les devoirs, et jouit, à ce titre, d'une considération justement méritée. Mais il est regrettable d'en voir quelques-uns, trop peut-être, en butte non-seulement aux mesures disciplinaires dont les frappe, dans l'intérêt de son honneur, leur corporation elle-même, mais encore aux sévérités de la justice.

Sur 9,765 fonctionnaires de cet ordre (nous disons fonctionnaires, car la loi leur donne cette qualification), 18 à 20 en moyenne sont chaque année traduits devant les cours d'assises pour des faits de charge, ayant le caractère de crime ; il y en a eu 22 en 1852, et le même nombre en 1853. Un procès dernièrement jugé par la cour de cassation a révélé ce fait, qu'à peu près à la même époque, sur 14 titulaires qui composent le notariat de l'une de nos grandes villes, 1 avait été traduit devant la cour d'assises, 3 avaient pris la fuite, et un cinquième avait été condamné à la destitution. Ainsi le notariat, chez lequel la plus rigoureuse moralité est une condition d'existence, compte un accusé sur environ 450 titulaires, tandis que la ville de Paris, où tant d'éléments de désordre moral se trouvent réunis, n'en compte qu'un par 1,443 habitants.

Mais ce n'est malheureusement pas tout : outre les 18, 20, et même 22 notaires traduits chaque année devant les cours d'assises, des mesures disciplinaires sont encore annuellement exercées contre 125 à 130 de ces officiers ministériels, et un certain nombre d'autres se voient contraints de vendre leurs offices pour éviter les poursuites dont ils sont menacés.

Avoués, huissiers.

Les avoués, qui sont au nombre de 3,016, n'ont eu en 1852 que 2 d'entre eux traduits devant les assises, mais une quarantaine sont poursuivis disciplinairement, en moyenne ; enfin, sur 7,828 huissiers, 10 à 12 sont jugés chaque année par les cours d'assises, et plus de 200 sont l'objet de mesures disciplinaires.

Causes du désordre.

Les causes d'un pareil désordre sont faciles à expliquer. En 1816, la France dut solder les frais de l'invasion étrangère ; les impôts ne pouvant y suffire, il fallut les augmenter, et cette augmentation étant encore insuffisante, on recourut à ce périlleux expédient, de doubler les cautionnements des offices. Mais, comme on ne pouvait le faire sans offrir un dédommagement aux titulaires, on leur concéda la faculté de présenter leurs successeurs ; les charges devinrent ainsi entre leurs mains une sorte de propriété qui, par ce fait, acquit un très-haut prix ; ce prix s'est si prodigieusement élevé que, malgré le soin qu'apporte la chancellerie à le réduire lorsqu'il dépasse certaines bornes, il est rarement en rapport avec les produits ; alors, les titulaires, pour obtenir l'intérêt du capital qu'ils ont déboursé, en l'empruntant le plus souvent, et tout à la fois pour avoir les moyens de faire subsister leurs familles, se trouvent dans la nécessité, ou d'élever leurs salaires outre mesure, ou, ce que font particulièrement certains notaires de province, de se livrer à diverses spéculations, telles que des opérations, soit de commerce ou de banque, soit d'achats et reventes de propriétés, ce que la loi leur interdit expressément de faire, tant par eux-mêmes que par personnes interposées.

Cette concession, faite en 1816 aux titulaires d'offices, est un mal qu'on peut regarder comme irrémédiable ; car, pour replacer les choses au même état où elles étaient avant, il faudrait dédommager les possesseurs actuels en remboursant les prix d'acquisition. Or, s'il est vrai que la valeur totale de ces prix s'élève à un milliard, le pays ne pourrait supporter semblable charge. Une telle situation appelle donc toute l'attention du Gouvernement.

Ouvriers

A la nomenclature de ceux qui alimentent leur vie par le travail, il faut ajouter les ouvriers de toutes les professions.

Ouvriers d'après les produits du sol.

La statistique de la France divise les produits de notre sol en minéraux, végétaux et animaux. Ces divers produits, pour les convertir à l'usage de l'homme, emploient 1,057,915 ouvriers, savoir : 672,446 hommes, 254,371 femmes, et 131,098 enfants.

Le produit végétal est celui qui occupe le plus de bras (457,371); le produit animal vient après (364,133); puis vient le produit minéral, qui n'en occupe que 236,411.

Il semblerait donc que c'est à l'exploitation du produit végétal que devrait appartenir le plus grand nombre d'accusés. Il n'en est pas ainsi. Les ouvriers qui travaillent sur le bois, menuisiers, bûcherons, etc., ne sont portés qu'au chiffre de 600 environ sur les tables de la statistique criminelle de 1852, tandis que les ouvriers qui opèrent sur toutes les variétés du produit animal, telles que la laine, la soie, les peaux, le cuir, etc., y figurent au nombre de 900; tandis aussi qu'on y voit inscrits 800 noms, détachés du personnel des 236,441 individus, spécialement affectés à l'extraction et à la mise en œuvre du produit minéral.

Ces différences tiennent à la nature des travaux : plus ces travaux sont actifs et exigent un emploi considérable de forces musculaires, plus souvent aussi l'ouvrier est obligé de se déplacer et de se donner du mouvement, moins il est sous l'empire de son imagination, et par suite de ses passions; tandis que l'industrie qui, comme celle du tailleur, du cordonnier, et surtout de la couture, en fixant l'ouvrier à la même place, laisse à l'esprit et à la parole une activité que rien ne suspend ni ne tempère, donne à la pensée du mal un accès plus facile et une plus libre carrière. C'est pourquoi, dans cet ordre seul de travailleurs, on compte 348 accusés, dont 114 femmes; ce qui en forme le tiers, et dépasse de beaucoup la proportion ordinaire, d'après laquelle la femme n'est guère comprise que pour un sixième dans la totalité des accusés.

Serviteurs à gages.

Il est une autre collection d'individus qui, admis à titre de serviteurs à gages au foyer de la famille, participent dans une certaine mesure à tous les actes de notre vie intérieure. Les uns sont attachés aux exploitations rurales, les autres à la personne. Leur nombre est considérable; nous ne saurions en préciser le chiffre; car c'est peut-être arbitrairement que certains économistes l'ont porté à 753,505, quant à ceux qui sont employés à l'agriculture, et à 2,748,263, quant aux autres (1); évaluation qui, en atteignant

(1) La statistique de la France pour l'année 1851 ne porte le nombre des domestiques attachés à la ferme qu'à 1,902,251, parmi lesquels 1,049,511 hommes, et 852,740 femmes; et celui des domestiques attachés à la personne, au ménage, etc., garçons de cafés, de restaurant, etc., etc.; à 906,666 dont 287,750 hommes et 618,916 femmes seulement.

un total de 3,501,768, représente un dixième de la population. Dans cet effectif, et en ce qui concerne surtout la portion de la domesticité qui est préposée au service personnel, il y a beaucoup plus de femmes que d'hommes.

On s'afflige de voir que cette classe d'individus des deux sexes ait à supporter presque un sixième des accusations, tandis qu'en nous en tenant à l'évaluation que nous venons de mentionner, la proportion ne devrait être que d'un dixième. Cela s'explique, tout à la fois par l'incurie des maîtres et par les facilités de détournement qu'offre d'elle-même à une criminelle convoitise la présence continuelle des objets qui sont de nature à la faire naître. Sur 7,096 accusés en 1852, on a compté 928 domestiques, parmi lesquels près d'un tiers est affecté au service agricole. Les femmes entrent dans ce tiers pour un peu moins du quart; leur contingent dans la part afférente à la domesticité, vouée au service de la personne, est de près des trois cinquièmes.

Cette sorte de soustraction porte principalement sur des valeurs, telles que le numéraire, les billets, l'argenterie, les bijoux, etc., toutes choses d'un prix élevé et d'un transport facile; double danger pour le maître, épreuve doublement périlleuse pour le serviteur! Ce surcroît de surveillance auquel invite la constatation juridique de tels faits devient d'autant plus nécessaire, que les vols domestiques augmentent d'année en année; progression attestée par les statistiques, qui répartissent ainsi les accusations dont ils sont l'objet : 765 en 1850; 874 en 1851; 928 en

1852. Douloureux démenti donné à la prévoyance de la loi qui a voulu prévenir, par la menace de peines à bon droit plus rigoureuses, une nature de détournements aggravés par l'abus d'une confiance forcée!

Et cependant, à côté de cette progression qui contriste le cœur, combien d'actes de désintéressement, de haute probité, de dévouement héroïque, émanent aujourd'hui encore de ces habitués de notre foyer, de ces familiers du domicile qu'on a vus, dans les plus mauvais jours, nourrir de leur pain, arrosé de leurs sueurs, la vieillesse proscrite de leurs maîtres, ou affronter la mort pour les sauver! Qu'il est consolant de reporter ses regards sur les vertus modestes dont ils nous offrent tous les ans l'exemple, et qui, dépouillées de l'obscurité qui les couvre, apparaissent dans un centre de lumière pour y être signalées par les interprètes d'un corps illustre, l'Académie, à l'admiration et à la reconnaissance publiques!

Troisième catégorie : ceux qui, ayant besoin de travailler, ne le peuvent pas.

La troisième catégorie de personnes qui ont besoin de travailler pour subvenir aux nécessités de leur vie se rapporte à ceux qui, alors même qu'ils le voudraient, ne le pourraient pas.

Elle comprend les infirmes et les aliénés : les infirmes, qui, de quelque nature que soit l'incapacité physique dont ils sont atteints, ont la responsabilité morale de leurs actes; les aliénés, qui n'ont à répondre ni devant Dieu, ni devant les hommes, de ceux de ces actes que la raison n'a pas éclairés et qui n'ont pas été, dès lors, dirigés par le libre arbitre. Poursuite et, s'il y a lieu, condamnation dans le premier cas; exemption de poursuite ou acquittement dans le second.

Enfin, la dernière catégorie, la plus nombreuse, embrasse tous ceux qui, ayant besoin de travailler, le pourraient, mais ne le veulent pas. Quatrième catégorie.

Cette classe, qui se forme des vagabonds et des mendiants, est nombreuse; l'administration déclare son impuissance à en fixer le chiffre. Il y a bien des années que M. Huerne de Pommeuse le portait à 75,000, d'autres économistes à 198,000, et M. de Villeneuve à 200,000. Il faut qu'il soit considérable, car en 1852, au delà de 18,000 vagabonds et mendiants ont été poursuivis et traduits comme tels devant les tribunaux correctionnels. Dans ce nombre, le département de la Seine entrait pour un contingent de 2,819, ce qui, en supposant qu'un dixième seulement des individus de cette classe eût été poursuivi, serait encore un chiffre bien inférieur à ce qu'il était au siècle de Louis XIV, puisque le recensement de 1640 le portait à 40,000 pour la seule ville de Paris. Mendiants, vagabonds.

Nous unissons le vagabondage et la mendicité, en raison de l'intime rapport qu'ils ont entre eux. L'un de ces délits conduit à l'autre.

Les mendiants objet des poursuites sont d'un neuvième environ plus nombreux que les vagabonds; c'est parmi ceux-ci qu'ils se recrutent. On mène d'abord une vie qui, suivant la définition de la loi, ne comporte ni domicile certain, ni exercice habituel d'une profession ou d'un métier, ni moyens assurés de subsistance; on finit par recourir à l'aumône.

Ce n'est pas le manque d'ouvrage qui multiplie ainsi les vagabonds, c'est l'oisiveté ; c'est un désir vague de changer de lieu et de place, de chercher à toute heure et en tous lieux des émotions nouvelles. On commence jeune, très-jeune. Chez certains enfants de Paris, par exemple, le vagabondage devient une passion : il en est qui fuient, pour s'y abandonner, les douceurs dont ils jouissaient au sein de leurs familles. Sous l'empire de ce besoin de liberté qui n'est jamais assouvi, on les voit porter le même jour leurs pas dans tous les quartiers de la capitale, assister à tout ce qui s'y passe : querelles, accidents, agitations publiques, il n'est pas un mouvement désordonné auquel ils ne participent, pas une émeute qu'ils ne grossissent. Les premiers aux barricades, ce sont eux qui s'y exposent le plus ; non qu'ils se passionnent pour une idée politique quelconque, mais c'est un drame, et ils en sont les acteurs !

Le soir ils se tiennent à la porte des théâtres, obsèdent ceux qui en sortent pour obtenir d'eux la facilité d'y entrer. Ils vivent de peu ; s'ils mendient, c'est furtivement et quand la nécessité les presse; plus souvent ils s'efforcent de gagner leur nourriture par de petits services qui ne pèsent pas trop à leur oisive indépendance. Vous les rencontrez provoquant la générosité des passants en échange d'objets de peu de valeur ; et quand le produit de leur humble industrie est abondant, ils se rendent après le spectacle, qui est la première de leurs jouissances, dans de méchants hôtels garnis où, pour quelques sous, ils trouvent un asile ; sinon, ils passent la nuit au grand air, sur le pavé, satisfaits de leur journée et sans souci du lendemain.

Il faut que cette vie vagabonde ait un attrait bien puissant. La maison pénitentiaire de la Roquette compte des enfants qui se sont ainsi échappés jusqu'à douze et quinze fois ; qui, toujours arrêtés et toujours réclamés, recommencent toujours, jusqu'à ce que leurs familles, désespérant de les corriger et les abandonnant tout à fait, laissent à la justice le soin de les punir. Désordre d'autant plus déplorable qu'il est le prélude et la cause de faits plus graves qui, par une pente insensible, mais fatale, conduisent ces malheureux enfants au crime, à la honte, au châtiment !

Familles entières de vagabonds.

Ce ne sont pas seulement des individus isolés qui entrent de bonne heure dans cette voie ; on voit dans certains départements des familles entières aller par groupes de village en village, de ferme en ferme, n'ayant d'autre pain que le pain de la charité, d'autre ressource que l'aumône. En Bretagne, c'est par vingt et par trente qu'à chaque relai ils assiégent les diligences et obsèdent les voyageurs. Ces bandes n'ont jamais connu les douceurs du foyer ; heureuses quand il leur est permis de s'abriter sous quelque hangar ; se contentant au besoin de coucher dans les champs de bruyères ou sur la terre nue. On nous a montré dans la maison centrale de Vannes des femmes condamnées pour vagabondage ou mendicité, qui, lorsqu'on les avait introduites pour la premiere fois dans les dortoirs, s'étaient placées sous les lits qu'on leur avait assignés, et dont elles ignoraient l'usage, opposant aux efforts des surveillants pour les y faire entrer une résistance qu'il avait fallu vaincre par la force. C'est ainsi que, démoralisés par la paresse, les individus de cette classe ont perdu tout sentiment de la dignité humaine; et si quelques-uns d'entre eux ne commettent pas d'actes coupables, il faut l'attribuer, non à leur honnête nature, mais à ce défaut d'énergie qui ne leur a laissé d'autre faculté que celle de vivre de la vie libre, d'une vie dégagée de tout soin et de tout devoir.

Mais ceux-là forment le petit nombre. Parmi les 9,411 mendiants et les 8,674 vagabonds poursuivis correctionnellement en 1852, plus de la moitié avait été l'objet de précédentes condamnations pour vols, escroqueries, faux, attentats à la pudeur et autres crimes ou délits pour lesquels ils avaient subi pendant un temps plus ou moins long la peine des travaux forcés, de la réclusion ou de l'emprisonnement. En un mot, ceux que l'amour de l'oisiveté a faits vagabonds ou mendiants deviennent la pépinière des voleurs de profession : classe d'autant plus dangereuse qu'elle s'accroît sans cesse !

Chiffonniers. Nous avons dans nos grandes villes des individus qui, par leur genre de vie et l'abjecte industrie qu'ils exercent, se rapprochent beaucoup de ceux-là, ce sont les chiffonniers. La statistique de l'industrie pour la ville de Paris en fait le tableau suivant. Après avoir parlé des hommes, elle ajoute : « Les femmes ne « sont qu'à moitié couvertes par leurs haillons ; les « uns et les autres sont dévorés de vermine ; ils « exhalent une odeur à renverser. Malgré tout cela

« ils aiment leur position, et vantent l'indépendance « qu'elle leur procure, bien qu'ils soient dans des « appréhensions continuelles de la police ; ils ne « mangent que du pain ; toutes leurs ressources pas- « sent en boissons. »

Cette classe d'individus a fourni en 1852, 39 accusés aux cours d'assises ; mais 299 ont été mis en arrestation dans la même année, sous l'inculpation de divers délits ou contraventions aux règlements de police ; c'est à la ville de Paris qu'ils appartenaient en plus grand nombre.

§ IV. — CRIMES QUI JETTENT LE PLUS DE TROUBLES DANS LA SOCIÉTÉ.

Nous nous exposerions à fatiguer l'Académie si nous entrions dans de plus longs détails sur les diverses classes de notre population, envisagées au point de vue de la criminalité ; nous avons dû nous borner aux traits les plus saillants ; nous achèverons d'ailleurs d'éclairer ce sujet en parcourant quelques-uns des crimes qui, commis par ces diverses classes, jettent le plus de trouble dans la société.

1° Crimes contre les personnes.

Attentats aux mœurs.

Et d'abord, parmi les crimes contre les personnes, le désordre qui engendre le plus grand nombre de faits punissables est celui qui prend sa source dans la dépravation des mœurs. Ce genre d'actes se multiplie d'une manière désespérante : ainsi, les viols et les attentats à la pudeur entrent maintenant à eux seuls pour un huitième dans les accusations portées devant les cours d'assises, et, chose affligeante à dire ! sur 886 accusés de ce genre de crimes, 625 s'en sont rendus coupables envers des enfants au-dessous de 15 ans.

Les outrages publics à la pudeur et les attentats aux mœurs qui, ayant moins de gravité, sont considérés comme de simples délits, se multiplient davantage encore; réunis, ils se sont élevés à 2452.

Les attentats à la pudeur sur des enfants au-dessous de 15 ans révoltent à un trop haut point la conscience publique pour que celle des jurés qui sont appelés à prononcer sur leur sort ne s'en trouve pas fortement émue; aussi, les acquittements qui, eu égard aux condamnations, sont ordinairement dans la proportion du tiers, ne s'élèvent-ils qu'au quart dans les jugements de cette nature de crime.

Une telle dépravation atteste l'insuffisance de l'éducation morale et religieuse parmi les classes populaires, et surtout dans les campagnes. Nous insistons sur la nécessité de plus en plus démontrée de donner de plus larges développements à un enseignement fondé sur cette double base : car celui qui n'aurait d'autre objet que de faire progresser l'intelligence serait, au point de vue qui nous occupe, complétement inefficace. En effet, sur les 625 accusés d'attentats contre les enfants au-dessous de 15 ans, 77 savaient lire et écrire, et 38 avaient reçu une instruction supérieure au premier degré.

Adultères. Avortements. Infanticides.

Le déréglement des mœurs si peu retenu est la source d'autres crimes et délits également très-fréquents. Les tribunaux correctionnels ont vu s'asseoir sur leurs bancs, en 1852, 426 prévenus d'adultère; les cours d'assises ont eu à juger, dans la même année, 58 accusés d'avortement ou de tentative d'avortement, parmi lesquels 14 étaient mariés et avaient des enfants. Souvent la femme qui ne parvient pas à détruire son fruit, devenue mère, donne la mort à l'être qui lui doit la vie : l'infanticide est devenu très-commun. Le coupable espoir d'échapper à la honte par le crime a amené 209 accusées devant les cours d'assises ; le tiers de celles qui peuplent nos maisons centrales appartient à cette catégorie. Nous avons visité une de ces maisons où sur 60 condamnées aux travaux forcés, 30 l'avaient été pour cette cause. Il faut dire cependant qu'elles se distinguent de leurs compagnes de malheur par la sincérité de leur repentir et une conduite en rapport avec ce sentiment.

Empoisonnement.

C'est encore le désordre des mœurs qui donne souvent naissance à un autre crime, l'empoisonnement. Sur 29 individus qui en ont été accusés en 1852, plusieurs n'ont pas eu d'autre impulsion. Dix personnes mariées ont été ainsi mises à mort par leurs conjoints qui ont préludé à l'emploi du poison par l'adultère. Si, en général, la part de criminalité des femmes n'est, en regard de celle des hommes, que dans la proportion d'un sixième environ, elle compte, en ce qui concerne cette sorte d'accusation, pour près des trois cinquièmes ; en d'autres termes, les femmes y sont comprises pour 17 sur 29. C'est que l'empoisonnement est l'arme de la faiblesse ; que, pour détourner le soupçon et tout à la fois pour atteindre plus sûrement son but, l'empoisonnement s'enveloppe de précautions et d'artifices, frappe dans l'ombre et à son heure. De 10 attentats de ce genre,

9 ont été commis par des femmes sur leurs maris, un seul par un mari sur sa femme.

Meurtres. Assassinats.

Les meurtres, les assassinats sont en grand nombre. La statistique signale 209 accusations du premier de ces crimes, 306 du second, en tout 515 ; ce qui forme le dixième environ de celles qui sont déférées aux cours d'assises. Sur ce nombre, l'adultère en a produit 24 ; 56 ont pris leur source dans la jalousie, le concubinage, la débauche, l'amour contrarié; les autres procèdent de la cupidité, des dissensions domestiques, de la haine, de la vengeance.

Parricide.

Le plus affreux de tous les crimes, celui que d'anciennes législations refusaient de prévoir parce qu'elles le considéraient comme impossible, le parricide, figure dix fois dans nos tableaux statistiques, et a donné lieu à des poursuites contre 16 accusés.

La répression de cette sacrilége violation des lois de la nature n'a peut-être pas eu toute l'énergie qu'elle comporte. Cinq acquittements, une condamnation à de simples peines correctionnelles, trois aux travaux forcés à perpétuité, trois autres aux travaux forcés à temps, et quatre seulement à la peine capitale, sembleraient témoigner d'une certaine faiblesse dans l'action de la justice pénale à l'égard d'aussi grands coupables.

Les crimes contre les personnes sont en général de moitié moins nombreux que ceux contre les propriétés : les premiers n'ont fourni que 2,487 accusés ; on en a compté 4,609 pour les seconds.

2° Crimes contre les propriétés.

Parmi ceux-ci, les vols tiennent la plus grande place. 3,289 individus en ont été accusés. Un certain nombre de ces vols a été, comme nous l'avons dit, commis par des domestiques ou gens de service; quelques-uns l'ont été sur des chemins publics, avec ou sans violence. Le plus grand nombre des autres vols a été accompagné de circonstances aggravantes; 1,864 individus ont été accusés de ces derniers.

Valeur des vols.

La valeur des vols qualifiés, c'est-à-dire de ceux commis par des accusés traduits devant les cours d'assises, s'est élevée, en 1852, à 1,324,826 fr. Cette valeur tend à décroître; elle avait été, en 1850, de 1,935,304 fr., et, en 1851, de 1,666,617 fr., quoique le nombre des accusés en 1852 ait été à peu près le même qu'en 1851, et un peu inférieur à celui de 1850. Mais il doit être difficile d'apprécier cette valeur avec quelque certitude : si cela est possible quant aux vols d'argent, l'appréciation des bijoux, des objets de prix, des marchandises, du linge, ne peut être qu'arbitraire.

Ce qui d'ailleurs, peut faire douter de l'exactitude de cette appréciation pour la France entière, c'est que l'estimation des objets volés annuellement dans la seule ville de Londres porte leur valeur, un peu arbitrairement peut-être, à 25 millions (1).

Faux.

Après les vols qualifiés, les faux en écritures de commerce, publiques ou privées, ont motivé la mise

(1) Il faut remarquer que la valeur approximative des objets volés n'est donnée dans nos statistiques que pour les vols qualifiés, jugés par les cours d'assises, tandis qu'il s'en commet 75 à 80,000 autres par année. Dans l'évaluation du préjudice causé par les vols à Londres, on comprend tous les vols indistinctement; néanmoins, le chiffre de 25 millions est très-probablement exagéré.

en accusation de 570 individus; c'est un peu plus du douzième du nombre total des accusés.

La fabrication, l'émission de la fausse monnaie, et la contrefaçon des billets de banque, ont donné lieu à 109 de ces poursuites.

Les faux témoignages et la subornation des témoins en ont motivé 140.

Incendies. Puis, viennent les incendies et tentatives d'incendie, d'édifices habités ou servant d'habitation : le nombre de ces accusations s'est élevé à 329. — Plus du quart de ces crimes, ou 84, est attribué aux propriétaires eux-mêmes, qui ont été conduits à les commettre par le désir de toucher le prix d'assurances supérieures à la valeur des objets auxquels elles s'appliquaient. D'autres incendies sont le résultat de ressentiments, soit contre des fonctionnaires publics, soit contre des particuliers. Une église a été brûlée en haine du curé qui la desservait. D'autres incendies encore ont été allumés pour des motifs qui seraient de nature à donner de l'esprit humain une étrange idée, si on n'était familiarisé avec ses bizarreries. Ainsi, un domestique a mis le feu pour se faire bien venir de ses maîtres par son zèle à l'éteindre; sept incendies ont eu lieu pour effrayer les propriétaires et les contraindre à vendre leurs maisons; un autre a été commis par un individu qui, privé de pain et sans asile, aspirait à la prison pour y abriter sa misère; treize fois le feu a été mis par des enfants, sans autre but que de s'en faire un divertissement.

Il est à remarquer qu'il y a des moments où, dans

certaines localités, ce crime se renouvelle et se multiplie par une sorte de contagion. On se rappelle les incendies qui, en 1829, affligèrent la Normandie, et qu'à tort sans doute on attribuait à des causes politiques ; la même province a vu le même fléau se propager l'année dernière ; il s'attaquait principalement aux meules de grains.

En 1812, les incendies se reproduisaient incessamment dans un arrondissement du midi de la France ; les cours d'assises étaient constamment saisies ; le jury se montrait d'une grande sévérité, et les condamnations à mort, avec exécution dans la commune où l'incendie avait eu lieu, se succédaient sans relâche. Loin d'intimider, ces exécutions semblaient donner une excitation nouvelle à l'audace des incendiaires, qui, par la répétition des mêmes attentats, répandaient l'effroi dans la contrée. Il résulta de l'interrogatoire de quelques-uns d'entre eux que le spectacle de ces sortes d'événements si féconds en péripéties, le son des cloches, le bruit du tambour appelant au loin les populations qui accouraient de toutes parts, le tumulte, la terreur répandue sur toutes les figures, les uns échappant à la mort à travers les flammes, les autres levant des regards consternés vers le ciel envahi par des tourbillons de fumée ; que toutes ces scènes d'un intérêt si saisissant avaient fortement ébranlé leur imagination, et fait naître en eux le besoin de voir se reproduire, avec le même tableau, les vives émotions qu'il leur avait causées. — C'est ainsi que de mystérieux motifs, cachés dans les profondeurs du cœur humain, peuvent donner lieu à des séries d'actes unis entre eux par un lien invisible, et dont on demanderait vainement la cause aux passions qui en sont le mobile ordinaire.

Voilà ce qui, jusqu'à un certain point, peut expliquer comment, lorsque ce n'est pas la haine, la vengeance ou autres passions basses, qui portent à commettre de tels crimes, on les voit se succéder rapidement dans certaines localités.

Telle est, parmi les 7,096 accusés traduits devant les cours d'assises, la nomenclature des principaux faits coupables qui ont donné lieu à la répression pénale dans le cours de l'année 1852.

Délits jugés par les tribunaux correctionnels.

Si maintenant nous jetons les yeux sur un autre ordre d'infractions, sur celles que la loi qualifie de simples délits, et qui amènent leurs auteurs, non plus devant les cours d'assises, mais sur les bancs de la police correctionnelle, nous trouverons également matière à d'amples réflexions.

152,695 prévenus ont été traduits, en 1852, devant ces tribunaux, pour délits correctionnels, et ont pu encourir des condamnations jusqu'à cinq ans d'emprisonnement, et même jusqu'à dix en cas de récidive; 99,413 autres l'ont été devant les mêmes tribunaux, pour simples contraventions aux lois et règlements sur les douanes, les contributions indirectes, les eaux et forêts, la pêche, les octrois, le roulage, etc., contraventions susceptibles d'entraîner non-seulement l'amende, mais l'emprisonnement. Le nombre des prévenus, en 1852, a donc été en tout de 252,108; c'est une augmentation sur l'année précédente de 30,667 prévenus.

Parmi les 152,695 prévenus de délits, 23,181 étaient poursuivis pour faits de chasse, de possession ou détention de filets ou engins prohibés, et de vente ou colportage de gibier: 44,761 l'étaient pour vols simples, abus de confiance ou tromperie sur la valeur des objets vendus; les délits ruraux, le maraudage, étaient compris dans le nombre des préventions pour 2,126, et les coups et blessures volontaires pour 19,221. Mais les infractions qui ont donné lieu à plus de poursuites, sont celles faites aux lois et règlements sur les eaux et forêts; on a compté 65,006 affaires de ce genre, dans lesquelles 86,349 individus avaient été impliqués. Sur ce nombre d'affaires, 64,351 individus avaient été jugés à la requête de l'administration. Délit de chasse. Vols simples.

Un autre genre de délits, qui tient à l'agitation dont nos populations ont offert le triste spectacle dans les dernières années, s'est singulièrement multiplié; ainsi, les rébellions, les outrages à des magistrats de l'ordre administratif et judiciaire, les violences envers des fonctionnaires ou agents de la force publique, ont produit dans leur ensemble 11,018 prévenus; 2,335 ont été poursuivis pour délits politiques de toute espèce. Rébellions.

Cette agitation tend naturellement à se calmer, et il y a lieu d'espérer que les dernières traces en disparaîtront à mesure qu'un Gouvernement fort, imposera à tous la soumission aux lois et le respect pour l'autorité.

On sent que, dans l'état actuel de notre législation, les délits de presse ont dû être peu nombreux; Délits de presse.

aussi, le colportage d'imprimés sans autorisation a-t-il seul donné lieu à des poursuites de quelque importance; 625 individus ont été traduits devant les tribunaux correctionnels pour cette nature d'actes répréhensibles.

Sur les 152,695 prévenus de délits, 10,208 ont été condamnés à un an et plus d'emprisonnement, 75,624 à l'emprisonnement de moins d'un an, et 42,844 à l'amende seulement.

Nos statistiques criminelles ne font point connaître, comme elles l'ont fait pour les crimes dont les auteurs étaient traduits devant les cours d'assises, la valeur des objets soustraits par les prévenus que les tribunaux correctionnels ont été appelés à juger : on a sans doute reculé devant la difficulté d'une semblable appréciation, difficulté qui eût été plus grande encore qu'elle ne l'a été pour les vols qualifiés.

§ V. — INFLUENCES DIVERSES QUI AGISSENT SUR LA CRIMINALITÉ.

Époques de l'année où il se commet le plus de crimes.

On s'est demandé s'il y avait des époques de l'année où les crimes fussent plus fréquents qu'à d'autres époques ? Il n'est guère possible d'obtenir des données positives à cet égard. Cependant on remarque que les crimes contre les personnes se commettent assez généralement dans la saison où la température étant plus élevée donne au sang plus d'activité, et par suite rend les passions plus vives : ainsi, les mois de mai, de juin, de juillet et d'août, sont ceux où cette nature d'actes coupables apparaît en plus grand nombre, tandis que les crimes contre les propriétés se commettent le plus ordinairement dans la saison de l'année la plus rigoureuse, celle où le manque d'ouvrage laisse beaucoup de bras inoccupés; et où la classe pauvre est plus exposée aux atteintes du besoin. Les mois de décembre, janvier, février et mars, dont se compose la saison d'hiver, sont donc ceux où la propriété est le plus souvent menacée et mise en péril. On a remarqué aussi que l'infanticide est plus fréquent au printemps et en hiver qu'en été et en automne.

Quant aux délits correctionnels, nos statistiques ne constatent pas le résultat de semblables recherches; mais il est très-probable que les mêmes causes qui agissent pour la perpétration des crimes, agissent également pour celle des délits.

Si ensuite, poussant les investigations plus loin, on veut se rendre compte de l'influence, au criminel et au correctionnel, du sexe et de l'âge, on recueille des renseignements plus certains. Quant au sexe, et relativement aux crimes, sur les 7,096 accusés en 1852, on a compté 1,236 femmes, c'est-à-dire, comme nous avons déjà eu occasion de le faire remarquer, moins du sixième; mais il y a, et cela se conçoit, un plus grand nombre de femmes accusées de crimes contre la propriété que de celles à qui sont imputables des crimes contre les personnes. Le nombre des premières a été de 835, celui des secondes de 401 seulement.

Influence du sexe sur la criminalité.

Pour les délits correctionnels et les contraventions, la proportion entre les deux sexes est à peu près la même; sur 252,108 prévenus, les femmes sont comprises pour le nombre de 44,301.

Influence de l'âge.

Quant à l'influence de l'âge sur la criminalité, il n'est pas surprenant qu'elle soit très-grande. L'époque de la vie où le corps prend le plus de développement, où il a le plus de vigueur, et où conséquemment il est le plus sous l'empire des passions, doit nécessairement être celle où l'homme cède le plus facilement à ses mauvais penchants. C'est donc de seize à trente-cinq ans que se produit le plus grand nombre de crimes, soit contre les personnes, soit contre les propriétés. Dans cette période, qui embrasse dix-neuf ans, il s'en commet plus que dans le reste de l'existence. Sur les 7,096 accusés de 1852, il y en a eu 4,282 de cet âge.

Quant aux prévenus de délits correctionnels, comme les tableaux statistiques ne font, par rapport à l'âge, que deux catégories, celle de moins de vingt et un ans et celle qui est au-dessus; comme d'ailleurs les individus de vingt et un ans se trouvent confondus avec tous ceux d'un âge plus avancé, il est impossible d'établir une proportion sur les mêmes bases; seulement, il est à remarquer que, sur le nombre total de 207,697 hommes prévenus, 20,737, ou près du dixième, étaient âgés de seize à vingt et un ans, et que, sur 44,311 femmes également prévenues, 5,124, ou à peu près le neuvième, avaient le même âge; ce qui semblerait indiquer qu'à une légère différence près, les mêmes causes ont une égale action sur les deux sexes.

Influence de l'état civil.

L'influence de ce qu'on appelle l'état civil sur la

criminalité mérite également d'être signalée. Il n'est pas douteux, ainsi que nous l'avons observé d'autre part, que le célibataire est plus accessible que l'homme marié à la pensée du mal, dégagée quant à lui de l'étreinte des liens de famille et de la solidarité qu'ils imposent.

La statistique n'envisage la criminalité à ce point de vue qu'eu égard aux accusés de crimes; elle ne s'est pas livrée aux mêmes recherches relativement aux prévenus de délits. Célibataires.

D'après le dernier recensement de nos populations les habitants se divisaient en

566 célibataires. . .	sur 1,000 habitants.
390 mariés.	
44 veufs.	

Les accusés offrent entre eux une répartition qui devait naturellement s'éloigner peu de celle-là. La statistique criminelle, pour l'année 1850, donne :

558 célibataires. . .	sur 1,000 accusés.
384 mariés.	
58 veufs.	

Parmi les accusés mariés, 324 avaient des enfants, et parmi les veufs, 27 en avaient également. Ainsi, la proportion entre les accusés célibataires et les mariés ou veufs serait de près des quatre cinquièmes.

Ce qui frappe surtout, en rapprochant ces chiffres, disait M. le garde des sceaux dans son rapport, c'est le nombre proportionnel des femmes veuves, avec ou sans enfants, comparativement à celui des hommes dans la même position.

Effectivement, sur 1,000 femmes accusées, il y en avait

553 célibataires,
347 mariées,
100 veuves.

Si l'influence de l'état civil sur la criminalité en général est constatée, elle n'est pas moins réelle sur certaines natures de crimes.

Ainsi, sur 100 accusés d'infanticide, on compte 76 célibataires. Après l'infanticide, les coups et blessures envers les ascendants, et les viols et attentats à la pudeur sur les adultes, sont des crimes que les célibataires commettent dans une proportion plus grande que les mariés et les veufs.

Le nombre des célibataires varie d'ailleurs selon les départements : on en compte 76 sur 100 accusés dans le département de la Seine; 67 dans ceux des Bouches-du-Rhône et du Var; 64 dans la Vendée, la Loire-Inférieure; tandis qu'il ne s'en trouve que 40 sur 100 accusés dans la Haute-Vienne, 41 dans l'Aisne, 42 dans l'Oise, etc.

Cette différence peut s'expliquer par l'existence des grands centres de population, où l'industrie attire des départements voisins de nombreux ouvriers qui le plus habituellement ne sont pas mariés. C'est d'ailleurs dans ces départements qu'il y a un plus grand nombre proportionnel d'accusés de vols, catégorie qui fournit aussi le plus de célibataires.

Enfants naturels.

On compte peu d'enfants naturels parmi les accusés. Leur nombre n'excède pas 21 sur 1,000; mais, comme le fait observer M. le garde des sceaux, l'instruction judiciaire ne constate peut-être pas toujours leur état. Cette classe d'individus commet d'ailleurs proportionnellement plus de crimes contre les propriétés que contre les personnes.

CHAPITRE III.

État actuel de la criminalité.

Récidives.

Nous avons jusqu'ici considéré abstractivement tous les crimes et délits que nous venons d'énumérer, sans rechercher s'ils avaient été commis pour la première fois, ou si leurs auteurs se trouvaient en état de récidive.

Si, lorsque cet état est constaté, il dénote une plus grande perversité de la part de celui à qui une première répression n'a pas suffi pour le corriger, il dénote aussi l'insuffisance de cette répression, soit que par sa nature elle ait été mal appropriée au fait ou à son auteur, soit que son inefficacité résulte du mode vicieux de son infliction. Les récidives sont plus fréquentes parmi les prévenus de crimes que parmi les accusés de simples délits; en général, chez les uns comme chez les autres, elles augmentent d'année en année d'une manière affligeante; cet accroissement est en quelque sorte régulier.

Dans son rapport de 1852, qui résumait le mouvement de la criminalité pendant le quart de siècle écoulé de 1826 à 1850, M. le garde des sceaux constatait que le nombre proportionnel des récidives avait été longtemps moins élevé parmi les libérés des bagnes que parmi les libérés des maisons centrales, mais que depuis quelques années c'était le contraire qui se remarquait; que les hommes libérés des maisons centrales de 1843 à 1846 n'étaient tombés en récidive, dans les cinq ans qui avaient suivi leur libération, que dans le rapport de 372 sur 1,000 libérations; tandis qu'en ce qui concernait les libérés des bagnes, ce chiffre s'était élevé à 397; qu'il y avait parmi ces derniers un nombre proportionnel plus grand d'individus repris et jugés de nouveau pour rupture de ban que parmi les libérés des maisons centrales, ce qui se conçoit, puisque tous les forçats sont placés pour toute leur vie sous la surveillance de la haute police, tandis que beaucoup de libérés des maisons centrales n'y sont pas assujettis; mais qu'il n'était pas aussi facile d'expliquer pourquoi les forçats libérés commettent proportionnellement plus de vols qualifiés que les libérés des maisons centrales, à moins que ce ne soit parce que la défiance qui les entoure les oblige à recourir plus fréquemment aux moyens violents pour satisfaire leur cupidité.

Le rapport de 1854, pour l'année 1852, constatait à son tour que l'accroissement du nombre des récidives parmi les accusés et les prévenus ne s'était pas ralenti; qu'il n'y en avait eu que 28,706 en 1851, tandis qu'on en comptait 33,005 en 1852, c'est-à-dire 4,299 de plus; que les 33,005 récidivistes de 1852 avaient été jugés, savoir : 2,205 pour des crimes, par les cours d'assises, et 30,800 pour des délits, par les tribunaux correctionnels.

Ainsi, il y avait 311 récidivistes sur 1,000 accusés traduits devant les cours d'assises, et 206 seulement sur 1,000 prévenus traduits en police correctionnelle et jugés à la requête du ministère public.

Les récidivistes sont en général incorrigibles ; ce qui le démontre, c'est que si les deux cinquièmes (ou 14,115 sur 33,005) jugés en 1852 n'ont subi qu'une seule condamnation, les autres en ont subi deux, trois, quatre, et même un certain nombre (1,700) de dix à trente, et même davantage.

La répression à l'égard des récidivistes ne fait cependant pas défaut. Sur les 2,205 accusés de cette catégorie, les cours d'assises n'en ont acquitté que 332, ou 15 sur 100. Parmi les individus qu'elles ont condamnés, 25 l'ont été à mort, 101 aux travaux forcés à perpétuité, 692 aux travaux forcés à temps, 447 à la réclusion, et 608 à l'emprisonnement. Répression à l'égard des récidivistes.

La répression a été plus sévère encore à l'égard des 30,800 condamnés correctionnels en récidive ; parmi eux, 1,225 seulement, ou 4 pour 100, ont été acquittés ; les autres ont été condamnés, savoir : 21,800 à moins d'un an d'emprisonnement, 897 à un an, 4,241 d'un an à cinq ans, 566 à cinq ans, 132 à plus de cinq ans, et 1,929 à l'amende seulement. C'est que le jury et les tribunaux comprennent tout le danger que la classe des récidivistes, à raison de son état d'hostilité permanente, fait courir à la société. Mais si, comme le fait observer M. le garde des sceaux dans son rapport pour 1852, les acquittements sont peu fréquents, il serait désirable que les peines prononcées fussent parfois plus sévères.

La moitié des récidivistes est jugée dans leur département d'origine; l'autre moitié ayant une existence nomade, l'est par les tribunaux d'autres départements; il en est qui l'ont été par quinze, vingt et même trente tribunaux différents.

« Ces chiffres, dit M. le garde des sceaux, démon-« trent bien haut le peu d'efficacité de notre système « de répression, en même temps qu'ils proclament « la nécessité, pour la société, de prendre des mesures « sérieuses contre ces hommes qui se font un jeu de « promener par toute la France leur audacieux mé-« pris de la loi. »

C'est, en général, dans la première et la deuxième année de leur sortie de prison que les libérés commettent de nouveaux méfaits. Bien peu sont repris dans les années suivantes.

Les femmes donnent lieu aux mêmes remarques.

Et quant aux deux sexes, les rechutes ne sont pas moins fréquentes parmi ceux qui sortent avec des pécules élevés que parmi ceux qui n'avaient rien ou presque rien gagné pendant leur détention; elles ne le sont pas moins non plus parmi ceux qui savaient lire et écrire que parmi les illettrés.

Si, ensuite, on cherche à préciser ce qu'a été la récidive pendant ce quart de siècle, de 1826 à 1850, on trouve que ce long période a fourni 193,016 accusés et prévenus, qui avaient subi de précédentes condamnations criminelles ou correctionnelles.

Bagnes et prisons où il y a le plus de récidivistes.

Il y a d'ailleurs des lieux de répression qui ont le triste privilége de compter un plus grand nombre de récidivistes que d'autres. Des deux bagnes qui existent encore, celui de Toulon présente presque toujours, sous ce rapport, le chiffre proportionnel le plus élevé.

Parmi les maisons centrales, il en est qui, par leur voisinage des grands centres de population, se trouvent, au point de vue de la récidive, placées dans de plus mauvaises conditions que les autres. Ainsi, d'après un rapport de M. le directeur de la maison centrale de Melun, cité par M. le ministre de l'intérieur dans sa statistique, il aurait été constaté que, sur les entrées du dernier trimestre de 1853, il aurait été reçu 70 récidivistes sur 100 condamnés. De 1840 à 1850, le nombre proportionnel des récidivistes reconnus a varié, dans la maison de Poissy, de 50 à 58 sur 100; dans celle de Loos de 41 à 48, et de 38 à 48 dans celle de Gaillon : il n'a pas dépassé 34 par 100 libérés à Nîmes, et 36 sur 100 à Fontevrault.

Ces inégalités tiennent moins au régime des maisons centrales qu'à la composition de leur population; et si les maisons de Melun et de Poissy, par exemple, comptent autant de récidivistes, c'est parce qu'elles reçoivent presque exclusivement les condamnés du département de la Seine, qui sont incontestablement les plus pervertis de tous.

Progression de la récidive.

De ce qui précède, il résulte que près de la moitié des accusés de crimes, et un peu plus du cinquième des prévenus de délits, sont en état de récidive.

On remarquera combien cette situation s'éloigne déjà de ce dont rendait compte notre rapport fait à la Chambre des pairs en 1847, où, d'après les documents officiels qui nous avaient été communiqués, nous signalions la récidive comme étant d'un quart seulement pour les accusés et d'un sixième et demi pour les prévenus.

Cette progression est considérable, et cependant il y a lieu de croire que les évaluations qui la mettent en lumière sont encore au-dessous de la vérité.

En effet, les tribunaux ne condamnent à la peine de la récidive que les accusés et prévenus qui leur sont signalés par le ministère public comme ayant déjà été frappés de précédents jugements; mais combien n'en est-il pas, disions-nous alors et pouvons-nous répéter aujourd'hui, qui parviennent à couvrir leur passé d'un voile impénétrable aux yeux de la justice! Ce n'est, le plus souvent, qu'après leur condamnation que ces individus, transférés dans les bagnes, dans les maisons centrales ou dans les prisons départementales pour y subir leur peine, y sont reconnus sous le véritable nom qui leur apppartient, et avec les souvenirs infamants qui s'y rattachent.

On voyait, dans ceux des documents transmis par M. le ministre de l'intérieur, qu'on avait soin de distinguer, dans les maisons centrales, les récidives établies par jugement, de celles qui se révélaient après la seconde condamnation; distinction d'où il résultait que le nombre des individus itérativement condamnés, sans avoir subi la peine qui leur était applicable, excédait d'un quart celui des récidivistes frappés de cette peine. Déjà cependant, et à mesure que nous avançons dans la carrière des recherches relatives à la criminalité, nous trouvons plus de certitude et de précision dans ce genre de constatation.

Nous le devons à l'établissement des casiers institués par une circulaire du 6 novembre 1850 dans les greffes civils de nos 361 arrondissements et dans ceux des colonies. Ces casiers, dont l'idée appartient à M. Bonneville, conseiller à la cour impériale de Paris, sont destinés à recevoir les bulletins de toutes les condamnations prononcées en matière criminelle ou correctionnelle. Le bulletin de chaque condamné se classe, aussitôt après la condamnation, au casier de l'arrondissement dans lequel se trouve le lieu de sa naissance; de sorte qu'il suffira désormais de connaître le lieu d'origine d'un individu pour obtenir facilement, à l'aide d'un extrait du casier, les renseignements les plus exacts sur ses antécédents judiciaires; et de cette manière seront rendues plus efficaces les prescriptions des art. 600, 601 et 602 du Code d'instruction criminelle, qui imposent aux greffiers des tribunaux correctionnels et des cours d'assises des obligations analogues.

Établissement des cassiers judiciaires.

Si nous réunissons maintenant les divers éléments de criminalité que nous avons exposés devant l'Académie, nous pourrons préciser davantage la situation morale de notre pays ainsi envisagé.

En général, le nombre des crimes jugés par les cours d'assises a peu varié depuis 1825, date à laquelle remontent nos premières statistiques judiciaires. Ainsi, dans le quart de siècle écoulé de 1826 à 1850 inclusivement, 185,075 accusés ont été mis en jugement, ce qui fait une moyenne de 7,403 accusés par an; ce nombre est, à quelques unités près,

Les crimes jugés par les cours d'assises ont peu varié.

celui de la première année de toute la période et celui de la dernière. Depuis 1850 il tend même à diminuer, car il a été, pour cette année-là, de 7,202, pour 1851 de 7,071, et pour 1852 de 7,096.

Pourquoi?

Cette diminution des crimes est-elle réelle? Non certainement. Depuis quelques années les chambres du conseil des tribunaux correctionnels, et les chambres d'accusation des cours impériales, ont une tendance à ôter à certains crimes, particulièrement à ceux contre les propriétés, leur véritable caractère, c'est-à-dire à admettre plus difficilement les circonstances aggravantes qui constituent les crimes, afin de réduire les faits à de simples délits, de la compétence de la juridiction correctionnelle. Cette tendance ne saurait être blâmée; de tels crimes, en raison de leur peu d'importance, échapperaient probablement à la sévérité des cours d'assises, tandis que qualifiés de simples délits, leur répression devient plus assurée.

Ce qui porte à attribuer à cette cause l'état en quelque sorte stationnaire des accusations portées devant les cours d'assises, lorsque, ainsi que nous le verrons bientôt, le nombre des délits augmente d'année en année d'une manière prodigieuse, c'est que certains crimes, ceux surtout contre les personnes, augmentent aussi dans une grande proportion.

Augmentation des crimes contre les personnes.

Le nombre de ceux-ci, qui était en moyenne de 1,354 pendant la première période de 1826 à 1830, s'était progressivement élevé à 1,778 durant la dernière période de 1846 à 1850. C'est un accroissement de 310 par 1,000.

Et si parmi les crimes contre les personnes on envisage ceux qui annoncent une plus grande perversité, cet accroissement ne paraît pas devoir s'arrêter, si surtout on continue à fermer les yeux sur ce qui le cause. Ainsi les accusations de parricide ont presque doublé; celles d'infanticide se sont accrues de 49 pour 100; celles d'assassinat de 22 pour 100; les viols et attentats à la pudeur contre des enfants de moins de seize ans ont plus que triplé, et le nombre des mêmes crimes contre les adultes s'est accru de 34 pour 100.

Mais si de la juridiction des cours d'assises nous passons à celle des tribunaux correctionnels, c'est là surtout que nous est révélé le nombre toujours croissant des faits susceptibles de répression. Augmentation des délits.

Dans la période de 1826 à 1850, ces tribunaux ont jugé 3,575,362 affaires qui comprenaient ensemble 4,575,768 prévenus. Ce serait par année moyenne, si la répartition s'en faisait également, 197,991 prévenus, soit 1 par 171 habitants.

En divisant ce quart de siècle en cinq périodes de cinq années chacune, on trouve :

Pour la 1re.	178,021 prévenus ;
Pour la 2e.	203,207 ;
Pour la 3e.	191,787 ;
Pour la 4e.	195,524 ;
Pour la 5e.	221,414.

Si la deuxième période de 1831 à 1835 présente un chiffre plus élevé que les deux suivantes, cette progression est due presque exclusivement aux contraventions forestières et autres contraventions fiscales, dont le nombre s'est considérablement accru après la révolution de juillet 1830, pour redescendre ensuite et diminuer chaque année depuis 1836.

Le nombre des autres délits au contraire n'a pas cessé d'augmenter. Qu'on compare le total de l'année 1850, qui est de 143,869, à celui de 1826, qui n'était que de 59,620, on s'assurera que cette augmentation a été de 141 pour 100. Mais elle a été plus grande en 1851, année où le nombre des délits était de 171,777, et celui des prévenus de 221,441 ; et bien plus grande encore en 1852, où le nombre des délits a été de 197,394 et celui des prévenus de 251,108, ce qui porte à un chiffre quadruple de celui de 1826 les faits soumis à la juridiction correctionnelle.

Nombre d'individus qui peuplent nos prisons.

Ces points établis, il importe de déterminer avec autant d'exactitude qu'il est possible d'en apporter en pareille matière, le nombre d'individus qui se trouvent dans nos lieux de répression pour un temps ayant quelque durée, et le nombre de ceux qui n'y séjournent que passagèrement.

Avant la translation à la Guyane française d'un certain nombre de condamnés aux travaux forcés, les bagnes de Toulon et de Brest renfermaient, le premier, 4,198 forçats, et le second, 3,000; en tout, 7,198.

L'effectif de nos maisons centrales, d'après le dernier rapport de M. le ministre de l'intérieur, était, au 31 décembre 1852, de 19,720 détenus qui se composaient de femmes, de septuagénaires condamnés aux travaux forcés, de réclusionnaires, de militaires condamnés aux fers, et de condamnés à l'emprisonnement correctionnel au-dessus d'un an.

La population moyenne des détenus dans les maisons d'arrêt, de justice et de correction des 85 départements, non compris celui de la Seine, était, d'après le même rapport, de 28,246.

Les prisons de la Seine renfermaient, à la même date aussi, 4,653 individus, et les établissements correctionnels institués pour les jeunes détenus, 6,443.

Ainsi la population stable, permanente de nos lieux de répression, les bagnes compris, était de 66,260 détenus.

Mais ce qu'il importe de connaître surtout, c'est le mouvement annuel de ces divers établissements, afin d'apprécier le mal qui peut résulter du séjour qu'y font les détenus, si court qu'il soit, envisagé dans son rapport avec la masse de la population française.

Mouvement annuel des prisons.

Or, en prenant toujours pour point de départ l'année 1852, il y a deux manières d'établir ce mouvement; et si elles ne concordent pas parfaitement entre elles, elles peuvent cependant en donner une idée.

1° Si nous consultons les tables statistiques publiées par le ministère de la justice, nous trouvons que dans le cours de cette année 1852, 20,578 individus ont été condamnés à un court emprisonnement par les tribunaux de simple police; que 85,626 ont été arrêtés préventivement, parmi lesquels 27,986 ont été acquittés, mais après avoir séjourné en prison de 1 à 6 mois, et quelquefois plus longtemps. Voilà déjà 106,204 individus qui ont été incarcérés dans le cours de la même année, en vertu de mandats ou de condamnations judiciaires; et indépendamment des

D'après les statistiques du ministère de la justice.

7,198 condamnés qui étaient alors renfermés dans nos bagnes, des 19,720 détenus de nos maisons centrales, des 28,246 condamnés qui subissaient leur peine dans nos maisons départementales, sans y comprendre non plus les prisons de la Seine, qui renfermaient 4,653 individus, et les établissements des jeunes détenus, qui en comptaient 6,443. Tout cela formerait un total de 172,464 personnes qui, à un titre ou à un autre, auraient été incarcérées dans la même année.

D'après les statistiques du ministère de l'intérieur.

2° Mais si nous nous attachons aux tables statistiques publiées par M. le ministre de l'intérieur, nous y trouvons relatée une proportion bien plus forte.

En effet, il serait entré dans les maisons d'arrêt, de justice et de correction de nos 85 départements, non compris celui de la Seine, savoir :

Prévenus.	86,018	247,528
Accusés.	12,231	
Condamnés à un an et au-dessous.	71,036	
Condamnés en appel ou en pourvoi. . . .	4,489	
Condamnés attendant leur transfèrement.	10,346	
Condamnés au-dessus d'un an, autorisés exceptionnellement à subir leur peine dans les maisons départementales. . . .	1,822	
Par mesure administrative.	56,304	
Jeunes détenus.	5,282	
Le nombre des individus entrés dans les prisons de la Seine dans le cours de l'année aurait été de. . . .		27,027
Et si à ces chiffres on ajoute les détenus dans les maisons centrales, au nombre de.		19,720
(Ce nombre, au 31 décembre 1853, s'était déjà élevé à 20,701.)		
Et enfin, les condamnés aux travaux forcés qui subissent leur peine dans les bagnes, et que nous		

devons toujours compter, nonobstant la loi de transportation, jusqu'à ce que cette loi soit entièrement exécutée, environ. 7,000

301,275

On aurait un total de trois cent un mille deux cent soixante et quinze individus des deux sexes qui, pour des causes diverses, auraient été enfermés en 1852 dans nos prisons ou dans nos bagnes.

Causes de la différence entre les deux statistiques.

Première cause.

A quoi tient cette différence entre les deux statistiques? Elle s'explique en premier lieu, par la mention que fait exclusivement celle du ministère de l'intérieur de 56,304 détenus par mesure administrative; ce sont des individus qui, n'étant ni mendiants ni vagabonds, sont, par l'effet de circonstances malheureuses et fortuites, privés d'asile et de toute possibilité de se procurer des moyens d'existence. A défaut d'autres lieux qui puissent les recevoir, les prisons leur sont ouvertes à titre d'hospitalité, le plus souvent pour des moments très-courts; et comme ils ne sont arrêtés ni en vertu de mandats, ni par les agents de l'autorité judiciaire, ils ne pouvaient être portés dans les statistiques du ministère de la justice.

Deuxième cause.

Cette différence résulte, en outre, de la circonstance que les mêmes individus, séjournant successivement dans plusieurs prisons pendant leur transfèrement d'un lieu à un autre, figurent plusieurs fois sur les mêmes tableaux; circonstance dont les statistiques judiciaires n'avaient pas à se préoccuper, et qui doit entrer pour beaucoup dans la diversité des résultats.

Mais en ne tenant compte que des 165,266 détenus qui, d'après les données recueillies par le ministère de la justice, séjournent chaque année plus ou moins longtemps dans nos prisons, et en ajoutant à ce nombre les 56,304 détenus par mesure administrative, ainsi que le constate la statistique du ministère de l'intérieur, ce qui fait un total de 221,570, n'est-on pas effrayé de voir une aussi grande masse d'individus non corrigés, et qui n'ont pu l'être, rentrer périodiquement, c'est-à-dire presque chaque année aussi, dans la société, y apporter, avec leurs vices propres, tous ceux qu'ils ont acquis par leur contact avec les autres prisonniers, corrompre à leur tour nos populations saines, et par leurs fatales dispositions menacer constamment la sécurité de tous?

CHAPITRE IV.

Causes de l'augmentation des crimes et des délits.

A quelle cause faut-il attribuer l'augmentation des crimes et des délits?

Si, parmi les crimes contre les personnes, il en est dont le nombre depuis 1826 a doublé et même triplé; si les délits ont plus que quadruplé, à quelle cause y a-t-il lieu d'attribuer cette augmentation? Peut-on dire qu'elle a suivi le mouvement de la population? Mais celle-ci, depuis 1826, ne s'est guère accrue que de 4 millions ou d'un neuvième environ. Doit-on chercher cette cause dans le mouvement ascendant de la richesse privée qui, en créant des besoins nouveaux, a multiplié aussi les moyens illicitement employés pour les satisfaire? Ces causes réunies n'auraient pu, à elles seules, produire ou motiver une progression aussi considérable et aussi rapide dans la marche de la criminalité.

Il faut donc chercher une autre origine à ce mal qui se propage d'une façon si alarmante.

Or cette origine n'est-elle pas, en grande partie du moins, celle qui a été signalée si souvent par M. le garde des sceaux, à savoir, l'insuffisance du mode d'infliction de la répression pénale?

§ Ier. — PEINES INFLIGÉES PAR NOTRE LÉGISLATION.

Trois sortes de peines infligées par notre législation.

On a vu que, dans l'état actuel de notre législation, on peut réduire à trois les peines appliquées à ceux qui se rendent coupables de crimes ou de délits :

L'emprisonnement et la réclusion;

Les travaux forcés;

La mort.

Nous confondons à dessein l'emprisonnement et la réclusion, parce que celle-ci n'est que l'emprisonnement à un degré plus élevé.

Les travaux forcés, avant que la suppression des bagnes eût été décrétée, et qu'ils eussent été transformés en transportation, étaient réellement aussi une sorte de détention; seulement, elle était réalisée dans un plus grand espace, avec emploi de travaux en plein air, et jouissance d'une liberté moins restreinte.

Peine de l'emprisonnement.

Occupons-nous avant tout de l'emprisonnement, qui, par le vice de son application, nous semble avoir contribué beaucoup à accroître le mal.

Cette peine, nous l'avons dit ailleurs (1), réunit, si elle est convenablement infligée, toutes les conditions d'une répression efficace :

Elle est inflictive.

Elle est *inflictive* à un haut degré ; car la perte de la liberté est un supplice de toutes les heures ;

Divisible.

Elle est *divisible*, par la facilité d'en étendre la durée, ou d'en augmenter l'intensité ;

Exemplaire.

Elle est *exemplaire*, et si l'impression extérieure qu'elle produit est moins forte et moins solennelle que la vue de l'échafaud, cette impression ne s'efface pas et n'est pas combattue par un sentiment de commisération pareil à celui qui s'attache toujours à une fin sanglante ;

Simple.

Elle est *simple*, et conséquemment bien comprise, car elle est à la portée de toutes les intelligences et peut s'appliquer à tous les âges ;

Réparable.

Elle est enfin *réparable*, avantage qu'on ne saurait trouver dans aucun des châtiments corporels.

La peine de l'emprisonnement, réunissant tous ces caractères, ne peut donc être comparée à aucune autre.

Elle doit être réformatrice.

Mais il ne suffit pas qu'elle soit inflictive à un haut degré, il faut encore, sans quoi elle manquerait son effet et n'atteindrait pas le but qu'on se propose, il faut qu'elle soit *réformatrice*.

Longtemps nos législateurs ont négligé de l'envisager sous ce dernier point de vue.

Le code de 1791 décréta les fers ou travaux for-

---

(1) Rapport à la Chambre des pairs en 1847.

cés, la gêne, la détention : ces divers modes constituaient en réalité une peine unique, diversement appliquée. C'était l'emprisonnement à plusieurs degrés dans des maisons de force, dans des ports, ou dans des maisons d'un ordre secondaire.

Les codes de l'an IV et de l'an X n'apportèrent au code de 1791 que des modifications relatives à des conditions de durée et de gravité, mais qui ne changèrent notablement ni le principe ni la nature de cette peine; la privation de la liberté, diversifiée sous les noms de travaux forcés, de réclusion et d'emprisonnement, continua d'être le principe élémentaire de notre système répressif.

Confusion dans l'application des peines.

Mais dans l'application, ces variétés de la même peine étaient loin de répondre à la variété des faits qu'on avait l'intention de punir d'une manière spéciale et distincte.

Les travaux forcés subis dans nos bagnes, bien qu'ils constituassent le mode d'incarcération qu'on supposait le plus rigoureux, étaient devenus, par la douceur du régime, par la faculté du travail en plein air, et même par les communications avec l'extérieur, un objet de préférence et d'envie pour ceux qui avaient encouru des peines inférieures, à ce point qu'on avait vu, ainsi que nous l'avons rappelé plus haut, des condamnés à la réclusion commettre de nouveaux crimes dans la maison centrale où ils subissaient leur peine, afin d'encourir une nouvelle condamnation par suite de laquelle ils seraient envoyés au bagne.

D'un autre côté, les condamnés à la réclusion et

les condamnés à l'emprisonnement étaient renfermés le plus ordinairement dans les mêmes lieux, sans qu'on se préoccupât de conserver entre eux les distinctions que nos codes avaient spécifiées; de telle sorte que l'échelle de la pénalité était renversée à l'égard des uns, le niveau d'un traitement commun étendu sur tous les autres, et que le caractère le plus appréciable de ce genre d'expiation, la *divisibilité* par l'*intensité*, s'effaçait complétement, pour ne plus laisser subsister d'autre différence que celle qui résultait de la *durée*.

C'est ce qui existe encore aujourd'hui. Nos maisons centrales ne renferment pas seulement les condamnés à la réclusion, elles renferment en bien plus grand nombre des condamnés à l'emprisonnement. Sur les 19,720 détenus des deux sexes qui se trouvaient dans nos maisons centrales au 31 décembre 1852, il y avait 13,777 condamnés correctionnels à plus d'un an d'emprisonnement, 4,568 condamnés à la réclusion seulement, et 1,375 condamnés aux travaux forcés, dont les femmes formaient le plus grand nombre.

Quant aux prisons départementales, elles renferment tout à la fois les condamnés correctionnels à moins d'un an d'emprisonnement, les condamnés pour simples contraventions, les prévenus et les accusés; elles renferment aussi les enfants.

§ II. — ÉTAT DES PRISONS SOUS LA RESTAURATION.

Dès les commencements de la Restauration, le

Gouvernement se préoccupa de la situation de nos prisons, qui alors était déplorable. Une affreuse promiscuité rapprochait entre elles les diverses classes de détenus; le mélange des âges et quelquefois des sexes étendait à tous la lèpre de la corruption.

Si la morale publique s'affligeait de cette situation, l'humanité n'en souffrait pas moins.

Le plus souvent les détenus étaient renfermés pêle-mêle dans des cachots humides et privés d'air. Couchés sur une paille qui, rarement renouvelée, ajoutait à l'infection de cette atmosphère; couverts de vêtements qui, presque toujours insuffisants pour les garantir du froid, tombaient en lambeaux; recevant une nourriture rare et parcimonieuse, que dans beaucoup de lieux ils ne tenaient en grande partie que de la charité publique, ces malheureux ne tardaient pas à être en proie aux maladies les plus graves, et la mortalité dans les prisons était arrivée à un chiffre vraiment attristant.

Cet état de choses n'était pas propre à un seul pays, il régnait dans toute l'Europe.

Société royale des prisons.

La Restauration, disions-nous, s'en préoccupa. Une ordonnance royale, rendue en 1819, institua une Société royale des prisons, que dirigeait un conseil général de vingt-quatre membres choisis par le roi, sur la proposition du ministre de l'intérieur. Ce conseil reçut mission d'indiquer les changements qu'il lui paraîtrait utile d'introduire dans le régime des prisons; de dresser des règlements sur lesquels devait être assise la constitution intérieure de ces établissements, et de recueillir tous les renseignements propres à assurer de toutes parts l'uniforme application des mêmes principes.

Cette société rendit de grands services : elle déchira le voile qui couvrait la plus hideuse de nos plaies; elle signala des abus que le Gouvernement ignorait lui-même. Ce fut principalement sur la situation matérielle de nos lieux de répression qu'elle appela l'attention, et les maisons centrales, qui étaient plus directement sous la main de l'administration, ressentirent les premiers effets de ses investigations. Elles furent assainies ; l'air, l'espace, furent donnés aux prisonniers, le travail fut organisé, la nourriture devint saine et abondante.

Quant aux prisons départementales sur lesquelles le Gouvernement avait moins d'action, ce ne fut que lentement et dans la mesure de l'attention qu'y apportaient les conseils généraux, qu'elles participèrent aux mêmes avantages.

Cependant, les attributions du conseil général des prisons étant mal définies, la marche de l'administration s'en trouva gênée; on cessa de le réunir, et à la fin de 1829, après dix années d'existence, la Société se trouva dissoute de fait.

Les réformes sont plus matérielles que morales.

On ne peut méconnaître que la Société royale des prisons ne fît beaucoup de bien; mais elle s'occupa plus du bien-être des prisonniers que de leur transformation, et si l'humanité eut à s'applaudir des résultats obtenus, ce bien-être s'accrut au point d'enlever à la répression une grande partie de son efficacité. La facilité en outre qu'avait le détenu de dépenser à la cantine la part qui lui était donnée dans le produit de son travail rendait plus frappant encore le contraste que nous avons déjà eu occasion de faire ressortir, de cette position si douce à tous égards, avec celle de l'ouvrier honnête et laborieux, lequel ne se procure qu'avec peine, et s'il est chargé de famille, qu'au prix des privations les plus rudes, la satisfaction des premières nécessités de la vie.

§ III. — PRISONS SOUS LE GOUVERNEMENT DE JUILLET.

On ne tarda pas à reconnaître qu'il y avait là abus et péril.

Sous l'administration de M. le comte de Gasparin, la discipline des maisons centrales devint plus sévère ; on supprima la cantine, cette occasion de désordres de toute nature ; la règle du silence fut imposée, et sauf la substitution de cellules séparées au dortoir commun, le régime de ces maisons fut en tout semblable à celui d'Auburn, qui, comme on le sait, consiste dans l'isolement cellulaire pendant la nuit, et dans le travail en commun pendant le jour, avec observation du silence. On s'occupe des maisons centrales.

Mais dans les prisons départementales, une discipline sans force ne reçut pas même l'appui, quelque faible qu'il fût, de cette prescription nouvelle. On ne fait rien pour les prisons départementales.

Telles furent les améliorations, bien imparfaites, apportées sous le gouvernement de Louis-Philippe, dans le régime de nos prisons.

Cet état de chose dure encore.

§ IV. — RÉGIME ACTUEL DES PRISONS.

Le mode d'administration des maisons centrales est tout ce qu'il peut être. Nous avons nous-même rendu hommage à l'ordre qui règne dans ces lieux de répression, à la parfaite régularité des exercices, à la manière utile et productive avec laquelle le travail est organisé, surtout depuis que, dans certaines de ces prisons, le système de régie a été substitué à celui de l'entreprise. Et cependant, la preuve irrécusable que ce régime est mauvais et qu'il renferme un vice qu'on tenterait vainement de pallier, résulte de l'augmentation toujours croissante des récidives, des crimes et des délits.

Le mode de répression actuel ne remplit pas son but.

La forme de la répression employée jusqu'ici ne remplit donc nullement la condition principale que le législateur doit avoir en vue, l'amendement du condamné. Cette forme met en lumière une vérité devenue désormais hors de toute constestation, à savoir : que l'emprisonnement collectif, nonobstant tous les efforts qui peuvent être tentés pour en corriger les inconvénients, oppose, par sa nature même, à toute réforme réelle te sérieuse, un obstacle insurmontable.

Comment en esrait-il autrement, quand, au milieu de cette atmosphère de corruption, il suffit en quelque sorte de l'air qu'on y respire, pour étouffer dans les uns la secrète résistance des bons instincts, pour exalter chez les autres cette perversité qui s'accroît en se communiquant ?

Il n'est pas de si sage mesure qu'elle ne devienne,

par suite du contact des condamnés entre eux, une occasion de désordre.

Loi du silence insuffisante.

Ainsi, la loi du silence, dont nous avons parlé, non moins fâcheuse dans ses effets que vaine dans ses exigences, irrite, par le stimulant d'une difficulté à vaincre, ce désir si naturel à des hommes réunis dans le même lieu, soumis à la même discipline, frappés de la même réprobation, d'échanger entre eux leurs sentiments et leurs pensées, désir tôt ou tard satisfait à l'aide des moyens ingénieux que crée la nécessité, et dont l'emploi ajoute à cette mystérieuse intelligence une force qui en resserre le lien, et en augmente le danger.

Des libérés des maisons centrales nous ont avoué qu'au moyen de signes convenus entre eux, les détenus se communiquaient bientôt leurs noms, le lieu de leur naissance, la cause de leur condamnation, l'époque de leur sortie, le pays où ils se proposaient de se rendre après leur libération. Tous ne tardaient pas à se connaître, et en procédant avec une certaine patience, il parvenaient à se faire part de leurs projets respectifs, et à préparer, pour ce moment si impatiemment attendu, de perverses associations, des plans nouveaux, tout un avenir de désordre et de crime.

La loi du silence n'est donc qu'un vain palliatif apporté au mal qu'engendre la vie commune.

Vices de l'emprisonnement collectif.

Ce n'est pas tout : corrupteur dans le présent, l'emprisonnement collectif a pour résultat inévitable de consolider le mal qu'il a fait, en l'étendant au delà des limites dans lesquelles il se reproduit.

A l'égard des détenus pour crimes ou délits communs.

En effet, et on ne saurait trop le redire, les plans que ces hommes ont formés de concert dans la captivité, c'est également de concert qu'ils les réalisent après leur libération. Après avoir correspondu avec les malfaiteurs du dehors par l'intermédiaire de ceux d'entre eux qui ont été successivement rendus à la vie libre, ils se cherchent, se retrouvent, s'affilient; recrue assurée de ces redoutables associations où leur place était marquée à l'avance, et dont ils ont appris à connaître la langue à part, les signes de ralliement, les lieux de retraite. Si, dans le nombre, il en est qui soient tentés de s'isoler des autres, aspirant à racheter par une conduite toute nouvelle l'opprobre de leur passé, obsession ou menaces, tout est mis en œuvre pour les en détourner. Ramenés de force dans la voie où ils auraient voulu ne jamais rentrer, il faut qu'ils s'y enfoncent plus profondément, et qu'ils s'y enfoncent sans retour. L'un d'eux a-t-il échappé à cette tyrannique influence? Dans une résidence éloignée où ses antécédents sont ignorés, a-t-il, après de longs et honorables efforts, conquis le suffrage public? S'est-il créé par son travail une existence, un patrimoine, une famille? Il vient un moment où, découvert par un de ses anciens compagnons de captivité, il le voit s'attacher à lui comme une proie, et pour le rançonner, pour se nourrir de sa substance, tenir suspendu sur sa tête le secret dont il est armé, lui enlever par une sourde et incessante persécution le repos de ses jours et de ses nuits, tarir dans son cœur la source des joies honnêtes et des satisfactions du foyer, ramener dans sa conscience le remords par l'effroi, et lui faire douter de la vertu sous laquelle il n'a pu parvenir à abriter sa vie.

A l'égard des détenus pour délits politiques.

Mais si l'emprisonnement collectif est corrupteur pour les détenus qui se sont rendus coupables de crimes ou de délits communs, il ne doit pas être moins redouté pour les détenus politiques.

Le dernier gouvernement, cédant à une sorte d'opinion publique factice et à ce relâchement dans les mœurs publiques, triste résultat de l'affaiblissement des convictions, avait proposé, dans le projet de loi de 1847, de dispenser de l'emprisonnement individuel cette classe de détenus.

La commission de la Chambre des pairs résista à à cet entraînement (1).

Il fut dit dans son sein : que le motif qui faisait séparer les uns des autres les condamnés ordinaires existait au même degré à l'égard des détenus politiques; que si pour les premiers on craignait la contagion du crime, pour les seconds on devait craindre celle des idées; que l'expérience avait démontré jusqu'à quel point fermentent, par le contact, les passions qu'un malheur commun a mises en présence; que les uns, amis, les autres, divisés d'opinion, s'y affermissent, ceux-ci par la sympathie, ceux-là par le prosélytisme ou la contradiction, tous par ce faux point d'honneur qui les porte à l'envi, à ne pas paraître fléchir devant les épreuves, à se glorifier dans le passé et à s'en remettre à l'avenir de leur idée

(1) Rapport de la commission de la Chambre des pairs en 1847.

fixe de bouleversement; qu'ainsi, en 1834, une instruction judiciaire avait révélé que ce fut de la prison de Sainte-Pélagie, où étaient détenus et où vivaient entre eux les principaux chefs d'une société tristement célèbre par ses tendances anarchiques, que s'étaient tramés les événements d'avril; qu'ainsi encore il était résulté d'une autre procédure que les deux principaux complices de l'attentat de Fieschi avaient été en relation avec les détenus de Sainte-Pélagie, et leur avaient demandé de leur procurer des armes pour l'exécution de leurs abominables projets. On aurait pu ajouter, en remontant plus haut, d'après le témoignage de Buonarroti, qui prit une si grande part à tous les complots de son temps, que ce fut dans les prisons de Paris que s'ourdirent tous ceux qui éclatèrent dans les 3e et 4e années de la république, notamment la conspiration de Babeuf, dont il fut l'un des principaux complices; que les acteurs de ces complots s'y étaient rencontrés, et que de ces prisons avaient jailli, comme des étincelles électriques (ce sont ses termes), tous les mouvements populaires de ces tristes époques. Buonarroti affirme que l'insurrection du 1er prairial an III n'eut pas d'autre source.

Peut-on admettre, en effet, que si le régime cellulaire eût alors existé, la prison eût favorisé dans leurs développements tous ces méfaits qu'elle était destinée à étouffer dans leur germe? Non, car c'est dans l'isolement que l'esprit le plus passionné devient accessible à la réflexion, qu'elle fait tomber peu à peu le voile dont les yeux étaient couverts, et que le calme des sens ramène, avec la sérénité dans la pensée, la modération dans le cœur. Les détenus politiques, soumis comme les autres prisonniers au régime cellulaire de la célèbre prison de Bruchsal sur laquelle nous appellerons plus tard l'attention de l'Académie, reconnaissent unanimement que ce régime a produit en eux la plus salutaire transformation, et que la réflexion n'a pas tardé à leur faire apprécier toute la vanité des théories qui les avaient poussés à la révolte. « Ah! (disait l'un d'eux à un homme éminent « qui nous le répétait), si tous les démagogues de la « Forêt-Noire pouvaient être mis en cellule pendant « trois mois seulement, ils reviendraient bientôt de « leurs erreurs et se convaincraient qu'ils ne sont « que les jouets d'ambitieux intrigants. »

En dehors de ce système, tout est péril. Nonobstant la sanction d'un châtiment, donnée à ces prescriptions impuissantes qui ont eu pour but de racheter les inconvénients de la vie commune, ces inconvénients se maintiennent, s'ils ne s'aggravent pas, à l'aide même des moyens employés pour les prévenir. Voilà qui est démontré par les faits. Le dernier supplice, dans sa forme actuelle, et bien qu'il soit souvent répété, n'arrête pas même la progression incessante des attentats contre les personnes; c'est ce que les faits démontrent encore.

TITRE VI.

MESURES A PRENDRE POUR OPÉRER LA RÉFORME DES PRISONS.

On doit demeurer convaincu, d'après ce qui précède, qu'il y a urgence de demander à un mode de répression nouveau des résultats qui soient de nature à rassurer la confiance publique.

Mesures d'ensemble à prendre.

On se tromperait si on croyait pouvoir obtenir ces résultats par des réformes de détail; on atténuerait les effets du mal, on n'en détruirait pas le principe. C'est par des mesures d'ensemble qui se coordonnent, qui s'appuient mutuellement, qu'il faut procéder; là seulement, est le remède.

CHAPITRE PREMIER.

Mesures préventives.

Avant tout, c'est à des mesures préventives qu'il faut recourir. Prévenir le mal par tous les moyens qui sont au pouvoir d'un Gouvernement est son premier devoir. Nous allons rapidement parcourir quelles peuvent être ces mesures.

§ Ier. — ÉDUCATION DU PEUPLE.

L'enseignement que l'État doit aux classes pauvres est par-dessus tout celui qui a pour base la morale et la religion. Ne nous lassons pas d'insister sur cette vérité, qui ne frappe pas assez tous les esprits. Si vous

vous bornez à la culture intellectuelle, vous mettez aux mains de l'enfant, au lieu d'un flambeau propre à le guider, une arme qu'il tournera contre lui-même et contre vous. Vous ouvrez devant ses regards un horizon dont la lumière lointaine, en l'éblouissant, rend plus épaisse l'obscurité qui l'environne; et cette sagesse de l'enfant, si nécessaire pour lui apprendre à modérer ses désirs, combien elle lui manquera plus encore, quand ces désirs trompés se changeront en déceptions et en souffrances !

Sans doute, l'impulsion devenue générale qui, dans les petites comme dans les plus grandes communes de France, tend à propager cette éducation, heureuse émule de la justice sociale est l'honneur de notre temps; mais peut-on dire qu'elle soit partout suffisamment bien dirigée ? Peut-on même assurer qu'elle soit reçue par le plus grand nombre? Dans quelques États, c'est une obligation pour les parents d'envoyer leurs enfants aux écoles publiques, lorsqu'ils n'ont pas les moyens de les faire élever chez eux. On croit en France que ce serait porter atteinte à la liberté des familles que de leur imposer cette obligation, comme si dans un État bien constitué, la liberté de chacun ne devait pas être restreinte pour l'avantage et l'intérêt de tous.

Faisons surtout des vœux pour que l'enseignement primaire dirigé par les frères de la doctrine chrétienne se propage. Les sentiments religieux inspirés par ces bons frères, si simples de cœur, mais si dévoués à l'éducation de l'enfance, portent toujours leurs fruits; les premières impressions reçues dans leurs écoles ne s'effacent pas, et la vie tout entière s'en ressent. A cet égard, un fait bien remarquable a été consigné par le médecin en chef de l'hôpital de Toulon, M. Lauvergne, dans un ouvrage rempli d'observations savantes sur le moral des détenus (1) : c'est que pendant son long séjour au bagne, il n'y avait pas rencontré un seul des élèves des frères. « Aussi, dit-il, les pays qui jouissent de leur institu-« tion sont les mieux partagés ; la crainte et l'obéis-« sance qu'ils impriment à la jeunesse, jointes aux « saines idées religieuses et aux véritables croyances, « assurent les vertus de l'atelier. »

§ II. — Utilité des pratiques religieuses.

Le peuple anglais est essentiellement religieux ; mais chez lui tout se lie ; les pratiques sont suivies avec la même foi qui fait pénétrer le dogme dans les convictions. Un livre saint est le symbole de cette foi, c'est la Bible, objet de vénération pour tous, que le père transmet à son fils, telle qu'il l'a reçue du sien, avec ses enseignements et ses traditions de famille (2). C'est ce livre dont l'instituteur enseigne les préceptes, et que le chef de la famille, entouré de

(1) *Les forçats considérés pour le rapport physiologique, moral et intellectuel, observés au bagne de Toulon ;* par M. Lauvergne, professeur de médecine de la marine royale, médecin en chef de l'hôpital des forçats de Toulon, p. 259.

(2) Voir le 1er vol., p. 64.

ses enfants, explique et commente dans les longues soirées d'hiver.

Observation du dimanche.

D'un autre côté, le peuple anglais, ainsi que nous venons de le dire, ne sépare pas les pratiques du dogme, et les avantages de cette indivisibilité se manifestent chez lui dans toutes les habitudes de la vie. Voyez arriver le jour du repos, le travail cesse de toutes parts, les plaisirs sont interrompus, ce jour est consacré au recueillement et à la piété. Pendant la célébration du service divin, la circulation des voitures publiques et privées est suspendue, et les barrières des chemins de fer ne s'ouvrent elles-mêmes qu'après l'heure où tous les exercices religieux sont terminés.

De ce côté du détroit il ne pourrait en être de même; la complète liberté des cultes, qui fait partie de notre droit public, ne permettrait pas qu'il fût employé des moyens de contrainte pour obtenir l'observation du jour consacré au Seigneur; mais c'est à la haute administration à donner l'exemple; c'est à ceux que leur position sociale élève au-dessus des autres, à témoigner ainsi de leur fidélité à ces observances qui, en entretenant les rapports de l'homme avec l'auteur de toutes choses, rendent sans cesse présents à sa pensée ses devoirs envers Dieu, envers ses semblables, envers lui-même.

On objectera que de telles pratiques n'influent pas tellement sur la moralité du peuple anglais que les tables de sa criminalité soient moins surchargées que les nôtres. Il est vrai qu'il se commet plus de crimes chez nos voisins, mais cela tient à d'autres causes, et principalement au vice de leur mode de répression dont ils ont reconnu les funestes effets, et qu'avec cette louable persévérance qui leur est propre, ils sont en voie d'améliorer.

Au surplus, les récidives, certains crimes et délits augmentent tellement chez nous, que si, moins sages en cela que nos voisins, nous persistons à fermer les yeux sur notre propre situation, il est à craindre, qu'au point de vue de la criminalité, les deux peuples ne soient bientôt sur le même plan.

Un enseignement moral et religieux répandu dans nos villes et dans nos campagnes est donc l'un des moyens préventifs les plus efficaces contre l'expansion des vices qui portent aux actes coupables.

§ III. — NÉCESSITÉ D'ATTACHER AU SOL L'HABITANT DES CAMPAGNES.

Il est désirable que l'enseignement populaire ait surtout pour but d'attacher les jeunes habitants des campagnes à la vie laborieuse des champs et de les détourner du séjour des villes, où, conduits par l'attrait de certaines jouissances et d'un travail plus facile, ils ne tardent pas à perdre leurs mœurs, leur santé, et finissent trop souvent par augmenter le nombre des malheureux qui, de chute en chute, vont peupler nos prisons.

Écoles agricoles.

Pour les hommes, les écoles agricoles de la Suisse, de l'Angleterre, de Wurtemberg, de la Prusse seraient des modèles à suivre. Là, en même temps qu'il apprend à lire, à écrire, et les notions les plus élémentaires, l'enfant est initié aux pratiques de l'agriculture ; elles servent de délassement à ses autres études, on les lui fait aimer ; et au sortir de ces écoles, où l'enseignement religieux a éclairé et formé son âme, il n'est pas tenté d'abandonner le toit paternel, le village qui l'a vu naître, pour aller se pervertir dans les villes ; c'est ainsi qu'on parvient à former une population de cultivateurs laborieux et probes.

Déjà chez nous, d'honorables citoyens, de riches propriétaires, parmi lesquels on est heureux de retrouver des noms qui, depuis longtemps, sont en possession de l'estime publique, ont provoqué dans divers départements l'établissement d'écoles d'après les différents systèmes connus sous les noms soit d'*asiles agricoles suisses*, soit d'*écoles de village anglaises*, soit d'*ouvroirs* de jeunes filles comme ceux établis par M. de Cormenin dans plus de deux cents communes de son département, soit d'*entreprise* si heureusement imaginée par M. de Renneville, et qui consiste à faire exécuter à forfait, sous la direction de l'instituteur, des travaux de sarclarge, d'épierrage, de binage, de défoncement ; travaux auxquels les jeunes écoliers se livrent avec joie, en chantant des hymnes à la louange du Seigneur. — Trois heures par jour consacrées à l'enseignement élémentaire, trois autres à ce genre d'occupation, sont une diversion qui ne permet pas à l'attention de ces enfants de s'épuiser, et qui contribue tout à la fois au développement de leurs forces physiques et à leur progrès intellectuel et moral.

Éducation des jeunes filles de la campagne

L'éducation de la femme dans les campagnes n'exige pas moins de sollicitude. Successivement fille, épouse et mère, la femme, par son influence sur la famille, y maintient la régularité d'habitudes, la douceur de mœurs et les sentiments de piété et de vertu dont le reflet heureux se répand sur tout ce qui l'entoure.

Duché de Nassau.

Qu'il nous soit permis, à côté des ouvroirs établis pour les jeunes filles par M. de Cormenin, d'offrir pour autre exemple de ce que peut être cette éducation, surtout dans les campagnes, celui qui nous est donné par un tout petit État qui n'a que 27 lieues de long sur 19 de large, et dont la population n'excède pas 350,000 habitants; nous voulons parler du duché de Nassau. Les états de ce duché s'étant réunis en 1816, afin de délibérer sur le mode d'enseignement à donner aux populations rurales, arrêtèrent, pour préparer les jeunes filles aux travaux et aux vertus domestiques :

1° Que outre l'instruction primaire pour les enfants des deux sexes, il y aurait un établissement particulier consacré à l'éducation familière des petites filles de six à quatorze ans; que, deux fois par semaine, ces enfants se réuniraient dans une des salles de la maison commune pour y apprendre la lecture, le tricot, le raccommodage, le ménage, la cuisine, enfin tout ce qui constitue l'économie intérieure, et par-dessus toutes choses l'ordre et la propreté, ce premier élément de civilisation, cette première condition de la vie domestique;

2° Que l'éducation de cette école pratique serait confiée à la mère de famille la plus sage, la plus habile de chaque village ou hameau; à la femme qui par ses bons exemples, l'autorité de son caractère et son expérience des choses, pourrait imprimer une salutaire direction à toute la jeunesse du pays;

3° Que cette directrice ou patronnesse serait élue à la majorité des voix par tous les habitants; qu'elle aurait une place d'honneur au temple et dans toutes les réunions solennelles; qu'elle recevrait enfin 120 francs annuellement pour l'indemniser du temps qu'elle consacrerait à cette œuvre de bien public.

Quels ne doivent pas être sur une génération nouvelle les effets d'une institution semblable! quels fruits ne doit-on pas en attendre!

Avantage pour les jeunes filles de la campagne d'y rester.

Si pour les jeunes garçons nés de parents voués à l'agriculture, il y a tout avantage à leur donner une éducation qui leur fasse aimer la profession de leurs pères, et les détourne de se livrer à celles qui ne s'exercent que dans les villes, c'est surtout pour les jeunes filles que cet avantage est inappréciable : car si l'espoir d'obtenir un salaire plus élevé et de trouver un travail moins pénible les porte à quitter leurs familles et à se rendre dans les lieux où sont placés les ateliers qu'elles recherchent, elles ne tardent pas à être en butte à toutes les excitations. Aux paisibles mœurs qui régnaient sous le toit paternel, à l'empire de la règle et de la discipline domestiques, succède une vie de liberté, de bruit, de mouvement qui, en en donnant l'éveil aux mauvais instincts, conduit, par une pente rapide, à l'abandon de tous les sentiments honnêtes.

C'est ainsi que nos campagnes se dépeuplent, que les bras qui se livrent à la culture des terres deviennent de plus en plus rares, et que dans beaucoup de nos provinces le travail agricole est devenu si coûteux que les produits ne dédommagent plus le propriétaire de ses avances.

L'éducation bien entendue des populations rurales aura donc le double effet de rendre à l'agriculture les forces qui commencent à lui manquer, et en moralisant la génération qui s'élève, de la détourner des actes coupables.

Essais faits par le Gouvernement.

Déjà le chef de notre gouvernement, l'Empereur, pénétré de la nécessité d'imprimer à l'éducation des habitants des campagnes une direction morale et préservatrice, qui les enchaîne à la vie des champs, tout en la leur faisant aimer, a pris sur sa cassette particulière les fonds nécessaires pour de premiers essais, et par un arrêté du 3 juillet 1852, M. le ministre de l'instruction publique, voulant réaliser cette généreuse pensée, a chargé une commission de rechercher les moyens d'introduire les travaux d'agriculture pratique dans le programme des études primaires.

Des écoles de ce genre ayant été instituées dans un petit nombre de départements, on commence à en recueillir les avantages; espérons qu'avec le temps et les encouragements si éclairés du Gouvernement et des conseils généraux, ce système d'éducation se propagera et finira par s'étendre à toute la France.

§ IV. — ÉCOLES POUR LES VILLES.

Des moyens analogues ne sauraient être négligés pour les populations urbaines. C'est parmi elles qu'il se commet le plus grand nombre de crimes et de délits, elles doivent donc appeler plus spécialement encore, s'il est possible, l'attention des pouvoirs publics.

Sans doute de salutaires mesures ont été prises à leur égard. Des salles d'asiles pour la première enfance, des écoles élémentaires pour ceux dont l'intelligence commence à se développer, et jusqu'à des écoles du soir pour les adultes dont la journée est employée à gagner la subsistance de leur famille, s'ouvrent de toutes parts et témoignent des vives sollicitudes des classes élevées en faveur de celles qui sont moins favorisées.

La France sous le rapport de l'enseignement, est dans de meilleures conditions que l'Angleterre.

Bien que chez la nation anglaise il soit accordé beaucoup à l'éducation religieuse du peuple, nous nous trouvons sous ce rapport dans des conditions meilleures par l'existence d'institutions qui manquent à nos voisins; ce sont les congrégations qui, chez nous, se dévouent à l'enseignement élémentaire. Qui peut, en effet, comme nous l'avons déjà dit, remplacer, pour les jeunes garçons, nos frères des Écoles chrétiennes; pour les jeunes filles, nos sœurs de Charité, et toutes ces institutions qui, pénétrées de la sainte mission de la femme dans la régénération sociale, se vouent exclusivement à l'éducation du sexe de tous les rangs; qui, non contentes de donner aux enfants des riches, l'éducation la plus relevée, s'en vont dans les plus humbles hameaux faire la classe aux filles des pauvres? Où trouver ces vertus pour qui les attraits du monde sont nuls, et qui ne se proposent d'autre but, qui n'ont d'autre ambition que de remplir dans toute leur étendue les devoirs qu'elles se sont imposés ? Aussi est-ce en multipliant de semblables institutions par toute la protection et tous les encouragements qui sont en notre pouvoir, que nous verrons l'enseignement élémentaire former une génération de bons citoyens dont les noms n'iront pas, comme il arrive trop souvent, retentir dans les prétoires de la justice pénale.

§ V. – OTER AUX CLASSES PAUVRES LES OCCASIONS DE SE PERVERTIR.

Toutefois, il ne suffit pas de donner aux classes populaires un enseignement religieux et moral, il faut encore veiller à ce qu'elles n'aient pas de si fréquentes occasions de se pervertir. Si, par exemple, l'ouvrier de nos villes, et trop souvent aussi ceux de nos campagnes, ne trouvaient pas à chaque pas, de ces lieux ouverts où, avec leur argent, leur raison, et presque toujours leur santé, ils perdent les bons sentiments qu'on s'est efforcé de leur inspirer ; si, au lieu de cela, on parvenait, pour les jours de repos, à leur procurer des délassements honnêtes, on aurait beaucoup fait pour leur moralité. Les lieux dont nous parlons se multiplient à l'excès dans les plus petites comme dans les plus grandes localités ; c'est le devoir de l'administration de les surveiller ; déjà quelques préfets ont pris une louable initiative, soit en diminuant leur nombre que le dernier rapport si remarquable et si instructif de M. le baron de Watteville élève à 320,000, soit en interdisant aux débitants de vin et aux teneurs de café de recevoir les jeunes gens qui n'auraient pas atteint un certain âge, soit en leur faisant défense de livrer des boissons au delà d'une certaine quantité, soit enfin en punissant de l'amende et même d'une peine plus sévère, comme en Suède, les individus surpris en état d'ivresse.

D'après le même rapport, les mesures les plus sages ont fait disparaître l'ivrognerie de l'Irlande, où ce vice, répandu à l'excès, abrutissait la population. L'Amérique, la Norwége, une foule de petits États d'Allemagne, sont arrivés au même but par l'emploi des mêmes moyens.

On ne se figure point assez combien la fréquentation de ces lieux est pernicieuse à ceux qui en font leur domicile en quelque sorte habituel; c'est là que se prépare la démoralisation de l'homme, c'est là qu'en se dégradant par les excès auxquels il se livre, il perd le sentiment du bien; c'est dans cette atmosphère d'oisiveté et d'intempérance que la mise en commun des plus mauvaises pensées prépare les actes qui en sont le fruit : nos statistiques criminelles en font foi.

Colporteurs des mauvais livres.

Parmi les crimes et délits contre les personnes, nous avons vu que les attentats aux mœurs sont au nombre de ceux dont l'accroissement toujours progressif est le plus à déplorer. Cette nature de crimes, commis surtout par ceux qui ont un commencement d'instruction, reçoit son impulsion du colportage des mauvais livres, notamment dans les campagnes : l'imagination enflammée par ces lectures obscènes n'a plus de frein et donne cours à ces honteuses violences qui, rarement impunies, imposent tout à la fois, à qui les exerce et à qui les subit, une double et irréparable flétrissure.

Le Gouvernement met tous ses soins à extirper la cause de ces désordres. S'il y parvient, il aura fait un grand pas dans la voie préventive de la réformation des mœurs populaires.

§ VI. — TROP LONGUE DURÉE DES DÉTENTIONS PRÉVENTIVES.

Nous ne pouvons avoir la prétention d'énumérer tous les moyens qui, dans les mains d'une administration ferme et éclairée, seraient propres à accélérer cette réformation ; mais comme il est avéré que c'est dans le régime de nos prisons que réside une partie du mal, il y a à rechercher s'il ne serait pas possible de réduire, dans une large proportion, les cas de détention avant jugement.

Il y a eu, en 1852, 85,626 individus arrêtés préventivement. Sur ce nombre, 27,986 ont été acquittés après avoir subi une détention plus ou moins longue ; et sur le nombre total, 1,130 seulement ont obtenu la faveur d'être mis en liberté provisoire sous caution.

D'autre part, sur 90,916 condamnés au simple emprisonnement, il s'en est trouvé 10,004 qui ne l'ont été qu'à six jours de prison, et 28,175 qui l'ont été de six jours à un mois, en tout 38,179. Certainement, les faits qui avaient motivé leur mise en jugement étaient peu graves, et si la plupart de ces condamnés ont subi un emprisonnement préventif, c'était sans nécessité réelle. Il y avait tout avantage à les laisser en liberté sous la simple caution de leur maître ou patron, ou de quelque autre personne domiciliée et bien famée; eux-mêmes et leurs familles n'auraient pas été frappés du même coup.

On se demande donc si, à l'égard de beaucoup d'accusés et de prévenus, il ne serait pas possible, pour les uns, de les dispenser de ce temps d'épreuve, et pour les autres, de l'abréger considérablement?

Cette question ne doit pas être envisagée au seul point de vue de l'humanité et de l'avantage moral qu'y trouveraient les prévenus ou accusés, ainsi que la société tout entière; elle doit l'être aussi au point de vue, secondaire il est vrai, mais qui n'est pas sans importance, de la dépense qu'occasionne chaque année l'entretien dans les prisons d'un aussi grand nombre de détenus, et de la diminution du nombre de cellules qu'on serait obligé de construire, si le Gouvernement se déterminait à adopter le système de l'emprisonnement individuel.

Ce grand nombre de détentions préventives, dont la durée est souvent excessive, ce petit nombre de libertés provisoires accordées sous caution, n'accusent-ils pas quelques vices dans notre législation criminelle? On serait tenté de le croire, si surtout on compare notre forme de procéder avec celle qui est employée en Angleterre, où le respect pour la liberté des citoyens, poussé le plus souvent jusqu'aux dernières limites, n'a pas fait craindre de conférer à Vices dans notre législation criminelle l'autorité judiciaire une latitude telle, qu'on ne saurait proposer en France de lui en accorder une semblable, sans s'exposer à rencontrer les plus vives oppositions. Mais c'est précisément à cause de ce respect, et pour mieux assurer la liberté individuelle, que les Anglais ont augmenté les pouvoirs du magistrat devant lequel tout inculpé est amené au moment de son arrestation.

Dans notre premier rapport, nous avons exposé la marche de la procédure criminelle chez nos voisins, et fait connaître ce qu'était le juge de police (1).

Études ordonnées sur ce sujet par l'Empereur.

Pendant son séjour en Angleterre, Louis Napoléon parut frappé des avantages de cette institution, comme il parut l'être plus tard de nos nombreuses détentions préventives. M. Smith, que nous avons déjà eu occasion de citer, nous apprend qu'au mois d'août 1852, ce prince, désirant voir s'abréger ces détentions en France, conçut le projet d'envoyer un magistrat de l'autre côté du détroit pour y étudier l'organisation des tribunaux de police fondés par sir Robert Peel : mais qu'ayant renoncé à ce projet, sur des notes qui lui furent remises, il ne prescrivit pas moins l'étude de la question ; qu'en conséquence, le 20 septembre 1852, le ministre d'État adressa à M. le garde des sceaux une lettre dont les termes méritent d'être reproduits : « L'intention du prince-président, disait le ministre, est de faire rechercher « d'une manière toute particulière les moyens d'a-

(1) 1er vol., p. 20 et suivantes.

« bréger, autant que possible, les délais de la déten-
« tion préventive. L'Angleterre, par les modifications
« apportées dans sa législation en 1839, est entrée
« dans cette voie, et l'expérience a sanctionné les
« avantages des mesures adoptées; néanmoins, l'in-
« troduction en France de la juridiction des tribu-
« naux de police anglais ne peut être tentée qu'en
« conciliant cette institution avec nos mœurs et nos
« lois... »

Il ne paraît pas qu'il ait été donné suite à cette lettre, bien qu'on ne puisse méconnaître à quel point il serait désirable que les intentions du chef de l'État à ce sujet fussent remplies. Aussi doit-on savoir un gré infini au magistrat distingué, dont les investigations sont si dignes d'être prises en considération, de s'être décidé à aller lui-même sur les lieux, étudier une question dont la solution aurait une influence considérable sur la situation et sur le régime de nos prisons.

Qu'y a-t-il à faire en France?

Qu'y a-t-il donc à faire en France pour réduire le nombre et abréger la durée des emprisonnements préventifs?

Faut-il donner au juge d'instruction le pouvoir indéfini d'accorder dans tous les cas, et sous sa seule responsabilité morale, la liberté provisoire avec ou sans caution? Donnera-t-on cette attribution à nos juges de paix?

Ou créera-t-on, comme en Angleterre, un tribunal spécial composé d'un seul juge, devant qui tout individu arrêté sera immédiatement conduit, qui le laissera en liberté s'il lui semble bon, ou qui, de son chef, pourra lui infliger une peine, si le délit est peu grave, ce qui dispenserait l'inculpé de l'obligation préalable de garder prison, à laquelle obligation l'aurait soumis son renvoi devant un autre tribunal pour y être ultérieurement jugé! Ces questions appellent le plus sérieux examen de la part du Gouvernement.

Quant à l'extension proposée de la liberté provisoire, beaucoup de nos formalistes y voient des dangers : selon eux, si l'inculpé conservait sa liberté pendant l'instruction, il pourrait en abuser pour effrayer ou suborner les témoins, et la vérité ne se ferait pas jour; mais cet inconvénient si redouté n'a point arrêté le Gouvernement anglais. Il est d'ailleurs une observation qui ne peut échapper à personne, c'est que l'homme qui est sous le coup d'une prévention plus ou moins grave, se trouve par cela même frappé d'intimidation : paralysé dans ses mouvements, il est jusqu'à son jugement plutôt disposé à éviter les regards qu'à les affronter; et s'il est intéressé à ce qu'on agisse sur les témoins, ce n'est pas lui d'ordinaire qui hasarde personnellement des démarches auprès d'eux; ce sont ses parents, ses complices, s'il en a. Or, lors même qu'il serait sous les verrous, ces démarches n'auraient pas moins lieu : l'objection tombe donc, au moins pour le plus grand nombre, et d'ailleurs les avantages de la liberté provisoire sont tels, qu'en supposant que quelques inconvénients y fussent attachés, ils ne seraient pas encore achetés trop cher.

§ VII. — PETIT PARQUET.

Quant à l'établissement d'un tribunal spécial à l'instar de l'Angleterre, lequel prononcerait immédiatement sur le sort de l'inculpé, on a fait en 1820, au tribunal de la Seine, un essai qui a eu les plus heureux résultats. Afin d'assurer l'exécution de l'article 93 du code d'instruction criminelle, qui veut que tout individu arrêté soit interrogé dans les vingt-quatre heures, il a été institué *un petit parquet*, où siégent tous les jours un substitut et deux juges d'instruction. Les inculpés sont conduits, immédiatement après leur arrestation, devant ces magistrats, qui, après avoir procédé à leur interrogatoire, remettent en liberté ceux contre lesquels il ne s'élève pas de charges suffisantes, et placent les autres sous mandat de dépôt. Le nombre moyen des individus ainsi interrogés dans chacune des cinq années écoulées de 1845 à 1850, a été de 14,523. Les mises en liberté immédiates sont dans la proportion des deux cinquièmes au moins chaque année.

Petit parquet à Paris.

Une institution analogue a été créée à Lyon en 1833; mais il n'a été rendu un compte exact et officiel de ses travaux qu'à partir de 1846. Pendant les cinq ans antérieurs à 1850, la moyenne des individus interrogés par le petit parquet de ce tribunal a été de 8,837, et celle des mises en liberté immédiates a été de trois cinquièmes, c'est-à-dire un cinquième de plus qu'à Paris.

Petit parquet de Lyon.

Ces deux villes, Paris et Lyon, sont les seules où

une mesure semblable ait été prise; mais à Lyon, le *petit parquet* n'est tenu que par un substitut qui siége à l'hôtel de ville et qui statue seul. En 1851, 6,480 individus ont été conduits devant lui; sur ce nombre, 3,100 ont été mis en liberté, 2,721 ont été envoyés dans la maison d'arrêt, et à l'égard de ceux-là, des mandats de dépôt ont été décernés par les juges d'instruction, mais 659 ont été détenus sans mandat de dépôt ou d'arrêt.

Nous avons vu cependant que nul ne peut être détenu si ce n'est en vertu d'un mandat délivré par le juge d'instruction; c'est donc par infraction à la loi qu'un membre du parquet croit pouvoir retenir en prison un certain nombre d'inculpés. Pourquoi, se demande M. Smith, un si étrange usage existe-t-il à Lyon? C'est, répond-il, une sorte de sollicitude en faveur des inculpés, qui l'a d'abord fait introduire et qui ensuite l'a perpétué. Le ministère public veut se dégager des entraves que lui imposerait un mandat de dépôt à l'égard d'individus qui ont commis des fautes légères, et qu'il se réserve de mettre en liberté s'il y échet, sans avoir à subir les lenteurs d'une décision émanée de la chambre du conseil. Qui oserait blâmer ce magistrat de substituer aux exigences d'un légalité rigoureuse, un procédé tout d'humanité, en faveur d'individus plus souvent égarés que coupables? « Mais, ajoute M. Smith, il y a toujours de l'inconvénient à violer la loi, parce qu'à côté du bienfait peut bientôt se placer l'abus. » C'est aussi là notre opinion. Des deux grands centres où fonctionne l'institution du *petit parquet*, c'est à Paris seulement que l'adjonction des juges d'instruction à l'officier du ministère public lui imprime une marche régulière. Mais nous ne saurions admettre qu'il soit suppléé d'une manière satisfaisante à l'une des imperfections de notre code d'instruction criminelle par ce pouvoir exorbitant que s'attribue un simple substitut, qui agit seul, interroge, informe, emprisonne, relâche les individus dénoncés à sa requête. Sous quelque forme qu'il se produise, et si respectable que soit le motif sur lequel il s'appuie, l'arbitraire n'est pas de la justice.

Mandats décernés par les officiers du ministère public.

Dans le reste de la France, les officiers du ministère public et les officiers de police, leurs auxiliaires, usent largement de la faculté de décerner des mandats d'amener, faculté qui, nous l'avons dit, ne leur est cependant donnée que dans les cas de flagrant délit, ou lorsqu'ils sont requis par un chef de maison.

Les juges d'instruction eux-mêmes, lorsqu'ils veulent se réserver la possibilité d'ordonner ultérieurement l'élargissement d'un individu, sans avoir besoin de recourir à la chambre du conseil, le retiennent en prison, en état de mandat d'amener, ou par continuation d'interrogatoire. C'est encore là un mode d'agir dont peut s'applaudir l'humanité, mais qui n'a son fondement dans aucun texte de loi. Ce mode au reste va cesser, un projet que discute en ce moment le Corps législatif, et qui sera bientôt converti en loi, autorisant le juge d'instruction, sur les conclusions conformes du procureur impérial, et quelle que soit la nature de l'inculpation, de donner mainlevée de tout mandat de dépôt, à la charge par l'inculpé de se représenter à tous les actes de la procédure, et pour l'exécution du jugement, aussitôt qu'il en sera requis (1).

L'Académie voit que de tout ce qui précède il résulte qu'en France le nombre des détentions préventives est considérable; qu'il est au moins douteux que ces détentions soient toujours commandées par les nécessités de l'instruction, et que s'il était possible de modifier nos codes criminels de manière à pouvoir, à l'instar de l'Angleterre, réduire ce nombre, sans porter atteinte à l'intérêt général de la société, on donnerait satisfaction à un vœu aussi pressant que légitime.

§ VIII. — ASILES MOMENTANÉS POUR LES DÉTENUS ACQUITTÉS.

Lorsqu'après plusieurs mois passés en prison, les prévenus et accusés sont acquittés, ou qu'ils sont mis en liberté par suite d'une ordonnance de non-lieu, il arrive le plus souvent que, dénués de ressources, ils éprouvent dans le premier moment, si surtout ils sont éloignés de leur domicile, un grand embarras pour trouver un gîte et apaiser, au moyen même des aliments les plus grossiers, la faim qui les presse.

Des procédés à mettre en usage pour conjurer les inspirations coupables, il y en aurait peu de plus ef-

(1) La loi a en effet été votée; elle porte la date du 4 avril 1855.

ficace que celui qui aurait pour objet d'offrir quelques prompts secours à ces malheureux.

Asiles momentanés pour les détenus acquittés.

L'initiative de ces secours a été prise à Paris, et c'est encore au magistrat honorable que nous retrouvons toujours lorsqu'il y a du bien à faire, M. de Metz, que nous devons d'en avoir eu l'heureuse pensée et, mieux que cela, de l'avoir réalisée.

Par ses soins, un asile fut, il y a quelques années, ouvert, pour un petit nombre de jours, à ces êtres que de fatales présomptions avaient faussement signalés à la justice.

Cette bonne œuvre s'est continuée : dirigée par un comité composé exclusivement de magistrats, elle pourvoit aux besoins les plus pressants. Les malheureux, si toutefois ils paraissent dignes d'intérêt, sont reçus à l'asile sur une simple lettre à eux remise, au moment de l'acquittement, par les juges d'instruction, les présidents des chambres correctionnelles ou d'assises, ou par les officiers du parquet.

S'ils sont étrangers à Paris, ou s'ils ne peuvent y trouver des moyens d'existence, le comité facilite leur retour dans leur pays, ou leur passage en Algérie ; s'ils sont malades ou infirmes, il les aide à entrer dans les hôpitaux. Il leur fournit des vêtements s'ils en ont besoin ; il veille enfin sur eux avec la plus active sollicitude, et, tout en soulageant de pénibles misères, il en prévient peut-être les conséquences fatales.

Nous avons eu sous les yeux le tableau des individus entrés dans la maison d'asile depuis 1836 jusqu'en 1852 ; leur nombre s'est élevé à 5,632. Peut-on dire ce que tous ces infortunés seraient devenus s'ils n'avaient trouvé la bienfaisante assistance qui leur était offerte?

Cette œuvre se soutient par la contribution que ses membres s'imposent, par les offrandes de la charité privée, par les collectes du jury et par les secours que donne l'autorité, intéressée à ce que le séjour dans la capitale d'individus tout au moins suspects, ne devienne pas pour elle un sujet de sérieuses alarmes.

Il est hors de doute que si des comités semblables existaient auprès de chacun de nos tribunaux, ils en dégageraient les tristes avenues. On ne saurait donc trop, comme nous le disions, encourager leur établissement. Ce serait l'honneur de la magistrature de nos départements d'imiter le bel exemple que lui offre celle de Paris. Il est beau en effet que le magistrat, armé pour punir, adoucisse la rigueur de cette mission, en venant en aide à ceux que dénonçaient à sa justice de fausses apparences, et dans lesquels il ne voit plus que des malheureux à secourir.

§ IX. — ASILE NÉCESSAIRE POUR LES CONDAMNÉS LIBÉRÉS.

Utilité d'un asile pour les condamnés libérés.

Mais s'il est utile d'ouvrir un asile, même momentané, aux prévenus ou accusés acquittés, combien ne le serait-il pas d'offrir un refuge semblable aux condamnés libérés qui, après avoir subi leur peine, n'ont ni famille qui veuille ou qui puisse les recueillir, ni la perspective de se procurer par le travail des moyens d'existence, et qui, cependant, éclairés sur les fautes qui les ont conduits au crime, ont formé la résolution de vivre en honnêtes gens ?

Pour les libérés des deux sexes, des établissements de ce genre deviennent indispensables ; ils seraient, avec les sociétés de patronage, le complément obligé du système pénitentiaire que nous proposons.

Il peut effectivement arriver, disons mieux, il arrive presque toujours, qu'avec les meilleures intentions, avec les projets les mieux arrêtés, le libéré, homme ou femme, est exposé à tomber en récidive, si, livré à lui-même et repoussé de toutes parts, il ne trouve pas à s'employer utilement et à se mettre à couvert de la misère.

La femme surtout, si elle est encore jeune, trouve sur sa route un écueil de plus : la débauche, qui est sur le seuil du crime !

Solitude de Nazareth, à Montpellier.

Frappé de ce danger, un digne ecclésiastique, aumônier de la maison centrale de Montpellier, l'abbé Coural, aidé de la charité de quelques personnes bienfaisantes, fut assez heureux pour fonder un établissement qui, commencé de la manière la plus modeste, s'est développé avec le temps et est devenu la providence des âmes dégradées et cependant repentantes, auxquelles il est consacré.

« Les commencements de l'œuvre, a-t-il écrit lui-« même, furent traversés par de nombreux obsta-« cles. Des années succédèrent à des années. Enfin, « un jour, deux prisonnières libérées et une religieuse « de la congrégation de Marie-Joseph, s'installèrent « heureuses et confiantes sous le toit provisoire

« que leur prêtait la charité. La main de Dieu s'éten-
« dit si visiblement sur chacun des membres de la
« pieuse famille, que bientôt, parmi les pauvres filles
« infortunées, ce fut à qui s'empresserait de venir
« frapper à la porte du pieux asile. »

Ainsi commença la *Solitude de Nazareth*, nom qui lui fut donné pour exprimer sa sanctification, et parce qu'elle était un lieu de labeur et de recueillement à l'instar de la maison de *Nazareth* habitée par la sainte Famille.

Dix-huit mois après, le refuge était établi au milieu d'un enclos de sept hectares, à une petite distance de Montpellier. Des constructions simples, mais convenables, y ont été élevées pour le logement des Nazaréennes. On y reçoit toutes les femmes qui, sorties de la maison centrale ou des autres prisons, demandent à y entrer; on y reçoit aussi les filles qui, se trouvant en danger dans le monde, sollicitent la faveur qui leur est toujours accordée de s'y assurer les joies de la conscience et la paix de l'âme. Ainsi l'asile, sans cesse ouvert au repentir, n'est jamais fermé à la misère honnête. Il reçoit enfin les jeunes filles au-dessous de 16 ans, qui, acquittées comme ayant agi sans discernement, sont cependant détenues par voie de correction, pour un temps qui ne peut dépasser l'époque où elles ont atteint leur vingtième année.

Ce refuge, dont le fondateur s'est réservé la direction, est sous la surveillance des vénérables sœurs de Marie-Joseph, dont nous avons eu tant de fois occasion de louer le dévouement.

Les instructions religieuses et morales données à

ces pauvres créatures, l'ordre dont elles retrouvent l'image partout, le travail sous toutes ses formes, les avertissements paternels et bienveillants, sont les moyens employés pour ramener les unes, au bien, et y affermir les autres.

Le travail est approprié à l'aptitude de chacune d'elles. Celles qui ont besoin d'activité, de mouvement, soignent le jardin, le vignoble, les plantations d'oliviers, la basse-cour ; les autres sont occupées à des travaux à l'aiguille.

Lorsque nous avons visité l'établissement, il renfermait au delà de 200 femmes ou jeunes filles ; nous avons été édifiés du sentiment réciproque de charité qui anime ces femmes. Toutes s'entr'aident ; les âmes rachetées s'efforcent de racheter d'autres âmes ; les filles en santé soignent les filles faibles ou malades ; les bonnes ouvrières forment les apprenties. C'est une mutualité de services qui se reproduit dans les moindres détails, et qui montre toute la perfection du plan que s'est proposé le respectable fondateur de cette œuvre sainte.

Lettre des Nazaréennes au Gouvernement.

Le but et les avantages de ce lieu de réformation furent exposés avec tant de vérité dans une lettre écrite, en mars 1848, par les Nazaréennes elles-mêmes, pour appeler sur leur maison l'intérêt du Gouvernement qui venait de s'établir, que nous ne pouvons résister à en transcrire quelques lignes :

« Le régime actuel des prisons agissant, disaient-« elles, par voie d'intimidation, il faut que les libérées « s'habituent à la liberté dans un milieu sain et or-« donné. Il faut un lieu de transition, une famille

« libre, où elles trouvent protection, sympathie, tra-
« vail, bon exemple ; une famille d'où elles sortent
« avec un certificat sérieux ; il faut qu'elles appren-
« nent à pratiquer les devoirs d'une condition libre
« avant de faire valoir leurs droits à la liberté. A Na-
« zareth, rien ne nous retient, rien ne nous engage
« à montrer des penchants qui ne nous sont pas na-
« turels. Nous y entrons de notre gré. La seule pu-
« nition dont on nous menace est de nous faire sortir
« avant le terme de notre double apprentissage mo-
« ral et industriel. »

Après un séjour de plusieurs années, et lorsqu'elles sont bien prémunies contre les dangers et les séductions de la vie libre, celles de ces femmes ou jeunes filles qui ne veulent pas y finir leurs jours, quittent le refuge pour se placer au dehors, et les épreuves qu'elles ont subies, les bons témoignages qui leur sont donnés, rendent ce placement facile.

A la date de l'année 1852, 360 de ces infortunées étaient rentrées dans leurs familles, ou avaient été placées chez des maîtres honorables, auprès desquels elles avaient pu mettre en pratique les pieuses dispositions qui les avaient réhabilitées aux yeux du monde. Sur ce nombre, 6 seulement avaient de nouveau failli.

Ressources et dépenses du Nazareth.

On est surpris que tant de bien se fasse à si peu de frais : les dépenses du refuge n'avaient pas excédé 32,000 francs en 1852. Il y était pourvu par des souscriptions volontaires, par le produit du travail, par celui de l'enclos, qui fournit abondamment des légumes, des fruits, du vin, pour la consommation de la maison; enfin par la subvention de 70 centimes que le Gouvernement alloue pour chaque journée des jeunes filles seulement, envoyées au refuge par voie de correction.

Des établissements de ce genre ne sauraient être trop multipliés : disons une fois encore que s'ils l'étaient, nos statistiques criminelles auraient à enregistrer moins de crimes, moins de poursuites, moins de condamnations, et l'État serait grevé de moins de frais judiciaires. On a remarqué que, depuis la fondation de la *Solitude de Nazareth,* le nombre des femmes rentrées par récidive dans la maison centrale de Montpellier, qui, comme on le sait, reçoit les condamnées de tous les départements du midi de la France, avait sensiblement diminué.

Il en serait certainement de même pour les hommes libérés : si des asiles semblables leur étaient ouverts, ils leur serviraient, comme pour les femmes, de transition à la vie entièrement libre.

Projet d'établir un refuge pour les libérés mâles.

Le respectable abbé Coural, dont la charité est inépuisable, avait, en 1850, proposé au Gouvernement d'acheter une propriété de 212 hectares, qui se trouvait aussi dans le voisinage de Montpellier, où tous les genres de culture pouvaient être employés; qui renfermait des carrières de marbre, des fours à chaux, des moulins à blé et à huile, et où on aurait pu occuper un grand nombre de libérés. Une somme de 400,000 francs était nécessaire pour cette acquisition, qui aurait dû être faite par l'État, et pour les premiers frais d'installation; le ministre de l'intérieur promettait de seconder les efforts du vénérable abbé.

Un mémoire fut à cet effet présenté à la Chambre des représentants; mais les préoccupations politiques ne permirent pas, pour le moment, d'accueillir les vues qu'il renfermait, et l'immeuble, ayant été vendu, reçut une autre destination.

Espérons que la pensée qui inspirait le fondateur du refuge de Nazareth ne sera pas perdue; les colonies agricoles de Mettray, de Petit-Bourg, de Bordeaux et tant d'autres, ont montré ce qu'on peut obtenir pour la moralisation des jeunes gens jugés par application de l'art. 66 du Code pénal. De là à former des établissements semblables pour les libérés adultes, il n'y a qu'un pas; il appartient à la charité privée de le franchir, et au Gouvernement d'encourager de telles entreprises et de les aider par ses subventions. La fortune de l'État pourrait-elle recevoir un meilleur emploi que celui d'affranchir notre avenir des progrès incessants et des redoutables conséquences de la récidive?

§ X. — PUBLICITÉ DES EXÉCUTIONS A MORT; SES DANGERS.

Nous devons ranger aussi au nombre des moyens préventifs la suppression, sinon de la peine de mort, sujet que nous ne nous permettrions pas de traiter, du moins la suppression de la publicité qui est donnée en France aux exécutions capitales; car dans le cours de ce rapport nous avons eu occasion d'exprimer plus d'une fois que cette publicité produit un effet inverse du but auquel elle tend.

L'Académie nous pardonnera d'entrer à cet égard dans quelques détails, soit sur la peine elle-même, soit sur son mode d'infliction.

Cette peine, sous l'ancienne législation, n'était pas appliquée d'une manière uniforme. A l'égard de certains crimes, elle était cruelle jusqu'à la barbarie, c'était le feu, c'était la roue, etc... Pour les autres crimes, c'était ordinairement le gibet. Peine de mort d'après l'ancienne législation.

Mais ce dernier genre de supplice n'atteignait que les roturiers et les condamnés de condition vile; la décollation par le glaive était réservée aux nobles, et dans ce cas le supplice ne dégradait pas. Toutefois, si un noble s'était rendu coupable de quelqu'un de ces crimes qui, outre leur atrocité, étaient de nature à entacher l'honneur, la faveur de la décollation par le glaive lui était refusée, et le supplice qui lui était infligé, le plaçant au niveau des personnes viles, le dégradait, lui faisait perdre la noblesse, entachait son écusson, de telle sorte que ses descendants et tous les membres de sa famille ne pouvaient plus entrer dans les ordres où il fallait faire preuve d'un certain nombre de quartiers. Inégalité du supplice selon les personnes.

Il n'est peut-être pas hors de propos de placer ici, comme exemple des mœurs de cette époque, les circonstances d'une condamnation et d'un supplice encourus par l'un des membres de cette haute aristocratie qui, jusque sur l'échafaud, revendiquait le privilége attaché à la naissance. Supplice du comte de Horn.

Le comte de Horn fut accusé en 1720, sous le régent, d'avoir, de complicité avec un Piémontais, poignardé, dans une auberge de la rue Quincampoix, un Juif auquel il prétendait avoir confié une somme importante en actions de la banque de Law, somme que ce Juif niait avoir reçue. Les deux coupables furent condamnés par le Parlement de Paris au supplice de la roue.

Ce comte, frère d'un prince régnant dans l'un des petits États d'Allemagne, comptait en France parmi les membres de sa famille les princes de Ligne, de Croy, de Montmorency, les ducs de Lorraine, les Rohan, les la Trémouille et presque tous les grands noms de France.

L'arrêt rendu, tous ces personnages en grand deuil, au nombre de cinquante-sept, portèrent une requête au régent pour le supplier de commuer la peine de la roue en détention perpétuelle; le cardinal de Rohan, qui porta la parole, pria le régent de considérer que l'application d'une peine infamante aurait pour effet d'atteindre non-seulement toutes les maisons de Horn, mais encore toutes les généalogies des familles princières et autres, où se trouverait un quartier de ce nom diffamé, ce qui causerait un notable préjudice à la plus haute noblesse de France et de l'Empire, en lui fermant l'entrée de tous les chapitres nobles, abbayes princières, évêchés souverains, commanderies teutoniques, et jusqu'à l'ordre de Malte, où toutes ces familles ne pourraient faire admettre leurs preuves et faire entrer leurs cadets jusqu'à la quatrième génération.

Le régent fut inflexible, et refusa absolument de faire grâce de la vie.

Alors on se réduisit à demander que la décollation

par la hache, peine qui, comme nous l'avons dit, n'entachait pas, fût substituée au supplice de la roue. Y eut-il un malentendu ? le régent ne s'expliqua-t-il pas clairement ? promit-il ? il y a doute à cet égard ; mais l'assistance se retira avec la confiance que la faveur sollicitée dans l'intérêt et pour l'honneur des familles qu'elle représentait était accordée, que des lettres de commutation seraient expédiées au procureur général le lendemain matin, qu'un échafaud serait dressé dans le cloître de la Conciergerie, et que le comte y serait décapité dans la matinée du même jour, immédiatement après avoir reçu l'absolution.

Quelle ne fut pas la surprise des personnages illustres qui avaient fait la démarche, lorsque, le lendemain 26 mars, ils apprirent que le comte de Horn était exposé sur la roue en place de Grève, depuis six heures et demie du matin, sur le même échafaud que le Piémontais condamné avec lui, et qu'il avait été soumis à la torture avant d'être supplicié !

Y eut-il dans cette circonstance duplicité de la part du régent ? On l'ignore ; mais, toute réserve faite à cet égard, la fermeté qu'il montra dans cette circonstance fut, dit un historien (1), louée à la fois par les hommes d'État, par les philosophes, par le peuple, et ne fut blâmée que des courtisans. Ceux-ci prétendirent que l'honneur des grandes familles avait été sacrifié à la crainte de mécontenter les agioteurs. Cependant, ajoute le même historien, ce coup hardi

(1) Lacretelle.

porté à un préjugé immoral et funeste ne nuisit nullement dans l'opinion à ces grands noms qu'il semblait compromettre. Effectivement, soit que l'inexorable rigueur du duc d'Orléans eût, au fond et en la forme, révolté la haute aristocratie européenne, soit que l'opinion publique, d'abord favorable, eût fini par le blâmer, la famille du supplicié n'en souffrit ni dans son honneur ni dans sa considération; les filles de son frère épousèrent des princes de l'Empire, et toutes les fois que les quartiers de Horn se présentèrent pour les grands chapitres, et même pour les bénéfices électoraux, tels que les archevêchés de Mayence, de Cologne et de Trèves, personne ne s'avisa de leur opposer qu'ils pussent être notés d'infamie.

Nous nous sommes arrêté sur ce souvenir historique pour montrer quelle était dans notre ancienne France l'inégalité dans l'application des peines; inégalité, ou plutôt privilége, qui existait même devant la mort, et qui ne tendait à rien moins qu'à confondre toutes les notions de la justice. Car, s'il y a une égalité sur la terre, c'est assurément celle qui soumet à son inflexible niveau les faits criminels du même ordre et ceux qui, au même degré, s'en rendent coupables; et dans le cas où on admettrait une différence dans l'appréciation des uns et dans la punition des autres, ne devrait-elle pas être toute à la charge des hommes que l'éducation, le rang, les obligations spéciales attachées à leur nom, semblent protéger plus efficacement contre l'entraînement des passions et l'oubli d'eux-mêmes.

Égalité des supplices proclamée par l'Assemblée constituante.

L'Assemblée constituante, lorsqu'elle s'occupa de la rédaction d'un nouveau code pénal, dut faire cesser cette choquante inégalité : proclamant le principe, resté acquis depuis elle à notre droit public, que *tous les Français sont égaux devant la loi,* elle les soumit tous indistinctement aux mêmes prescriptions civiles et pénales.

C'est pour cela qu'un mode uniforme d'infliction de la peine de mort fut déclaré applicable à tous les condamnés sans distinction.

C'est pour cela aussi que la mort par décapitation fut substituée aux autres châtiments ; on se fonda, pour l'adopter, sur ce que, dans l'opinion des Français, ce genre de supplice n'était point infamant pour les parents du condamné. Ainsi la préférence qui lui fut donnée prenait sa source dans une pensée d'égalité tout à la fois, et de respect pour l'honneur des familles.

Savants médecins, Guillotin, Louis.

Le savant médecin qui, membre de l'Assemblée nationale, proposa à cette Assemblée l'instrument de mort actuellement en usage, n'en fut point l'inventeur, ainsi qu'on l'a cru assez généralement ; le modèle en existait déjà en Italie, sous le nom de *Mannaia,* mais il subit différentes modifications, d'après les avis du célèbre Louis, secrétaire de l'Académie de chirurgie, ce qui fit que dans les premiers temps on lui donna le nom de *Petite Louison ;* il ne reçut que plus tard le nom de celui qui en avait proposé l'adoption, ce qui fut pour ce dernier le sujet d'une peine profonde et donna lieu à des préventions d'autant plus injustes à son égard, que ses mœurs étaient douces et pures, et que c'était dans l'intérêt de l'humanité qu'il avait cherché à abréger les souffrances de l'homme atteint par la vindicte publique. Ces préventions influèrent sur le repos de sa vie; plus d'une fois il se reprocha le sentiment de pitié dont il avait été animé, et lui-même persécuté, emprisonné pendant la Terreur, eût péri par le même supplice auquel son nom était attaché, si l'événement du 9 thermidor ne l'eût rendu à la liberté.

Exécution des parricides.

Une aggravation fut introduite plus tard dans l'application de la peine capitale au cas de parricide. Le Code de 1810 avait voulu que le condamné fût conduit sur le lieu de l'exécution, en chemise, nu-pieds et la tête couverte d'un voile noir : il voulait encore qu'il fût exposé sur l'échafaud pendant qu'un huissier ferait au peuple lecture de l'arrêt de condamnation, et qu'immédiatement avant d'être mis à mort il eût le poing droit coupé. On a vu qu'à la grande satisfaction des amis de l'humanité, cette mutilation avait été supprimée par la loi d'avril 1832 : toutes les autres prescriptions relatives aux parricides furent conservées.

Confiscation des biens abolis.

D'après le même Code de 1810, lorsque la peine de mort était prononcée pour crimes contre la paix extérieure ou intérieure du pays, pour fausse monnaie ou pour contrefaçon des sceaux de l'État, elle était suivie de la confiscation des biens des condamnés. Mais cette autre aggravation, aussi immorale qu'injuste en ce qu'elle punissait les enfants des fautes de leurs pères, fut, ainsi que nous l'avons dit, supprimée par la Charte de 1814. La confiscation fut abolie aux applaudissements de toute la France; et cette abolition confirmée par la Charte de 1830, résultat heureux de l'adoucissement des mœurs publiques, est dès lors entrée dans nos institutions comme l'une des garanties les plus inviolables de notre droit public.

Un pas de plus dans cette voie de mansuétude et d'humanité où nous a conduits la marche progressive des idées, et nous verrons se réaliser une amélioration profitable aux intérêts de l'ordre le plus élevé, par la suppression des formes dans lesquelles s'exerce ce terrible droit du glaive, dernière expression de la justice sociale. Puisse venir un jour, et ce jour n'être pas loin, où on pourra dire que la moralité publique, au lieu de germer et de croître dans le sang versé au nom des lois, s'en trouve entachée et flétrie! où nous ne verrons plus se repaître de dangereuses impressions, cette curiosité sauvage qui inonde la place où se dresse l'instrument du supplice, associe à son impatience fébrile la plus tendre enfance, épie les angoisses du condamné, s'attache, pour ainsi parler, aux palpitations de son agonie, et, de retour sous le toit domestique, n'y rapporte que l'endurcissement de cœur, produit par la satiété des émotions.

Spectacle du supplice dangereux pour les enfants.

Nous avons parlé de l'enfance : ne voit-on pas en effet des mères conduire elles-mêmes les êtres qui leur doivent le jour à ces affreux spectacles, pour, disent-elles, graver fortement dans leur mémoire la solennelle leçon du châtiment réservé aux malfaiteurs? Les insensées ne s'aperçoivent pas qu'elles préparent ainsi l'endurcissement de jeunes cœurs qu'il faudrait au contraire former aux affections douces ; car, familiarisés avec l'instrument du supplice, sera-t-il surprenant qu'ils le rappellent dans leurs jeux ? Qui de nous, ayant assisté aux premières scènes de notre grande révolution, lorsque toutes les vies étaient menacées, n'a vu cet odieux instrument, imité en petit, devenu le jouet avec lequel nos écoliers mettaient à mort des insectes, des oiseaux, et préparaient ainsi leurs cœurs à se fermer à toute pitié ?

Après l'expiation, ce n'est pas silencieuse et réfléchie que la foule s'écoule ; rarement remarque-t-on parmi elle un sentiment de tristesse. Mais si le condamné a montré de l'audace, s'il est mort avec résolution, on admire, on exalte son courage. Dans tous les cas, c'est moins l'horreur du crime expié que les incidents du terrible drame auquel on a assisté qui deviennent le sujet des conversations ; on oublie le crime, la juste peine qu'il a encourue, pour ne plus songer qu'à la manière avec laquelle l'échafaud peut être affronté.

Exécutions ordonnées dans le lieu où le crime a été commis.

Souvent nos tribunaux ne se bornent pas à ordonner l'exécution dans le chef-lieu de leur siége : lorsque le crime a eu du retentissement, ils prescrivent la translation du condamné dans la commune où l'acte coupable a été commis. Alors, dans ce trajet qui souvent est long et qui devient pour le condamné une torture morale cent fois plus cruelle que la torture physique, on voit les habitants des campagnes environnantes, tenues en éveil par l'annonce de son passage, affluer sur la route, lui servir de cortége et l'accompagner jusqu'au lieu de l'exécution. Là, les populations environnantes se pressent; les hôtelleries, les habitations particulières sont pleines. La sanglante représentation qui va se donner est d'autant plus recherchée qu'elle est plus rare pour cette localité; souvent elle devient l'occasion de manifestations qui révoltent la pensée. Nous avons à cet égard recueilli des faits que nous n'oserions dérouler devant l'Académie; ils l'attristeraient trop.

C'est surtout dans les bagnes qu'on peut juger des funestes effets de la publicité donnée à l'infliction du dernier supplice. Exécutions dans les bagnes

Lorsqu'un crime emportant peine de mort y a été commis, l'échafaud est dressé dans l'enceinte de ces lieux de répression; tous les forçats, la tête découverte, assistent à l'exécution. Une nombreuse force armée, des canons chargés dirigés sur eux, répondent de leur tranquillité; et c'est avec cet appareil que le glaive de la loi frappe le condamné. Celui-ci ordinairement se pose devant ses camarades, et par le courage avec lequel il brave la mort, il se flatte de l'espoir de voir sa mémoire honorée parmi eux.

Si le crime expié a pris sa source dans l'exaltation de sentiments politiques; si c'est l'un de ces grands attentats qui mettent la société en péril, le sentiment le plus généralement produit est celui de la pitié, et souvent même de la sympathie. Ne vit-on pas, lors de l'exécution d'Alibaud, une femme dont le nom avait acquis dans nos troubles une malheureuse célébrité, écarter tous les obstacles, s'élancer sur l'échafaud, imprégner son mouchoir du sang qui venait Exécutions pour crimes politiques.

d'être répandu, le cacher dans son sein et se perdre ensuite dans la foule ?

Effet physiologique produit par la vue du sang répandu.

Qu'on ne s'y trompe pas, la publicité donnée au châtiment qui s'inflige par l'effusion du sang produit un effet tout contraire à celui qu'on s'en promet sur l'âme et le cœur de ceux dont les sentiments moraux ne sont pas bien affermis ; à l'égard de ceux-là, loin que cette publicité produise un effet préventif, elle éveille et développe en eux des instincts qui sans elle ne se seraient probablement pas manifestés. Pourquoi ? Il serait difficile de le dire, mais le fait n'est pas contesté. A ce moment, il se passe dans l'homme quelque chose d'indéfinissable, que la physiologie sans doute pourrait expliquer, mais qui étonne le philosophe. Soumis à une sorte de contagion morale dont on ne sait se rendre compte, il y succombe, et cet homme, en troublant la société, est perdu pour elle.

La publicité du supplice est si peu un frein, que plusieurs ecclésiastiques attachés au service des prisons nous ont affirmé que la plupart des condamnés auxquels, à ce moment suprême, ils avaient offert les secours de la religion, leur avaient avoué que dans le cours de leur vie, non-seulement ils avaient assisté à des exécutions capitales, mais qu'ils en avaient avidement recherché le spectacle.

Nombre d'exécutions à mort annuellement.

Combien de fois se renouvellent en France ces scènes de deuil ? Depuis 1826 jusqu'en 1852, c'est-à-dire pendant 26 ans, il y a eu 1,668 condamnations à mort, ou en moyenne 64 par an. Sur ce nombre, 603 commutations de peine ont été accerdées ; il y a donc eu 1,065 exécutions, ce qui fait qu'en moyenne l'échafaud s'est dressé 41 fois chaque année : c'est, eu égard à notre population, une proportion beaucoup plus grande que chez nos voisins, où, sur une population de près de 18 millions d'habitants que renferment l'Angleterre et le pays de Galles, il n'y a eu, dans les dix années qui se sont écoulées de 1840 à 1849, que 110 exécutions, ou en moyenne 11 par an, sur une moyenne aussi, de 65 condamnations annuellement. Le gouvernement anglais a senti le danger de mettre trop fréquemment sous les yeux du peuple ce hideux spectacle ; aussi s'attache-t-il à le rendre de plus en plus rare.

Publicité des exécutions supprimée en divers Etats.

D'autres États ont fait plus : ils l'ont supprimé. Les exécutions s'y font à huis clos. C'est ainsi qu'elles ont lieu en Prusse, dans le margraviat de Bade et dans le Wurtemberg. Il en est de même en Saxe. Une ordonnance récente prescrit qu'à partir du 1er janvier 1855, il y soit procédé dans une cour intérieure de la maison de force de Waldheim, district de Leipsik, en présence de fonctionnaires de l'ordre judiciaire, de douze témoins, d'un ecclésiastique et de deux docteurs en chirurgie.

En France on dissimule l'heure des exécutions.

Nous commençons nous-mêmes à reconnaître le mal moral né d'une publicité dont, à défaut de mesures plus décisives, l'administration s'étudie à atténuer les effets : elle éloigne l'échafaud de l'intérieur des villes ; c'est au dehors, dans des lieux écartés, qu'à la faveur de la nuit on élève l'appareil de la mort ; on dissimule le jour et l'heure de l'exécution ; quand elle s'accomplit, c'est à peine si la lumière du ciel l'éclaire. Par tous les moyens enfin, on s'efforce de mettre en défaut l'avide curiosité de la foule, et de la protéger contre elle-même. De ces précautions si bien motivées, à la suppression absolue de la publicité, la transition est facile.

Il est digne de notre pays, qui s'est toujours placé à la tête de la civilisation, et dont les codes ont servi de modèles à tant de législations étrangères, de ne pas demeurer à cet égard en arrière des autres peuples.

Comment remplacer la publicité des exécutions ?

Si en effet, à cette publicité qui n'est plus de notre temps et que réprouvent à l'envi tous ceux, prêtres, magistrats, agents de la force publique qui ont été en situation d'en apprécier de près la valeur morale, on substitue l'exécution à huis clos, en ayant soin de l'environner des formes et des précautions qui doivent légalement la constater, on reconnaîtra bientôt les avantages de ce nouveau mode.

Qu'on se figure arrivé le jour où un grand coupable va être privé de cette vie dont il a fait un criminel usage. Ce jour est solennellement annoncé; l'heure du supplice l'est également. Toutes les cloches de la ville sont en mouvement; celles du lieu où le crime a été commis le sont aussi, et appellent la population dans les temples pour assister au service expiatoire qui va être célébré sur tous les autels. Le prêtre, par sa parole, rappelle les saintes lois qui régissent le monde, et dont la violation ne peut rester impunie sans qu'il y ait subversion de l'ordre dans la société. Sa voix, dans un tel moment, en présence de cette justice humaine qui a la main levée pour frapper, a une autorité que rend toute puissante la solennité de l'événement dont tous les esprits sont saisis.

Croit-on que le sentiment religieux ainsi provoqué et excité ne produirait pas de plus salutaires effets que la vue du sang coulant à flots ? Croit-on que la pensée du terrible sacrifice qui aurait lieu dans l'intérieur de la prison ne frapperait pas plus efficacement les imaginations que si on avait devant les yeux sa triste réalité ?

Cette pensée dominera d'autant plus la foule, recueillie aux pieds du prêtre dans un sentiment d'effroi, qu'elle ne pourra entrevoir qu'à distance, sous une forme idéale, et à travers une sorte de voile mystérieux, les derniers moments du condamné, et qu'il faudra qu'elle s'arrête, comme sur le seuil de l'éternité, devant la porte au delà de laquelle s'accomplira l'expiation.

Ainsi s'effacerait parmi nous la dernière trace de ces temps qui sont loin du nôtre, et dont on semblerait vouloir nous rapprocher cependant par le maintien d'une coutume barbare. Ainsi serait rendu à ses instincts de douceur et d'humanité ce peuple qui, dans l'état actuel des choses, trouve une excitation là où devrait lui être offert un enseignement. Ainsi enfin, le touchant accord des prières publiques et de la dernière prière du condamné, s'élevant ensemble vers le ciel, sanctifierait la peine et imprimerait à ce qu'elle a d'exemplaire le sceau de la force et de la durée.

L'abolition de la publicité des exécutions rentre dans le système général du mode de répression dont nous proposons l'adoption, car tous les moyens qui peuvent servir à l'amélioration des mœurs du peuple sont naturellement préventifs, se lient entre eux comme les anneaux d'une même chaîne, et concourent à assurer la complète réalisation de ce système.

CHAPITRE II.

Mode d'emprisonnement à introduire.

Nous n'avons pas, nous le répétons, la présomption de croire qu'il n'y ait pas, pour diminuer préventivement la masse des crimes et des délits, d'autres mesures que celles que nous indiquons; la mise en activité de quelques-unes de ces mesures nécessiterait certaines dispositions législatives, en petit nombre, et l'administration si intelligente en France achèverait, par un usage éclairé de son pouvoir d'ordre et de surveillance, de préserver la société d'une partie des méfaits qui en troublent ou qui en menacent le repos.

Protection due à l'accusé et au prévenu.

Et d'abord, posons en principe que, dès le moment de son arrestation, l'inculpé, et plus tard le prévenu ou l'accusé, a droit à toute la protection de la loi. Il peut être innocent; cette possibilité suffit pour qu'on soit tenu de veiller à ce que, dans sa personne, dans sa moralité, dans sa considération même, il n'ait à souffrir aucun de ces dommages qui ne se réparent pas. Si, pendant tout le temps que dure l'instruction, il est renfermé avec des hommes profondément pervers; ne recueillant dans son contact forcé avec cette lie humaine que des propos ou obscènes ou impies; recevant d'eux la confidence d'un passé criminel et de leurs plans pour un avenir plus criminel encore; ne respirant pour ainsi dire que leur haleine et vivant de leur vie : qui peut répondre qu'il se conservera sain d'esprit et de cœur dans cette atmosphère impure? Et dans le cas où le dégoût l'aurait sauvé de la corruption, pense-t-on que si, en vertu d'un acquittement ou d'une ordonnance de non-lieu, il reprend sa place parmi ses concitoyens, il la retrouvera douce, tranquille, honorée? La conviction même où ils seront de son innocence leur fera-t-elle oublier le milieu dans lequel il aura vécu, et le protégera-t-elle efficacement contre la défiance née de ce souvenir.

Si, prévenu ou accusé, il est reconnu coupable, il n'importe pas moins d'empêcher que, pendant sa détention, il ne corrompe de moins avancés que lui dans le mal, ou qu'il n'achève de se corrompre lui-même.

Le lieu où il subit sa peine doit donc être un lieu d'amendement, une sorte d'hospice moral affecté aux infirmités de son âme.

Le système de l'emprisonnement en commun et celui de l'isolement sont jugés.

Nous ne répéterons point ici ce que nous avons dit de l'emprisonnement en commun; soumis à l'appréciation de nos assemblées délibérantes, il a été jugé, il a été condamné.

On a reconnu que c'était à lui surtout qu'il y avait lieu d'attribuer, et la multiplicité des récidives, et cette recrudescence de criminalité si propre à lasser le bras de la justice.

De toutes parts aussi, on s'est convaincu que le

système le plus susceptible d'amener avec l'amélioration du condamné des résultats profitables à tous était le système de l'isolement. De même que l'emprisonnement en commun, il a été jugé, et il est sorti vainqueur de cette épreuve.

Le gouvernement de la Restauration, qui s'était préoccupé de l'état matériel de nos prisons, avait pris à tâche, ainsi que nous avons eu soin de le rappeler, de les améliorer sous ce rapport; mais là s'était bornée sa sollicitude, et le plus important restait à faire, à savoir la découverte des moyens propres à ramener au bien les condamnés.

Le gouvernement de Juillet mit la question à l'étude ; il le fit avec une persévérance qui témoignait de son intérêt pour la réalisation de cette grande amélioration sociale. Les circonstances ne lui permirent pas d'achever son œuvre.

Adresse au Roi, 1830.

Nous avons déjà dit que l'initiative à cet égard avait été prise par la Chambre des députés dès le mois d'octobre 1830. Dans l'adresse mémorable au Roi, qui avait pour objet de demander la réforme de nos lois pénales, elle signala le système pénitentiaire comme pouvant produire d'heureux effets, et comme appelant à ce titre un examen sérieux.

« Après la peine capitale, disait-elle par l'organe de sa commission, nous n'avons rien dans notre législation qui puisse efficacement suppléer à la terreur préventive dont on croit utile que les esprits soient vivement frappés. Le régime pénitentiaire admet la prison solitaire, système inconnu parmi nous, mais dont l'effet moral est puissant... Ce système a besoin d'être étudié ; c'est par là que nous entrerons dans la voie des améliorations ; il sera digne du Gouvernement de la préparer. »

Le Gouvernement répondit à cet appel ; le système pénitentiaire devint pour lui l'objet d'une préoccupation constante et d'actives recherches.

Tous les ministères qui se succédèrent depuis 1830 jusqu'à la chute de ce Gouvernement furent à cet égard dirigés par la même pensée, tous mirent leur honneur à s'enquérir des faits qui pouvaient éclairer cette grande question. Au dehors et au dedans de la France tout fut exploré ; les prisons de presque tous les pays furent officiellement visitées. Les États-Unis, l'Angleterre, la Hongrie, la Suède, la Norwége, le Danemark, la Belgique, la Toscane, avaient adopté le système cellulaire et s'applaudissaient de ses résultats. Des hommes compétents, envoyés dans ces diverses contrées, en rapportèrent des documents utiles à consulter. A son tour, l'Académie des sciences morales et politiques, spécialement chargée par son institution de constater les progrès de ces sciences et d'y concourir, se fit un devoir de seconder le Gouvernement et de lui apporter le tribut de ses lumières. La théorie, la pratique, les principes, les faits, rien ne fut négligé ; jamais question ne fut envisagée sous ses divers aspects avec autant de soin et de maturité.

§ I. — DIVERS PROJETS DE LOIS PRÉSENTÉS AUX CHAMBRES.

Après une préparation aussi lente et aussi labo- Premier projet de loi sur les prisons.

rieuse, le Gouvernement se décida, dans le cours de la session de 1840, à présenter à la Chambre des députés un premier projet de loi destiné à introduire une *réforme dans le régime des prisons*. Le système de l'isolement en formait la base. Ce projet ne put être discuté, mais il fut l'objet d'un rapport qui méritait d'autant plus de fixer l'attention, que son savant auteur, notre honorable confrère (1), était l'un de ceux qui avaient eu mission de visiter les pénitenciers des États-Unis, et que sa conviction profonde sur les avantages du système proposé était fondée sur des expériences qu'il avait pu apprécier à leur source.

Deuxième projet.

Le même projet, avec certaines modifications, fut présenté de nouveau à la session de 1843. La Chambre des députés eut le même rapporteur, mais elle ne put être saisie utilement que l'année suivante. Cette fois, une discussion eut lieu : grave, solennelle, elle éclaira le pays et dissipa les préventions que le système avait pu rencontrer dans quelques esprits.

Le projet fut adopté.

Le projet est porté à la Chambre des pairs.

La session finissait ; cependant le projet de loi fut porté à la Chambre des pairs. La commission que cette chambre chargea de son examen y consacra plusieurs séances, et se sépara en exprimant le vœu que la cour de cassation et les cours d'appel fussent consultées sur « la nature et l'étendue des changements que le « projet de loi devait apporter aux dispositions du « code pénal et du code d'instruction criminelle,

(1) M. le comte de Tocqueville.

« ainsi que sur le mode d'application du nouveau « système pénitentiaire. »

Cours d'appel et préfets consultés.

Les cours d'appel satisfirent à ce vœu ; les préfets, dont l'avis avait été également demandé, envoyèrent à leur tour leurs observations, et ces documents réunis, le ministre de l'intérieur nomma une commission qui, sous sa présidence, s'occupa de revoir le précédent projet, d'examiner de nouveau toutes les questions qui s'y rattachaient, et de préparer la rédaction d'un travail définitif.

Congrès de Francfort et de Bruxelles.

Pendant que le Gouvernement préludait ainsi à une nouvelle présentation du projet de loi à la Chambre des pairs, une imposante démonstration était faite en faveur du système de l'isolement, dans un congrès réuni à Francfort-sur-le-Mein, où des représentants des États-Unis, de l'Angleterre, de la Russie et de presque toutes les nations du continent s'étaient donné rendez-vous : chaque gouvernement, y compris le nôtre, y avait ses délégués officiels.

Dans cette réunion, présidée par l'un des plus éminents jurisconsultes de l'Allemagne, (1) toutes les questions qui se lient à la réforme des prisons furent approfondies.

Quant aux prévenus et accusés, le congrès émit l'avis : « que l'emprisonnement séparé ou individuel devait leur être appliqué de manière qu'il ne pût y avoir aucune espèce de communication, soit entre eux, soit avec d'autres détenus, sauf dans le cas où, sur

(1) M. Mittermayer.

la demande des prisonniers eux-mêmes, les magistrats chargés de l'instruction jugeraient à propos de leur permettre certains rapports dans les limites déterminées par la loi. »

Quant aux condamnés, le congrès pensa : « que l'emprisonnement individuel devait leur être également appliqué avec les aggravations ou les adoucissements commandés par la nature des offenses et des condamnations, l'individualité et la conduite des prisonniers, de manière que chaque détenu fût occupé à un travail utile ; qu'il jouît tous les jours d'un exercice en plein air ; qu'il participât au bénéfice de l'instruction religieuse, morale et scolaire, et aux exercices du culte ; qu'il reçût régulièrement les visites de l'aumônier, du directeur, du médecin et des membres des commissions de surveillance et de patronage, indépendamment des autres visites qui pourraient être autorisées par les règlements. »

Plus tard, un autre congrès réuni à Bruxelles émit les mêmes opinions et les mêmes vœux.

Le projet est porté une deuxième fois à la Chambre des pairs.

La question pénitentiaire se trouvant ainsi éclairée par de si nombreux travaux fut soumise pour la seconde fois aux délibérations de la Chambre des pairs.

Pénétrée de l'importance du projet et de la grandeur des intérêts auxquels il était destiné à pourvoir, la Chambre, contrairement à ses usages, se détermina à en confier l'examen à un nombre de membres double de celui dont elle composait ordinairement ses commissions.

Toutes les questions furent consciencieusement étudiées ; l'examen fut long ; la commission y consacra de nombreuses séances, et un rapport très-développé, que nous eûmes l'honneur de présenter en son nom, conclut à l'adoption du projet avec toutes les modifications qui avaient paru de nature à l'améliorer.

Mais on touchait à la fin de la session : la Chambre se sépara sans avoir pu discuter une loi si importante, et la session suivante était à peine ouverte, que la révolution de février vint définitivement mettre un terme à ses travaux.

Depuis lors, rien n'a été fait : d'autres préoccupations ont détourné les grands pouvoirs de l'État de l'attention donnée jusque-là à une réforme si nécessaire et, disons-le, si impatiemment attendue.

Nouvelles études ordonnées par l'Académie.

L'Académie seule a voulu qu'elle fût l'objet de nouvelles études. Sentinelle vigilante en effet, sa mission n'est-elle pas de se placer à la tête de la civilisation pour éclairer sa marche, de signaler le mal moral qui nous travaille, de rechercher le remède qu'il convient d'y apporter, d'indiquer les améliorations que l'état de notre société peut réclamer, d'éveiller ainsi la sollicitude des gouvernements, qui, appelés à apprécier l'utilité de ces améliorations, ont seuls en définitive la puissance de les réaliser ?

§ II. — RECHERCHE D'UN MODE DE RÉPRESSION QUI PRODUISE L'AMENDEMENT DU CONDAMNÉ.

Pour accomplir le vœu de l'Académie, nous avons donc dû rechercher de quelle nature pouvait être la réforme de notre système de répression. Nous l'avons envisagé jusqu'ici sous le rapport des moyens tendant à prévenir le mal, il nous reste à examiner si, en cas d'insuffisance de ces moyens, il ne serait pas possible d'en adopter qui fussent propres à le réparer.

Nous avions la conviction qu'il n'existait plus de doute sur la nécessité de changer de système; nous croyions d'autant plus que c'était la pensée du Gouvernement, que, dans son dernier compte général de l'administration de la justice criminelle, M. le garde des sceaux répétait ce qu'il avait dit plusieurs fois dans ses précédents rapports, que « la fréquence des « récidives montrait que notre régime pénitentiaire « appelait une prompte réforme ; car il était évident « qu'il ne corrige que très-incomplétement ceux qui « y ont été soumis. »

Circulaire du ministre de l'intérieur aux préfets.

Cependant une circulaire de M. le ministre de l'intérieur, adressée aux préfets le 17 août 1853, et dictée sans doute par des motifs d'économie, en appelant leur attention sur les prisons départementales et sur la nécessité de les améliorer, annonçait que le Gouvernement renonçait au système de séparation individuelle, et qu'on se bornerait désormais à introduire dans ces prisons l'ancien système de la division des détenus par classes ou catégories. Comme on a élevé des doutes sur la portée de cette circulaire, nous ne pouvons mieux faire que de la transcrire en son entier.

« M. le préfet, d'après les rapports annuels de l'inspection générale et les derniers renseignements qui m'ont été transmis en réponse à une circulaire du 4 mai dernier, la plupart des prisons départementales sont loin d'offrir les dispositions locales nécessaires pour l'exécution des prescriptions légales et réglementaires concernant la séparation des diverses catégories de détenus. Sur 396 maisons d'arrêt, de justice et de correction, il en est seulement 60, outre les maisons cellulaires, qui réalisent à cet égard le vœu de la loi. Dans 166, la séparation par quartiers est incomplète, et dans 74 elle n'existe pas.

« Cependant, vous n'ignorez pas, Monsieur le préfet, que la morale et la discipline commandent d'éviter la promiscuité des détenus, et que l'état de choses actuel constitue une dérogation permanente aux articles 603, 604 du code d'instruction criminelle relatif aux prévenus, accusés et condamnés, à l'article 2 de la loi du 5 août 1850 sur les jeunes détenus (1), et aux articles 89 et 115 du règlement général du 30 octobre 1841 (2).

---

(1) Art. 2. Dans les maisons d'arrêt et de justice, un quartier distinct est affecté aux jeunes détenus de toute catégorie.

(2) Art. 89. A défaut de maisons distinctes d'arrêt, de justice et de correction, les préfets, les sous-préfets et les maires veilleront à ce que les prévenus, les accusés et les condamnés renfermés dans la même maison y occupent des locaux séparés. — Les prisonniers de passage seront placés dans des chambres séparées. En aucun cas, ils ne pourront communiquer avec les autres détenus.

Les condamnés correctionnels ou criminels resteront, jusqu'au transfèrement au bagne ou à la maison correctionnelle, dans la maison d'arrêt ou de justice où ils entrent lors de leur condamnation. Ils y seront séparés des prévenus et accusés.

Art. 115. Dans les maisons qui ne leur sont pas exclusivement affectées, les détenus pour dettes occuperont des locaux séparés. Aucune communication ne leur sera permise avec les autres prisonniers.

« Les retards apportés par les administrations locales dans l'exécution des mesures nécessaires pour approprier les prisons à ces diverses prescriptions, doivent être imputés aux circulaires du 2 octobre 1836, du 9 août 1841 et 20 août 1849, qui repoussaient tout projet de réparation ou de reconstruction non conforme aux règles du système cellulaire. Les conditions *dispendieuses qu'entraîne l'application de ce système, l'impossibilité absolue pour le plus grand nombre des départements d'y pourvoir avec leurs seules ressources*, ont fait ajourner des améliorations indispensables.

« Aujourd'hui, le Gouvernement *renonce à l'application de ce régime d'emprisonnement pour s'en tenir à celui de la séparation par quartier*. Mais en donnant ainsi aux départements toute facilité de pourvoir, par des sacrifices limités, aux besoins de ce service, l'administration est fondée à exiger que, partout, il soit immédiatement procédé aux travaux nécessaires pour faire cesser une situation qui viole les lois et compromet les intérêts les plus graves.

« Je vous invite, en conséquence, à provoquer à ce sujet, une délibération du conseil général de votre département; il serait désirable que, dès cette année, des fonds pussent être votés pour mettre à exécution des plans de restauration, qui seront désormais admis sous la simple condition de réaliser la séparation des diverses classes de détenus. Il y aurait lieu d'examiner si, dans un intérêt moral et disciplinaire, ces plans ne devront pas comprendre un certain nombre de chambres destinées à isoler quelques détenus, à l'égard desquels des circonstances particulières peuvent nécessiter des mesures exceptionnelles.

« Je terminerai cette instruction en vous signalant une lacune regrettable dans la plupart des maisons d'arrêt et de justice concernant l'exercice du culte. Je tiens, autant que possible, à ce qu'il existe dans toutes une chapelle où les détenus puissent assister à l'office, conformément aux dispositions de l'article 117 du règlement du 30 octobre 1841. Les administrations locales comprendront, j'en suis sûr, qu'un de leurs premiers devoirs est de mettre à portée de la population prisonnière les consolations et le frein des pratiques religieuses.

« J'ai l'espérance, M. le préfet, que votre initiative amènera le conseil général de votre département à s'associer à cette réforme, que le Gouvernement de l'Empereur tient à honneur d'accomplir. »

« Recevez, etc. »

Cette circulaire, il faut le dire, causa un étonnement général, et d'autant plus grand qu'à la date du 23 août 1852, 47 prisons départementales avaient été construites d'après le système de l'isolement et étaient occupées; que 15 étaient en construction et que les projets de 6 étaient à l'étude.

Prisons déjà bâties d'après le système de l'isolement.

Les 47 prisons complétement édifiées renfermaient 4,850 détenus, ou un peu plus de cent par prison, ce qui faisait supposer que les 15 maisons en construction une fois terminées, et elles doivent l'être aujourd'hui, on pourrait loger dans les cellules 6,600 détenus environ, ou un tiers du nombre total des prisonniers des maisons départementales.

Plusieurs de ces maisons cellulaires avaient été construites sur les emplacements occupés par les anciennes prisons, et il en était d'autres pour lesquelles on avait utilisé une partie des anciens bâtiments. Les frais de construction avaient donc dû varier considérablement; mais on avait calculé que pour les maisons entièrement neuves, le prix de chaque cellule, y compris l'acquisition du terrain, était revenu en moyenne à environ 3,000 fr., quoique dans la plupart de ces prisons on eût ménagé des dortoirs ou salles communes, en vue d'un excédant momentané et accidentel de population.

Informations prises sur la circulaire par le Gouvernement danois.

Nous avons dit que la circulaire du 27 août 1853 avait causé un étonnement général; ce ne fut pas seulement en France que cet étonnement fut grand, il le fut encore à l'étranger. Ainsi le gouvernement danois, qui, depuis 1841, était entré dans la voie de la réforme, en substituant l'emprisonnement séparé à l'emprisonnement en commun, et qui se proposait de demander aux États, dans leur prochaine session, le vote d'une somme de 1,500,000 fr. pour la construction d'une nouvelle prison cellulaire, ébranlé dans sa détermination par la circulaire de notre ministre de l'intérieur, donna mission à un conseiller d'État, M. David, de venir en France pour s'enquérir des causes qui portaient notre Gouvernement à renoncer à un système que nous avions si heureusement commencé à mettre en œuvre. Cet envoyé, arrivé à Paris, eut peine à comprendre comment avait eu lieu ce retour de volonté, auquel ne fut assigné aucun motif sérieux. Toutes informations prises, le gouvernement danois persista dans son projet ; la somme demandée aux États fut votée, et la prison cellulaire est actuellement en construction ; une seconde l'est également ; l'une contiendra 400 détenus, l'autre 350 ; elles seront terminées en 1857, et renfermeront les condamnés à moins de 5 ans de réclusion ; le plan est à peu près semblable à celui de la prison de Bruchsal. Seulement, il y aura des ateliers communs pour un sixième de la population, dans lesquels pourront être placés, de l'avis du comité de surveillance, ceux des prisonniers qui par leur état de santé et leur âge, seraient jugés devoir être soumis à ce traitement. Nous ajouterons qu'à Copenhague, une aile de l'ancienne maison départementale ayant été incendiée en 1825, fut reconstruite en 1845 d'après le système de l'isolement de jour et de nuit. Ce bâtiment fut livré à sa destination le 1er janvier 1848 ; les résultats obtenus n'ont rien laissé à désirer ; plusieurs détenus ont passé en cellule de 1 à 4 ans, sans que leur santé en souffrît ; leur instruction a fait des progrès sensibles, et le travail a été beaucoup plus productif que dans le système en commun.

État de nos prisons constaté par le ministre de l'intérieur.

Dans son récent rapport sur l'administration des établissements pénitentiaires pour l'année 1852, M. le ministre de l'intérieur reconnaît que sur 387 maisons d'arrêt, de justice et de correction, qui existent en France, 60 seulement (ce sont sans doute les maisons cellulaires déjà construites) réalisent complétement le vœu de la loi en ce qui concerne la division des catégories ; que dans 166 cette division est incomplète, et que dans le reste, 161, la confusion existe, sauf la séparation des deux sexes.

Le ministre reconnaît « les déplorables résultats « de tout genre que doit engendrer la promiscuité « de ces éléments divers. Aussi dit-il que les précé- « dentes administrations avaient demandé au système « cellulaire les moyens d'opérer, entre chaque indi- « vidu, les séparations que la loi et la morale com- « mandent de placer entre les diverses catégories. « Pendant dix années, selon lui, l'action administra- « tive, en poursuivant ce but par tous les moyens, « est à peine parvenue à créer 50 maisons cellu- « laires. »

Si donc, tout en reconnaissant que les résultats du système actuel sont déplorables, le ministre renonce au système de l'isolement, on voit que c'est à regret et par suite du découragement que font naître les difficultés d'une telle entreprise. Il est facheux, en effet, que l'administration ne persévère pas à marcher dans la voie où elle était entrée; et quant aux difficultés dont elle s'effraye, il n'est pas douteux qu'en stimulant le zèle des conseils généraux, elle n'eût obtenu d'eux un concours qui l'eût mise en situation d'en triompher (1). Le passé, à cet égard, répondait de l'avenir. D'après les documents qui furent communiqués, en 1847, à la Chambre des pairs, 17 prisons cellulaires seulement étaient alors construites

(1) Maintenant que les dépenses des maisons départementales seront à la charge de l'Etat, ces difficultés ne sauraient exister.

et occupées; et si aujourd'hui, le nombre en dépasse 60, c'est une preuve que le mouvement ne s'était pas ralenti, et qu'en le secondant activement et avec persévérance, on pouvait tout s'en promettre.

Si, après la circulaire du 17 août 1853, les conseils généraux de 12 départements, comme le dit le ministre dans son dernier rapport, ont immédiatement voté des fonds pour la construction et l'appropriation de leurs prisons, d'après le nouveau programme de l'administration, qui est basé sur le régime en commun, cela se conçoit : les conseils généraux accepteront toujours avec empressement les moyens qu'on leur offrira de diminuer leurs dépenses.

Protestation de la commission départementale de la Seine contre la circulaire.

Cependant, la commission départementale de la Seine qui, placée au centre des lumières, et dans une capitale où l'existence d'une grande maison cellulaire, trop grande sans aucun doute, lui permet de comparer les deux systèmes; cette commission, dont les membres sont nommés par le Gouvernement, et à qui, conséquemment, on ne peut supposer un esprit d'opposition, a énergiquement protesté contre la circulaire du ministre. Dans sa séance du 2 novembre 1853, le préfet de la Seine qui, ayant précédemment administré le département de la Gironde, avait pu expérimenter la belle prison cellulaire de Bordeaux, reconnut « que c'était bien à tort que l'on reprochait au « système cellulaire d'entraîner les départements à « des dépenses trop considérables ; car, partout ail- « leurs qu'à Paris, en tenant fermement la main à ce « que les prisons départementales ne retinssent que

« les détenus auxquels elles sont destinées, les préfets « avaient pu réduire la dimension et par suite le prix « des constructions des prisons cellulaires. » D'un autre côté, l'honorable président de la commission départementale, qui tient une place si élevée dans la magistrature, disait : « Il semble vraiment que « l'état social en France soit la toile de Pénélope, et « que chacun travaille incessamment à renverser et « à refaire ce qui a été fait avant lui. Je ne crois pas « pour ma part que le conseil général de la Seine « doive suivre ce mouvement. C'est à lui qu'on doit « l'application la plus sérieuse et la plus étendue du « régime cellulaire, et aujourd'hui, qu'après de lon- « gues expériences il est évident que la somme des « bons résultats de ce système dépasse infiniment « celle des inconvénients inséparables de toute œuvre « humaine, peut-il lui convenir d'abandonner, sur le « vu d'une circulaire ministérielle, ses opinions les « mieux réfléchies ? Nous devons déclarer nettement « que nous continuons à regarder le régime cellulaire « comme le seul qui puisse exercer une heureuse in- « fluence sur l'état moral des détenus. »

Après une discussion approfondie, le conseil général de la Seine prit à l'unanimité la délibération suivante :

« Considérant que la vie en commun dans les pri- « sons a pour effet d'amener la corruption récipro- « que des détenus, soit par la contagion du mal, soit « par la suppression de tout sentiment de honte, soit « enfin par ces liaisons qui ne se forment la plupart « du temps que pour le crime ;

« Considérant que le système cellulaire produit « d'excellents résultats ;

« Persistant dans ses précédentes délibérations, le « conseil ne peut que prier MM. les préfets de la « Seine et de police de continuer les études commen- « cées sur l'extension du système cellulaire à toutes « les prisons départementales. »

Dans la même session de 1853, le conseil général, de Seine-et-Oise prenait cette autre délibération :

Autre délibération du conseil général de Seine-et-Oise.

« Considérant que précédemment le conseil géné- « ral, appelé à émettre son avis sur le meilleur régime « pénitentiaire à introduire dans les prisons, s'est « prononcé en faveur de l'emprisonnement indivi- « duel ;

« Considérant que l'expérience n'a fait que con- « firmer les avantages que ce régime pouvait offrir, « tant sous le rapport de la bonne conduite des dé- « tenus que pour la salutaire intimidation qu'il exerce « sur l'esprit ;

« Que lors même que la classification prescrite par « le code d'instruction criminelle dans le régime en « commun pourrait être observée, il n'en résulterait « pas moins les plus graves inconvénients ;

« Que souvent, les individus d'une même catégo- « rie sont d'une moralité entièrement diverse ;

« Qu'en prenant pour exemple celle des prévenus, « les uns peuvent être arrêtés pour la première fois « et déclarés ensuite innocents, lorsque d'autres « auront été l'objet de nombreuses condamnations, « et fait preuve de la plus grande perversité ;

« Que pour parvenir à une classification, il fau-

« drait pouvoir lire dans la conscience de chaque in-
« dividu, faculté interdite à l'homme ;

« Que la statistique criminelle prouve que toutes
« les associations de malfaiteurs qui ont effrayé le
« monde de leurs forfaits ont pris naissance dans les
« prisons, où ils ont, à la faveur du régime commun,
« organisé leurs entreprises criminelles pour s'assurer
« des complices et se créer des adeptes parmi les
« compagnons et les témoins de leur infamie ;

« Que le plus ou le moins de dépense ne doit pas
« être un motif déterminant, lorsqu'il s'agit de sau-
« vegarder les intérêts de la société, qui ne sauraient
« être compromis sans entraîner, même au point de
« vue financier, les plus grands dommages. Un de
« nos publicistes a dit avec raison : que rien n'était
« plus cher que le désordre ;

« Que d'ailleurs, on peut, avec certaines appro-
« priations, continuer à se servir des prisons existan-
« tes, et attendre, pour celles qui sont à reconstruire
« entièrement, que les ressources du département
« permettent de faire face aux dépenses que ces réé-
« difications peuvent entraîner :

« Par ces motifs, le conseil général, persévérant
« dans ses précédentes délibérations, émet le vœu que
« le régime de l'emprisonnement individuel continue
« à recevoir son application. »

Le conseil général de Seine-et-Oise, comme celui du département de la Seine, prononçait sur les deux systèmes en parfaite connaissance de cause, puisque ce département renfermait également des prisons soumises aux deux régimes, et qu'il avait pu comparer les résultats.

§ III. — EXAMEN DE LA QUESTION DE L'EMPRISONNEMENT CELLULAIRE.

Effet de la solitude au point de vue philosophique.

Puisqu'on semble ne tenir aucun compte, ni des sérieuses études faites par ordre du Gouvernement depuis vingt ans, ni de l'opinion manifestée par les grands corps de l'État appelés plusieurs fois à en délibérer, ni de l'opinion des cours d'appel lorsqu'elles ont été consultées, on nous pardonnera d'examiner de nouveau une question qui paraissait cependant irrévocablement résolue. Pour cela, nous n'aurons qu'à retracer quelques-unes des considérations qui furent exposées dans le sein de la commission de la Chambre des pairs de 1847, et reproduites dans le rapport qui fut présenté au nom de cette commission.

Ce qui frappe tout d'abord dans l'application du système de l'isolement, c'est qu'il met un terme au double inconvénient que nous avons signalé tant de fois : d'une part, école mutuelle de perversité, avenir commun engagé dans le crime; d'autre part, et par suite, affiliations toutes formées, complicité forcée de la faiblesse, impuissance du repentir!

Au point de vue philosophique, il est impossible de méconnaître combien est grande l'influence de la solitude sur le moral de l'homme.

Elle est déjà un grand bien pour le juste. En l'accoutumant à vivre de la vie intérieure, elle retrempe son énergie, élève et épure ses sentiments, lui donne des choses de la terre une plus saine appréciation, et, à cette distance des imperfections comme des torts de l'humanité, le dispose, par l'indulgente mansuétude du cœur, aux nobles dévouements et aux grandes actions.

Si la solitude agit de la sorte sur l'homme de bien, de quel secours ne doit-elle pas être sur ceux qui ont failli ?

Placé en présence de lui-même, à l'abri de toute excitation extérieure, le condamné se retrouve tout entier au milieu de ce silence qui le laisse à l'entière spontanéité de ses impressions, en pleine et libre possession de sa pensée, entendant de plus près, et forcé d'écouter mieux la voix de sa conscience. Le trouble qu'il éprouve, peut-être pour la première fois, lui révèle toute l'étendue et toute l'énormité de sa faute. Plus de fausse honte ; il n'est pas sous le regard d'autrui ! Plus de forfanterie, cette force factice du faible ! A l'effroi succède l'abattement ; à l'abattement, ce besoin secret de consolation que Dieu a mis au fond de l'âme de toute créature. Et à quelles consolations peut-il avoir recours, si ce n'est à celles qui viennent d'en haut et qui seules enlèvent au remords tout ce qu'il a de poignant et d'amer ? Ainsi préparé à se décharger du poids qui l'oppresse, qu'une voix amie pénètre dans sa cellule, que de temps à autre elle fasse parvenir à son oreille des paroles de paix et d'espérance, et il se fera en lui une heureuse transformation qui, pour être durable, n'aura besoin que de l'emploi suffisamment prolongé des moyens qui l'auront produite.

Tel sera l'effet salutaire de la solitude.

A ce système si simple, si approprié à la nature de l'homme, on fait des objections.

Objections faites au système de l'emprisonnement individuel.

On appréhende que la solitude n'influe d'une manière fâcheuse sur le détenu. Le désespoir, dit-on, s'emparera de lui, sa tête s'égarera, et il en résultera un certain trouble dans les facultés de l'esprit. En même temps, son corps étant privé de mouvement, il y aurait lieu de craindre qu'il ne fût envahi par l'une de ces maladies lentes qui prennent leur source dans des habitudes trop sédentaires.

D'un autre côté, il serait difficile de procurer aux condamnés, étroitement renfermés dans leurs cellules, des occupations variées et de les soumettre à un travail productif; de sorte que l'enseignement professionnel deviendrait nul pour eux, par la difficulté de leur en assurer isolément le bienfait.

Enfin, il en serait de même de l'enseignement religieux et élémentaire; car comment l'introduire dans chaque cellule, sans augmenter outre mesure, avec un accroissement proportionné des dépenses, le nombre des ministres des cultes et celui des instituteurs?

Réponse aux objections.

L'expérience faite à l'étranger et en France a répondu à toutes ces objections.

D'abord, il faut bien établir que nulle part on ne propose que l'isolement soit absolu. S'il le fut dans les premiers temps à Philadelphie, au pénitencier de Cherry-Hill, où le détenu, d'abord privé de travail, ne recevant ses aliments que par un tour, était enseveli dans une sorte de tombeau, ce régime y a été singulièrement adouci.

Communications.

On a reconnu que, pour obtenir l'amendement du condamné, il suffisait qu'il fût privé de communications avec les autres détenus; on s'est donc borné à le séparer d'eux, et on a favorisé toutes les autres communications qui étaient de nature à faire naître et à développer en lui les sentiments honnêtes.

C'est ce régime tempéré qui a été appliqué avec le plus grand succès aux États-Unis, en Angleterre, en Belgique, dans les Pays-Bas, en Danemark, en Suède et en Norwége, dans le duché de Toscane, dans le grand-duché de Bade, et enfin dans les 60 prisons cellulaires départementales qui existent en France.

Travail.

L'emploi du travail dans la cellule ne présente aucune difficulté: on a fait l'énumération de quatre-vingts industries diverses qui peuvent y être utilement exercées. Il est reconnu que l'ouvrier qui s'occupe seul et sans distraction est plus appliqué, plus attentif; que son intelligence se développe davantage, que son aptitude s'agrandit par la réflexion, qu'il acquiert ainsi plus promptement la perfection dans l'art manuel qu'on lui enseigne, et qu'enfin le travail qui le protége contre l'ennui, et dont la privation lui est seulement imposée comme punition, devient pour lui un besoin, qu'il s'y livre avec ardeur, et qu'il en prend le goût, de façon à lui faire porter dans la vie libre, lorsqu'il y sera rendu, les habitudes qu'il aura contractées dans le pénitencier; effet bien différent de celui qui a été constaté dans les ateliers des prisons en commun, où le labeur quotidien, s'accomplissant sous la menace incessante du châtiment, ne s'obtient qu'avec répugnance de la part du détenu qui, plus tard, considérera comme un résultat heureux de sa libération, l'avantage d'en être affranchi.

Le travail, et surtout le travail solitaire, a une grande puissance moralisatrice; les mouvements du corps se joignant à l'activité de l'esprit, il en résulte, pour les facultés de l'âme, une sorte d'équilibre. Avec le travail, naît l'amour de l'ordre, non pas seulement de cet ordre matériel qui consiste dans l'arrangement méthodique et uniforme des objets, mais de cet ordre moral qui met les actions d'accord avec les sentiments.

Enseignement élémentaire.

L'enseignement élémentaire ne présente pas plus de difficultés : une méthode nouvelle, due à l'ancien instituteur de la maison correctionnelle de la Roquette, aujourd'hui directeur de maison centrale, M. Poutignac de Villars, permet d'instruire à la fois, et avec un seul maître, toute la population d'un pénitencier cellulaire. Le mécanisme de cette méthode est aussi simple qu'ingénieux. Chaque détenu, placé devant une table, dans sa cellule, répète à voix basse, et copie les lettres et les mots écrits sur un tableau qu'il a sous les yeux, à mesure qu'ils sont prononcés à haute voix par un surveillant qui se trouve dans le corridor. Le détenu apprend ainsi à lire et à écrire à la fois. C'est aussi de la même manière que l'arithmétique lui est enseignée, et ses progrès sont d'autant plus rapides, que son attention, donnée tout entière à la leçon n'est point distraite, comme dans les écoles communes, par le mouvement continuel, inévitable conséquence de toute réunion nombreuse. L'instituteur, dont tous les gardiens deviennent ainsi les auxiliaires, n'a plus qu'à surveiller l'ensemble des leçons; seul, il suffit à cet enseignement.

Enseignement religieux.

Rien de plus aisément praticable aussi que les instructions religieuses. Si la maison n'a pas de chapelle cellulaire, où, comme à la prison de la Roquette, les détenus puissent se rendre, sans se voir mutuellement ni communiquer entre eux, elle peut cependant être disposée de manière à ce que la voix de l'aumônier parvienne sans peine au sein de chaque cellule, et y porte le recueillement et la foi. Le service divin ne perd rien de sa solennelle majesté; chaque détenu, à genoux devant sa porte entrebaillée, peut suivre de l'œil les cérémonies de l'Église, et, uni au prêtre, élever avec lui son âme et sa prière vers le ciel.

L'emprisonnement individuel ne fait donc pas plus obstacle à l'enseignement élémentaire et religieux des détenus, qu'à leur enseignement professionnel.

Santé.

Quant à la crainte de voir l'isolement altérer la santé, s'il y avait en cela quelque chose de réel, il faudrait se hâter de repousser un système qui aboutirait indirectement à une odieuse aggravation de peine; mais un examen attentif démontre que cette crainte ne saurait être fondée.

Il y a d'abord à cet égard une observation générale à faire: c'est que, quelque régime qu'on adopte, il se trouve dans la vie d'expiation du condamné un moment très-périlleux pour lui. A moins qu'il ne soit endurci par la fréquence des récidives, et s'il n'est fortement organisé, les circonstances qui ont précédé et accompagné son jugement, le drame dans lequel il est le principal acteur, et où toujours sa liberté et quelquefois sa vie sont en jeu, produisent dans tout son être un certain ébranlement, effet naturel de cette redoutable épreuve; les émotions dont il est agité, l'incertitude du résultat, le tiennent dans un état permanent d'angoisses, auquel succède un excessif accablement, quand toute illusion est détruite et toute espérance perdue. D'ordinaire, s'il éprouve quelque trouble d'esprit ou quelque altération dans sa santé, c'est dans les premiers moments qui suivent son emprisonnement.

Cet effet, il faut le dire, n'est pas plus propre à un pays qu'à un autre; il ne dépend pas de tel ou tel régime; il se produit partout de la même manière: il faut donc, dans quelque système que ce soit, en tenir compte.

Ce point établi, pourquoi l'état moral et physique du condamné serait-il plus compromis dans l'emprisonnement individuel que dans le régime en commun? Comparaison des deux régimes, de l'isolement et en commun.

Comparons-les, et précisons d'abord ce que sera le premier de ces régimes.

S'agit-il de salubrité? Le conseil des bâtiments civils, mettant à profit l'expérience des hommes de l'art les plus compétents, avait déterminé la capacité de la cellule, et fixé à vingt-huit mètres cubes au moins le vide dans lequel il serait donné au dé- Salubrité.

tenu de respirer; atmosphère bien plus salubre que celle de nos maisons centrales, où les détenus ne jouissent guère que de la moitié de ce volume d'air. Au dépôt des condamnés à Paris, prison toute neuve et qui est l'une des meilleures de l'ancien système, le prisonnier, dans l'atelier où il passe douze heures de la journée, n'a qu'un cube d'air de sept mètres.

Au milieu de cette atmosphère empoisonnée, rendue plus épaisse par la poussière de certaines industries, les poumons ne jouent pas à l'aise; de là de nombreuses maladies.

État sanitaire.

Mortalité dans les maisons centrales.

S'agit-il de la mortalité? Nous avons vu (1) que, d'après les documents fournis par le Gouvernement en 1847, elle était dans les maisons centrales, sur l'ensemble des condamnés, de 1 sur 13,17, parmi les hommes, et de 1 sur 14,94, parmi les femmes, lorsqu'elle n'est dans la vie libre que de 1 sur 41.

Il résulterait du dernier rapport de M. le ministre de l'intérieur, qu'en 1852, l'état sanitaire se serait amélioré, et que la mortalité n'aurait été sur l'ensemble des deux sexes que de 1 sur 16 environ, puisque sur une population moyenne de 19,240 condamnés, il n'y aurait eu que 1,332 décès, ce qui serait encore énorme. — Mais il y a des maisons centrales où la mortalité continue à être considérable; nous en avons signalé où elle était de 1 décès sur 7 condamnés.

Mortalité dans les prisons départementales.

Il est regrettable que nos statistiques ne puissent

(1) 1er vol., pag. 331 et suivantes.

pas faire connaître avec la même précision l'état de la mortalité dans les prisons départementales. Sur un effectif de 22,580 détenus, au 31 décembre 1852, il n'y aurait eu *dans l'intérieur des prisons* que 432 décès; mais la faiblesse numérique de cette mortalité n'est qu'apparente : le ministre a soin de faire observer qu'elle est due au transfèrement dans des hospices, où bientôt ils cessent de vivre, de la plupart des malades gravement atteints. D'ailleurs la durée moyenne de l'emprisonnement dans les prisons départementales n'atteint pas deux mois, elle n'est que de 54 jours.

Mortalité dans les prisons de la Seine.

Dans les huit prisons de la Seine, non compris la maison d'éducation correctionnelle des jeunes détenus, et le dépôt de mendicité de Villers-Cotterets, la mortalité, eu égard à la population moyenne, est de 1 sur environ 14 détenus. Et cependant la durée moyenne de l'emprisonnement dans ces prisons n'est également que de 54 jours.

La mortalité n'est pas constatée dans les prisons départementales cellulaires.

Le Gouvernement n'a pas fait constater le chiffre de la mortalité dans nos prisons départementales cellulaires; s'il l'eût fait, nous pouvons assurer, parce que c'est le résultat de nos propres investigations, qu'il se fût convaincu de la grande supériorité de ces prisons, au point de vue sanitaire, sur les autres prisons soumises au régime en commun.

Prison cellulaire de Bordeaux.

Ainsi, dans la prison cellulaire de Bordeaux qui compte 220 cellules, et qui, lorsque nous l'avons visitée, renfermait 195 hommes et 17 femmes; dans cette prison, disons-nous, l'état sanitaire est excellent, il n'y a presque jamais de malades à l'infirmerie, et on n'y compte que 2 ou 3 décès par an, sur un mouvement annuel de 14 à 1,500 hommes et de 150 femmes.

Prison cellulaire de Tours.

Dans la prison cellulaire de Tours, à part l'horrible fléau qui, en 1851, s'abattit sur l'établissement et qui frappa de mort 82 détenus sur 90, l'état sanitaire, avant comme depuis, n'a rien laissé à désirer. Lors de notre visite, sur 120 détenus des deux sexes, il n'y avait pas un seul malade, et les décès étaient très-rares.

Nous pouvons en dire autant des autres prisons cellulaires visitées par nous ; et nos remarques à cet égard concordent parfaitement avec les renseignements qui nous sont fournis par ceux des autres États de l'Europe qui ont adopté pour leurs prisons le régime de l'isolement.

Mortalité dans les prisons cellulaires anglaises.

L'Angleterre nous offre à cet égard de curieux rapprochements. Dans la période de 1843 à 1847, lorsque l'encellulement était prolongé de 18 mois à 2 ans, la moyenne annuelle de la mortalité à Pentonville n'a pas dépassé 6,15 sur 1,000 détenus, tandis que dans toutes les prisons d'Angleterre et du pays de Galles la moyenne avait été de 11,14 sur 1,000 prisonniers, c'est-à-dire près du double. Et si l'on compare la mortalité de Pentonville à celle de la population libre, et notamment à celle des individus de l'âge de 20 à 40 ans, qui est en général l'âge des détenus, on trouve qu'elle est de 11,14. Si on la compare enfin à celle de la garde royale à pied, qui est de 21,6 sur 1,000, on voit qu'elle est dans celle-ci trois fois plus considérable qu'à Pentonville.

Dans la prison cellulaire d'Amsterdam ouverte le 1er octobre 1850, jusqu'au 1er mars 1854, on n'a eu à regretter que 3 décès sur 1,878 prisonniers qui ont été écroués pendant cet intervalle de temps. Dans la prison d'Amsterdam.

Dans le grand-duché de Bade, la mortalité de la prison cellulaire de Bruchsal, occupée depuis le 10 octobre 1848, n'a offert qu'une moyenne annuelle de 1,88 sur 100 détenus. Prison de Bade.

A notre porte, en Belgique, où 1,129 cellules sont déjà construites dans les diverses prisons, les résultats sont également satisfaisants. Prisons de Belgique.

Enfin, le pénitencier de Philadelphie, dont le régime amélioré a servi de modèle aux diverses prisons cellulaires établies en Europe, n'a compté, en 1852, qu'un décès sur 142 détenus, et d'après le rapport du médecin qui lui donne ses soins, il y avait lieu de croire que la mortalité ne serait pas plus considérable en 1853. Pénitencier de Philadelphie.

Ainsi, l'expérience faite dans tous les pays où le régime de l'isolement a été adopté démontre que sous le rapport sanitaire, comme sous tous les autres, ce régime est bien supérieur à celui des prisons où les détenus vivent en commun.

S'agit-il d'une atténuation dans les facultés de l'esprit ? Ici encore, la comparaison est toute à l'avantage du système cellulaire. Aliénations mentales.

Comme nous l'avons également dit plus haut (1),

(1) 1er vol., pag. 340 et 341.

il fut constaté, en 1847, que les aliénations mentales étaient, dans nos maisons centrales, de plus de 13 sur 1,000 pour les hommes, et de 36 sur 1,000 pour les femmes. Il paraît que depuis lors ce nombre serait beaucoup diminué, puisque, d'après les documents qui nous ont été communiqués par M. le ministre de l'intérieur, il y aurait eu dans l'année 1851, sur une population de 18,800 détenus, 63 cas d'aliénation seulement, et que, d'après le dernier rapport du même ministre pour l'année 1852, le nombre de ces cas, sur une population de 19,240 condamnés des deux sexes, aurait été de 50, dont 16 se seraient manifestés par des symptômes antérieurs à la détention. Ce serait un peu plus de 2 et demi pour 1,000, proportion qui se rapprocherait beaucoup de celle qui est constatée dans la population libre, où, eu égard à cette population, le nombre des aliénés n'est que de 2 par 1,000.

Dans aucune des maisons cellulaires départementales que nous avons visitées, on ne nous a signalé des cas d'altération sensible dans les facultés intellectuelles.

En 1847, notre honorable confrère M. le docteur Lelut, chargé en chef de la section des aliénés à l'hospice de la Salpétrière, reçut mission de visiter les prisons cellulaires alors en exercice ; il porta dans ses visites l'esprit investigateur que nul dans sa profession ne possède à un plus haut degré que lui, et son rapport fut satisfaisant de tous points.

A la maison d'éducation correctionnelle de la Roquette, à Paris, les cas d'aliénation sont infiniment rares, si même ils se sont jamais réellement présentés.

Il en est de même dans les pays étrangers qui ont adopté le système cellulaire.

A la prison de Philadelphie, on avait observé, il y a quelque temps, les symptômes de cette affection chez plusieurs détenus; mais, à la suite d'une enquête minutieuse faite à ce sujet, le comité des inspecteurs a constaté qu'en ce qui concernait le plus grand nombre, elle avait une origine antérieure à la condamnation.

Comparaison faite en Angleterre entre la prison de Pentonville et les autres prisons.

On a comparé chez nos voisins le chiffre des aliénés de la prison cellulaire de Pentonville avec celui des autres prisons d'Angleterre et du pays de Galles, pendant la période de 1843 à 1847. Dans la première de ces prisons, il a été de 1,65 sur 1,000, tandis qu'il a été dans les autres de 6,3 sur 1,000. — Tous les rapports des commissaires de l'inspection, publiés depuis lors, ont donné des résultats semblables.

Autres pays.

Enfin en Hollande, dans le grand-duché de Bade, en Belgique, la même proportion s'est fait remarquer.

Suicides.

S'agit-il de suicides?

Il faut considérer que leur nombre dans la population libre est déjà considérable; il est même avéré que ce nombre se maintient presque toujours au même chiffre, espèce de tribut que la faiblesse de l'esprit paie annuellement à la mort. En 1850, il a été de 3,596; en 1851, de 3,598; en 1852, de 3,674. Les femmes entrent dans ces nombres pour un peu plus du quart.

Il ne serait donc pas surprenant qu'au sein de nos prisons, quelques cas de ce genre figurassent dans les états de la mortalité ; mais ils se produisent au même degré dans les prisons soumises aux divers régimes, et c'est presque toujours avant la condamnation.

Suicides dans la prison Mazas.

Les adversaires du régime de l'isolement tirent un grand argument de la fréquence des suicides dans la prison Mazas, à Paris, où, du 19 mars 1850 au 1er juin 1852, on en aurait compté 12.

Il faut d'abord reconnaître que cette prison, qui a été construite pour 1,200 détenus, se trouve, par l'exagération même de ce nombre, dans de très-mauvaises conditions ; la surveillance des détenus y est nécessairement insuffisante, et on ne saurait espérer que, livrés à eux-mêmes, privés de visites souvent renouvelées et des consolations que leur situation comporte, ils ne soient pas plus facilement accessibles à l'abattement, et par suite au désespoir. Le régime cellulaire n'est régénérateur qu'autant qu'il est fortifié par tous les moyens dont le concours est indispensable pour lui faire produire tous ses effets.

Et toutefois, nous voyons dans les rapports d'une commission nommée pour examiner les conditions physiques et morales de la prison Mazas, que ce nombre de 12 suicides en deux ans et deux mois sur une population flottante de 12,542 détenus, ou 1 suicide sur 1,050 détenus, n'a rien d'exceptionnellement alarmant, et qu'il se rapproche beaucoup du même nombre constaté, soit dans la ville, soit dans les autres prisons de Paris.

Suicides dans la capitale.

Dans la ville, en effet, en défalquant de la population totale les enfants au-dessous de 10 ans, que n'atteignent pas encore la lassitude et le dégoût de la vie; en défalquant aussi les femmes, puisque la prison Mazas ne renferme que des hommes, on trouve que sur cette population, ainsi réduite, la proportion des suicides est de 1 sur 1,291 habitants.

Suicides dans le dépôt des condamnés.

Dans les prisons de Paris, et notamment dans celle du dépôt des condamnés, qui passe pour la mieux construite des prisons de la Seine, et qui, sous le rapport de la salubrité, ne le cède à aucune autre, il y a eu en six ans, de 1838 à 1843, sur une population de 7,696 détenus, 5 suicides, c'est-à-dire 1 sur 1,539; mais dans la première de ces années, en 1838, il y avait 1 suicide sur 775 détenus, et en 1848, il y en avait eu également 1 sur 770.

Suicides dans l'ancienne Force.

Enfin, dans la prison de l'ancienne *Force*, il y avait eu en 1843, avant qu'elle fût remplacée par la prison cellulaire actuelle, 1 suicide sur 1,210 détenus, ce qui ne s'éloigne pas de beaucoup du chiffre constaté à Mazas.

Ainsi la situation de cette dernière prison, nonobstant les imperfections qui ont été signalées, n'est pas, sous le rapport du nombre des suicides, très-différente de celle des prisons qui sont sous le régime en commun.

Suicides dans les prisons cellulaires.

Mais ce qu'il y a de concluant, et ce qu'affirme notre honorable confrère M. Lelut, auteur du dernier rapport, c'est que dans trois voyages successifs qu'il a fait, de 1844 à 1848, pour visiter les prisons cellulaires, un seul cas de suicide lui fut signalé ; ce cas se rapportait à un condamné qui était arrivé le jour même dans la prison, et qui devait la quitter le lendemain; depuis lors, dit M. le docteur Lelut, tous les documents recueillis par l'administration témoignent de l'absence complète de suicides dans les prisons cellulaires.

Rapports par les préfets sur les prisons cellulaires.

Effectivement, M. le ministre de l'intérieur ayant voulu connaître avec certitude la situation de chacune des maisons cellulaires départementales à l'époque où le dernier projet de loi sur les prisons fut présenté à la Chambre des pairs, avait demandé des rapports spéciaux aux préfets, aux directeurs, aux aumôniers, aux médecins, afin de les comparer et de pouvoir les contrôler les uns par les autres.

Il mit sous les yeux de la commission de la Chambre le dépouillement de ces rapports, qui concernaient les 17 maisons cellulaires alors existantes.

Là se reproduisit tout ce que nous avons constaté : amélioration progressive; santé maintenue et améliorée; tranquillité d'esprit propre à éloigner les cas d'aliénation; épreuve redoutable aux criminels endurcis, douce aux âmes secrètement impatientes de se réconcilier avec elles-mêmes; infractions légères ; rares punitions.

Ce qui frappait le plus dans ces rapports, c'étaient les progrès de l'opinion relativement au système. D'abord, cette opinion lui était contraire. En plusieurs lieux, les membres des commissions de surveillance avaient eux-mêmes montré des préventions défavorables; mais à mesure que les faits avaient parlé, ces préventions s'étaient dissipées, et maintenant le système rencontrait de toutes parts autant de partisans qu'il comptait précédemment de détracteurs.

§ IV. — EXPÉRIENCES FAITES AU PÉNITENCIER DE LA ROQUETTE.

Pénitencier de la Roquette.

Nous aussi, à une époque où le régime de l'isolement était imparfaitement connu, et n'avait point été suffisamment expérimenté, nous doutions de son efficacité; et, dans un écrit publié en 1837 (1), on put voir notre hésitation. Mais l'expérience faite sous nos yeux dans le pénitencier de la Roquette, expérience que, comme membre de la commission de surveillance de cette maison, nous suivions jour par jour, nous ramena à une autre opinion dans laquelle des études plus suivies nous confirmèrent complétement.

Premier essai sur les détenus de la correction paternelle.

Qu'il nous soit permis de rappeler comment on procéda dans ce pénitencier.

Ce fut d'abord à titre d'essai que quelques jeunes gens y furent mis en cellule. On commença en janvier 1838 par les détenus de la correction paternelle, à l'égard desquels l'administration, comprenant l'étendue de ses devoirs envers les familles, voulut faire cesser une dangereuse promiscuité. Cette première tentative réussit : les enfants, devenus plus dociles, reconnaissaient leurs torts envers leurs parents, et,

---

(1) Des moyens propres à généraliser en France le système pénitentiaire.

lorsque précédemment les deux tiers d'entre eux rentraient jusqu'à 4 et 5 fois au même titre dans la maison, il était rare qu'on les y réintégrât une seconde, si surtout leur premier séjour s'y était prolongé quelques mois. On ne remarquait d'ailleurs aucune altération notable dans leur santé.

Deuxième essai sur les enfants indisciplinés.

Frappée des résultats de ce régime, l'administration prit le parti de mettre également en cellules, du moins pour un temps, les enfants jugés, que leur indiscipline rendait un sujet de scandale pour le pénitencier. Cette nouvelle épreuve ne fut pas moins satisfaisante que l'autre, et il y eut même cette particularité que quelques-uns, ayant fait un heureux retour sur eux-mêmes, demandèrent à ne pas rentrer dans la vie commune.

Isolement accordé à d'autres détenus à titre de faveur.

D'autres enfants, apprenant les avantages qu'il y avait à recueillir de l'isolement, et voulant se soustraire aux excitations de leurs co-détenus, sollicitèrent également la faveur d'être séparés d'eux.

C'est ainsi qu'à la fin d'octobre 1839, 233 enfants, sur 508 que renfermait l'établissement, se trouvèrent, par divers motifs, soumis sans restriction à ce régime.

Les progrès moraux furent sensibles, et, quant à l'état sanitaire, il y eut cela de remarquable, qu'une maladie qui faisait alors dans Paris de nombreuses victimes, et qui sévissait particulièrement sur la partie du pénitencier qui était soumise au régime en commun, sembla s'arrêter à la porte des cellules. On n'y comptait pas un seul malade, tandis que les ateliers en avaient constamment une centaine à l'infirmerie.

Ces résultats parurent si décisifs, que l'administration se détermina à généraliser le système, en l'étendant à tout le pénitencier, et, dès les premiers jours de janvier 1840, la transformation fut complète.

Tout le pénitencier mis en cellule.

Cependant, si, comme on le prétend, le séjour de la cellule avait de pernicieuses conséquences, ce devrait être surtout à l'égard des jeunes détenus; car l'enfant de 10 à 20 ans a l'imagination vive, l'humeur impatiente, le caractère mobile. Il a besoin de mouvement, il se plaît dans l'action et dans le bruit; eh bien! c'est ce même enfant qui, grâce à l'isolement, devient réfléchi, appliqué au travail, docile aux bons conseils, se laisse gagner par le sentiment religieux, et, loin que sa situation de corps et d'esprit en soit altérée, trouve dans l'uniformité des habitudes, dans le régulier emploi des heures, dans cette sorte d'apaisement qu'amène la solitude, quand elle est animée par le travail, le pouvoir d'échapper aux vices propres à son âge. On ne tarda pas à avoir une preuve irrécusable de ces bons effets, et c'est à la société instituée pour le patronage de cette classe de détenus, après leur libération, qu'il fut donné de la recueillir et de la constater. Tout ce qu'elle avait pu obtenir avant que la séparation fût complète, c'est-à-dire avant 1840, c'était l'abaissement de la récidive à près de 15 pour 100 parmi ces jeunes gens, tandis que depuis l'adoption du système, elle était descendue à moins de 7.

Ce qu'est l'enfant de 10 à 20 ans.

Cette expérience portait donc en elle une démonstration à laquelle il n'y avait rien à opposer; nous dûmes nous y rendre.

Épreuve plus décisive en Angleterre.

Plus récemment, une autre épreuve, plus concluante encore, a été faite en Angleterre, et, cette fois, c'est aux prisonniers eux-mêmes que nous devons la solution de la question qui, alors, plus encore qu'aujourd'hui, tenait l'opinion en suspens.

M. Russel, inspecteur général des prisons de la Grande-Bretagne, eut l'idée, en 1844, au moment où 345 convicts, assujettis jusque-là au système cellulaire, allaient être embarqués pour les colonies pénales, d'inviter chacun d'eux à écrire librement et franchement sur une feuille de papier ses réflexions et ses sentiments intimes, relativement à ce système d'emprisonnement; il leur fut promis que leurs réponses ne seraient ouvertes qu'après leur départ et que, quel qu'en pût être le contenu, il n'exercerait aucune influence sur le traitement auquel ils seraient soumis, soit à bord, pendant la traversée, soit à leur arrivée dans les colonies. Près de 300 convicts répondirent à cet appel, et les déclarations uniformes et approbatives de ces hommes prouvèrent une fois de plus l'excellence du système en faveur duquel ceux-là mêmes qui en avaient subi l'application se prononçaient de la sorte, d'après leurs impressions individuelles, sans hésitation et d'une voix unanime.

C'est ainsi qu'on a été amené à construire, soit en France, soit à l'étranger, un grand nombre de prisons cellulaires, et que partout les mêmes résultats ont été obtenus.

Nous avons cité plusieurs fois la prison cellulaire de Bruchsal, dans le grand-duché de Bade, nous y reviendrons, car c'est un modèle sur lequel on ne saurait trop appeler l'attention des Gouvernements. Cet établissement pénitentiaire, visité par l'honorable M. Ducpétiaux, inspecteur général des prisons du royaume de Belgique, d'après les ordres de son Gouvernement, a été l'objet d'une notice récemment publiée dans laquelle ce savant distingué a consigné ses intéressantes observations.

« La prison cellulaire de Bruchsal fut projetée et commencée, dit-il, en 1841 et ouverte le 10 octobre 1848; elle est destinée aux hommes condamnés pour crimes à la peine de l'emprisonnement pour un terme indéfini.

« Une loi du 6 mars 1845 règla le régime de l'établissement. Ce régime est celui de la séparation de jour et de nuit, combinée avec le travail, l'instruction, les visites, etc. L'isolement ne peut excéder une période de six ans, à moins que les détenus eux-mêmes n'en demandent la prolongation. Passé ce terme, ils sont réunis par petites divisions pour le travail en commun. La peine est réduite d'un tiers pendant l'encellulement, c'est-à-dire que *deux* mois de cellule sont considérés comme l'équivalent de *trois* mois passés en réunion. Chaque détenu doit être visité dans sa cellule au moins six fois par jour, et jouit au moins d'une demi-heure d'exercice en plein air. Parmi ces visites, sont comptées celles du directeur et du directeur adjoint, du médecin, des instituteurs, des employés aux travaux, et des membres du comité chargé de l'inspection de la prison.

« Il y a dans l'établissement un aumônier catholique et un protestant; chacun d'eux visite journellement le tiers au moins des prisonniers confiés à ses soins, ainsi que tous ceux placés dans les cellules d'infirmerie ou de punition. La durée de chaque visite individuelle doit varier de 3 à 10 minutes, de manière à ce que cette tâche occupe de 6 à 7 heures par jour. Les aumôniers tiennent un journal dans lequel ils inscrivent, jour par jour, toutes les observations que peuvent leur suggérer leurs visites et ils en rendent compte au directeur. Un extrait de leur journal est transmis tous les trois mois au ministère de la justice, en y joignant les remarques et les propositions qu'ils jugent à propos de faire dans l'intérêt du service qui leur est confié.

« Ces aumoniers tiennent en outre une comptabilité morale des détenus où chacun de ceux-ci a son compte ouvert qui résume les renseignements recueillis sur son caractère, ses antécédents, son degré d'intelligence, ses aptitudes, son état moral et ses progrès dans la voie de l'amendement. Cette comptabilité est également utilisée pour les correspondances entamées par les aumôniers avec les ministres du culte dans les communes où les libérés fixent leur résidence, de manière à assurer à ceux-ci le bénéfice d'un patronage bienveillant.

« La prison est distribuée pour contenir une population de 400 détenus. Les cellules sont spacieuses et bien aérées, elles mesurent 13 pieds de long sur 8 de large, et ont 9 pieds 7 pouces de hauteur. Leur cube est d'environ 1,000 pieds tandis que la capacité des prisons de Pentonville n'est que de 820 pieds.

En donnant ainsi plus d'étendue aux cellules, M. Ducpétiaux fait observer qu'on augmente leur salubrité. et qu'on facilite l'exercice des divers métiers introduits dans l'établissement.

« Le mouvement de la population de la prison a été, en 1852, de 566 détenus condamnés, savoir : 82 pour offenses contre le personnel ; 345 pour attentats contre les propriétés ; 76 pour crimes politiques, haute trahison, révolte, etc., et 63 pour délits communs militaires.

« Ainsi la prison de Bruchsal reçoit les condamnés de toutes les catégories, quels que soient les offenses, la durée des peines, l'état de récidive, l'âge et le culte professé. Le régime de la séparation est appliqué à tous sans distinction, avec la seule limite assignée à la durée, telle qu'on l'a indiquée. »

Les punitions infligées varient d'après une échelle trop compliquée peut-être, depuis la simple réprimande jusqu'à la mise aux fers. Dans l'année 1853, 157 punitions ont été prononcées ; 463 détenus n'en ont encouru aucune. Ce fait témoigne assurément, dit M. Ducpétiaux, en faveur de l'ordre qui règne dans l'établissement, comme de la justice et de la modération qui président à la gestion.

Après avoir passé en revue tous les détails qui se rapportent à l'organisation et à la marche de la prison de Bruchsal, M. Ducpétiaux rend compte des effets généraux du système et de l'impression qui lui est restée de sa visite. Nous rapporterons encore ses paroles : « Le régime cellulaire, dit-il, fonctionne à « Bruchsal d'une manière parfaitement régulière.

Le problème de l'emploi utile des détenus en cellule a été résolu de la manière la plus satisfaisante. Les métiers auxquels on les applique sont généralement choisis de manière à leur procurer des moyens d'existence après leur sortie, et les profits que l'administration retire de leur travail sont plus élevés que dans la plupart des prisons où les détenus sont occupés dans des ateliers communs. Les exercices du culte et l'enseignement scolaire sont l'objet d'un soin tout particulier. Dans aucun autre établissement on ne s'applique avec plus de zèle et de succès, à relever le condamné, à lui inculquer de bons principes, à cultiver son intelligence et à le prémunir, par suite, contre le danger d'une rechute. M. Ducpétiaux s'est entretenu avec plusieurs prisonniers choisis au hasard, il a trouvé chez presque tous une tranquille résignation, même un certain contentement, et surtout la conviction raisonnée du bien opéré sur eux par leur séparation des autres détenus.

« Enfin, ajoute M. Ducpétiaux, l'état sanitaire n'est pas moins remarquable. Il suffit, pour s'en convaincre de comparer le chiffre des cas de maladie et des décès à Bruchsal avec ce même chiffre dans toute autre prison où le système de réunion est encore en vigueur. »

La conclusion de M. Ducpétiaux, si bon juge en pareille matière, est que la prison de Bruchsal résout ainsi, de la manière la plus victorieuse, le problème de l'application de l'emprisonnement séparé aux condamnés à long terme: « L'exemple de la prison de

Pentonville, dit-il, et des autres prisons cellulaires d'Angleterre où la durée de la séparation est limitée à dix-huit ou même à douze mois, pouvait faire supposer qu'au delà de cette période, il y avait danger à prolonger l'isolement du condamné. Ce danger n'existe pas plus à Bruchsal qu'au pénitencier de Philadelphie où la séparation est même parfois étendue jusqu'à 12 ans sans que l'on en ait éprouvé d'inconvénient. En la limitant à 6 ans, le législateur du grand-duché de Bade a fait preuve sans doute d'une sage prudence, mais lorsque l'on voit que plusieurs détenus, à l'expiration de leurs six années de cellule, sollicitent, à Bruchsal, comme une faveur, la prolongation de ce régime, au lieu du passage dans les ateliers communs, on ne doit pas reculer devant l'extension de cette limite, sauf à prendre d'ailleurs toutes les précautions et à autoriser tous les ménagements susceptibles d'adoucir la rigueur de la séparation, sans en violer le principe. »

Telle est la prison de Bruchsal. Si la question de l'isolement avait pu être douteuse, ce doute ne serait-il pas dissipé maintenant (1)?

L'efficacité de ce mode d'emprisonnement est donc

---

(1) Depuis que ces lignes sont écrites, le roi de Wurtemberg a présenté aux Chambres un projet de loi, pour établir dans les prisons de ses Etats le régime de l'isolement. M. Weber, conseiller supérieur de justice, nommé rapporteur de la commission chargée de l'examen de ce projet, a visité plusieurs fois la prison de Bruchsal; trente-deux membres des Chambres l'ont visitée de leur coté, chacun séparément; tous sont demeurés convaincus de la bonté du système, et la loi sera votée sans aucun doute.

maintenant un fait acquis. Y renoncer parce qu'on douterait encore, ce serait fermer les yeux à la lumière ; y renoncer en raison des obstacles que peut rencontrer le complet développement de sa mise en action, ce serait méconnaître tout ce qu'il y a en France de puissance pour le bien. Quand les temps sont mûrs pour une réforme, il faut qu'elle s'accomplisse; la grandeur des moyens finit toujours par répondre à la grandeur du but. Sachons vouloir, et l'avenir est à nous !

CHAPITRE III.

Conditions nécessaires au régime de l'isolement.

Le régime de l'isolement une fois admis en principe, il reste à l'organiser.

Plusieurs conditions sont nécessaires pour cela :

1° Administration forte et centralisée ;

2° Instruction et consolations religieuses ;

3° Système de surveillance approprié à ce mode de répression ;

4° Travail ;

5° Visites fréquentes dans la cellule, de manière à ce que le détenu ne soit jamais laissé trop longtemps livré à lui-même ;

6° Exercice chaque jour à l'air libre, pendant un temps déterminé, dans des promenoirs créés à cet effet.

Nous allons reprendre successivement ces diverses conditions, et indiquer comment nous pensons qu'elles doivent être remplies.

§ Ier. — NÉCESSITÉ D'UNE ADMINISTRATION CENTRALE.

L'administration des prisons ne peut opérer le bien qu'il y a lieu d'attendre d'un meilleur régime, qu'autant qu'elle sera forte, et elle ne pourra l'être que par l'unité, la permanence des vues, l'existence d'un point central, auquel tout doit aboutir, et qui donne la direction et le mouvement aux diverses parties du système. Première condition.

C'est pour maintenir cette unité que nous avons vu le Gouvernement anglais instituer une administration spéciale, composé d'un surintendant général et de deux directeurs, qui forment son conseil et qui le secondent. C'est également à un surintendant général, M. le chevalier Peri, qu'est confiée l'administration suprême des prisons du grand-duché de Toscane. Surintendant général en Angleterre.

La commission de la Chambre des pairs de 1847 avait reconnu l'utilité de cette institution, et avait signalé au Gouvernement la nécessité de l'établir. Nos administrations financières, l'enregistrement et les domaines, les douanes, les postes, les tabacs, ont des administrations spéciales relevant du ministre des finances, pourquoi la surintendance des lieux de répression, qui relèverait du ministre de l'intérieur, et qui, chargée de préparer la régénération de tant d'hommes égarés, aurait une bien autre importance, ne serait-elle pas instituée à l'instar de ces autres directions! L'expérience du passé a démontré qu'un ministre, dont le temps est absorbé par les affaires générales de l'État, ne peut donner une attention particulière et soutenue à des améliorations qui ont besoin de suite, et qui demandent une préoccupation exclusive ; ne pouvant s'y livrer entièrement, il sera obligé de s'en rapporter à des bureaux, c'est-à-dire à des subordonnés qui, quelque dignes qu'ils soient de sa confiance, ne seront peut-être pas toujours animés de tout l'esprit de suite nécessaire.—Une administration spéciale, au contraire, qui serait indépendante des variations de la politique et des changements ministériels, pourrait avec plus de persévérance se livrer à l'application du mode de répression qui reposerait sur des bases nettement définies par la loi.

Attributions de l'administration centrale.

Cette administration choisirait pour les nominations qu'elle proposerait au ministre de l'intérieur, ou pour les emplois auxquels elle nommerait elle-même, les hommes les plus recommandables, les plus en état, par leur moralité et l'étendue de leurs vues, de seconder efficacement son action.

Le choix de ceux appelés, soit en première ligne, soit à tous les degrés, à donner le mouvement à la réforme, ne saurait être trop scrupuleux.

Nécessité d'éviter certains extrêmes dans le choix des hommes.

Il est à cet égard des extrêmes qu'il faut soigneusement éviter. Parmi ceux qui s'occupent des prisons, les uns oubliant les crimes du condamné, sa perversité, sa dégradation, sont conduits par une philanthropie peu éclairée à ôter à la répression le caractère de châtiment qu'elle ne devrait jamais perdre; ils voudraient que le prévenu fût traité à l'égal de la vertu malheureuse, et, dépassant le but, ils s'exposent ainsi aux plus déplorables mécomptes, en même temps qu'ils trompent le vœu de la justice sociale.

Les autres, plus praticiens, plus habitués à vivre avec les prisonniers, sont plus frappés de leurs vices que de la possibilité de les rendre meilleurs ; l'ordre matériel introduit dans les prisons est la seule perfection qu'ils croient réalisable. A leurs yeux, les détenus sont des instruments de travail dont il faut utiliser les bras et le temps ; toute réforme morale leur paraît une utopie qui ne saurait aboutir qu'à des dépenses considérables, sans aucun avantage réel pour la régénération des condamnés.

A une distance égale de ces deux points de vue, non moins erronés l'un que l'autre, la préférence devra être donnée au dévouement qui est exempt de préjugés, et qui n'est préoccupé d'aucune idée absolue.

Choix du chef supérieur de l'administration

Tout l'avenir de la réforme dépend du choix de celui qui serait placé à la tête de l'administration. Pour honorer une si grande mission, pour relever aussi dans l'opinion les fonctionnaires qui, à divers titres, y seraient associés, il importerait de ne la confier qu'à l'un des hauts dignitaires de l'État, que signalerait à la confiance publique et à celle du souverain la générosité de ses sentiments, non moins que l'indépendance de sa position. Le nouveau Larochefoucault qui dévouerait sa vie à l'accomplissement d'une œuvre si éminemment sociale, en serait largement récompensé par la gloire qui s'attacherait à son nom, et par la reconnaissance publique. Le même soin devrait être apporté au choix des membres qui, en très-petit nombre et dans une certaine mesure, seraient admis au partage de son autorité.

Ces premiers choix ainsi faits seraient déjà une garantie pour ceux des fonctionnaires d'un ordre inférieur, qui tous devraient réunir à une probité éprouvée, une intelligence exercée, une parfaite égalité de caractère et une fermeté de sang-froid toujours employée à propos.

Rôle du directeur d'un pénitencier.

C'est surtout dans la personne du directeur d'un pénitencier qu'il est désirable de voir toutes ces qualités réunies, et toutefois les talents administratifs dont il est tenu de faire preuve ne sont qu'une partie de ceux qu'il lui est imposé d'avoir. Véritable magistrat, chargé de distribuer chaque jour et à toute heure des punitions et des récompenses; appelé à régner souverainement dans la maison, mais comme règne la justice, avec calme et modération, le chef d'un pénitencier est obligé par la nature même de ses fonctions de réunir à une science profonde des hommes, le tact et le discernement qui lui apprendront les moyens les plus propres à exercer un salutaire empire sur chacun des condamnés; empire qu'il obtiendra sans peine, s'il s'attache à être équitable à l'égard de tous, à ranimer en eux le sentiment moral trop souvent éteint, et à les relever à leurs propres yeux.

Notre étonnement fut extrême, lors de notre visite dans une maison centrale, et au moment où nous entrions dans un atelier où travaillaient une centaine de condamnés, d'entendre le fonctionnaire qui nous accompagnait, nous dire à haute voix et de manière à être entendu de tous : « Voyez-vous ces hommes, « ils sont l'écume de la prison ; complétement per- « vertis, il n'y a rien à attendre d'eux ! » Nous demeurâmes stupéfaits, ne comprenant pas qu'on pût s'étudier à abaisser ainsi ces malheureux, et à les forcer en quelque sorte, par le mépris qu'on leur témoignait, à rester fidèles aux mauvais instincts qui les avaient poussés au crime.

C'est la tâche d'un directeur de prison, de veiller à ce que tous les employés sous ses ordres soient animés de son esprit, s'identifient au plan de réforme qu'il lui est donné d'accomplir, et concourent, chacun dans sa sphère d'action, à en faciliter l'exécution et à en assurer le succès.

Le nombre des détenus doit être limité.

Ici, se représente une observation que nous avons déjà eu occasion de faire, en ce qui concerne la prison Mazas, construite pour 1,200 détenus. La surveillance ne peut être réelle qu'autant que ceux qui en sont l'objet ne peuvent s'y soustraire. Si leur nombre excède 4 à 500, ni le directeur, ni les employés sous ses ordres, ne sont en position d'exercer l'influence individuelle qui nécessite des communications fréquentes.

Choix des gouverneurs en Angleterre.

Nous avons dit, dans notre premier rapport (1), qu'en Angleterre les fonctions de directeur étaient confiées à des hommes choisis parmi les officiers les plus distingués de l'armée, ayant au moins le grade de capitaine, et qu'ils recevaient le titre de *gouverneur*.

---

(1) 1er vol., page 44.

Nous avons dit aussi qu'on n'y élevait pas à ces fonctions ceux qui avaient commencé leur carrière par des emplois inférieurs. On ne leur supposait ni une éducation assez soignée, ni assez de portée dans l'esprit, pour être à la hauteur de devoirs d'une nature à la fois si élevée et si délicate; à la différence de ce qui se pratique chez nous, où, d'ordinaire, les emplois d'instituteur, de greffier ou d'inspecteur, sont autant d'échelons pour parvenir à la direction d'une maison centrale.

Nous ne nous permettrons pas de nous prononcer d'une manière absolue entre ces deux manières de procéder; nous dirons seulement qu'en France nos idées démocratiques se refuseraient à une exclusion qui serait uniquement motivée sur l'infériorité antérieure de situation. Sans doute cette infériorité peut donner lieu de craindre qu'en se résignant de bonne heure à un service dont les exigences l'ont tenu éloigné du commerce du monde, l'employé subalterne n'ait pas eu le temps, ni la possibilité d'acquérir cette science de la vie, cette culture intellectuelle, cette dignité de tenue, de langage et de caractère, qui seules peuvent donner au directeur d'un pénitencier force et autorité; mais si ce grade inférieur ne doit pas être par lui-même une cause de préférence; si, d'un autre côté, il ne peut constituer une présomption plus ou moins fondée d'inaptitude, cette considération ne devrait pas empêcher d'élever au poste supérieur celui qui réunirait toutes les qualités requises. Établir une règle contraire, ce serait détruire une émulation qui peut porter d'excellents fruits, s'exposer à commettre de graves injustices, et se mettre en contradiction avec le principe général adopté en France, qui ne met à l'obtention de toute fonction publique d'autre condition que celle d'en être digne.

Les officiers de l'armée anglaise, bien qu'appartenant pour la plupart à la haute aristocratie, s'honorent d'accepter une mission qui, indépendamment de la considération qui y est attachée, leur présente de grands avantages; ils y apportent une solide instruction, le reflet des mœurs d'une société polie et une habitude du commandement qui les prédispose au ferme maintien de l'ordre et de la discipline.

Dans notre armée, où les grades (et c'est là ce qui fait sa force) ne sont donnés qu'au mérite, où le simple soldat peut élever sa fortune aussi haut que son courage, il serait peut-être moins facile de trouver beaucoup d'hommes aptes à recevoir cette destination, bien que nous ayons vu à la tête de l'une de nos plus importantes maisons cellulaires de département un chef de bataillon en retraite, qui justifiait pleinement, et à tous égards, la confiance qui l'y avait placé.

Si on se pénètre bien de la nature des obligations imposées à un chef de pénitencier, on se convaincra, comme nous le disions, qu'il exerce une véritable magistrature; aussi devrait-il avoir l'intelligence des lois, être initié aux formes judiciaires et, s'il était possible, avoir acquis, par la part qu'il aurait prise au jugement des affaires criminelles ou correctionnelles, la connaissance de cette nature d'hommes de qui la société a tout à craindre.

Il y aurait donc avantage à prendre dans les rangs

de la magistrature française les fonctionnaires auxquels serait confiée la direction de nos maisons de répression. Mais pour déterminer les membres de l'ordre judiciaire à accepter cette destination, il faudrait qu'en raison de l'importance qui lui serait assignée, ils fussent censés, au lieu de déchoir, y être appelés à titre d'avancement et de récompense. N'avons-nous pas vu l'homme charitable qui dirige la colonie pénitentiaire de *Mettray*, quitter, pour se dévouer tout entier à cette œuvre de bien public, la position élevée qu'il occupait si honorablement dans la première de nos cours d'appel? Que l'autorité élargisse la voie qu'il a ainsi ouverte, et son exemple trouvera de nombreux imitateurs.

Ce serait en la formant de tels éléments qu'on organiserait une administration ferme, vigilante, éclairée, capable autant que digne de donner à cette grande réforme l'impulsion et la vie.

§ II. — INSTRUCTION RELIGIEUSE.

Deuxième condition.

Mais cette administration, si fortement constituée qu'on la suppose, ne pourrait suffire à sa tâche, si elle ne trouvait dans l'assistance des ministres de la religion les moyens les plus assurés de l'accomplir.

En effet, si le chef d'un pénitencier, qui tient dans sa main et fait jouer habilement les ressorts de l'œuvre, en résume la pensée intelligente, le ministre du culte, qui en personnifie la pensée religieuse, la féconde par l'expansion d'une morale vivifiante qui est comme la rosée du ciel. Au travail, à l'isolement, au silence qui règneront dans la maison, il ajoutera ce qui, pendant ces longues journées où le corps seul est occupé, a la puissance d'agir profondément sur l'âme. Il fera pénétrer dans les cellules cette voix d'en haut qui provoque à réfléchir sur soi-même.

Ce que doit être l'aumônier des prisons.

Ces hommes, depuis si longtemps étrangers à tout sentiment religieux, qui ont fait taire leur raison et leur conscience, sont en pleine révolte contre toute doctrine dans laquelle est renfermée leur condamnation. Ils ont donc, si ce n'est de la haine, du moins un éloignement marqué pour celui dont la seule présence leur rappelle un Dieu rémunérateur et vengeur, et qui apparaît à leurs yeux comme un remords vivant. Pour amener à lui ces esprits rebelles, il faut que l'apôtre des prisons use de grands ménagements ; que, dans le principe, il se contente de peu ; qu'il les accoutume d'abord à sa vue, puis, les captive par sa parole. Un pas chaque jour, c'est tout ce qu'il peut se promettre ; en voulant trop obtenir, il n'arriverait qu'à l'endurcissement ou à l'hypocrisie. La lenteur forcée de cette marche exigera des visites fréquentes, d'où la conséquence qu'il ne saurait étendre son action au delà de certaines limites.

Deux aumôniers ne seraient donc pas de trop pour un pénitencier de 4 à 500 détenus. N'oublions pas comment le service religieux est organisé à Portland, où, pour 1,000 condamnés vivant non en cellule, mais réunis et recevant deux fois le jour des instructions communes, il y a deux chapelains, aidés de six lecteurs des saintes Écritures et de deux maîtres d'école, qui tous relèvent des chapelains et les secondent;

encore une grande partie de leur temps n'est-elle pas employée comme chez nous à entendre les condamnés en confession, ce qui augmente les devoirs des ministres du culte catholique.

Ce pieux ministère a en outre besoin d'études préalables appropriées à son exercice. Sans une sorte de noviciat, comment espérer de diriger avec fruit des consciences si malheureusement en dehors des voies ordinaires? Il s'agit de natures à part; pour les dominer, il importe de les bien connaître, préparation indispensable, condition essentielle de succès.

Projet d'un noviciat pour les aumôniers.

La tâche de l'aumônier des prisons est si étendue, si différente même de celle des autres prêtres, que sous le dernier gouvernement on eut un moment la pensée de créer un séminaire spécial pour instruire et préparer les jeunes ecclésiastiques qui auraient cette vocation. On fut arrêté par la crainte qu'après avoir formé des sujets, on n'éprouvât des difficultés pour les placer, chaque évêque pouvant, dans la plénitude de son autorité, refuser de les recevoir dans les prisons de son diocèse, et ce projet, de qui on pouvait espérer de si bons résultats, fut abandonné. La commission de la Chambre des pairs de 1847 exprima le vœu qu'il fût repris et qu'on trouvât le moyen de lever les obstacles devant lesquels on avait cru devoir s'arrêter.

Ce moyen semblerait facile aujourd'hui, le gouvernement impérial ayant rétabli l'office de grand aumônier qui existait sous le premier empire et sous la restauration; les aumôniers des prisons relèveraient naturellement de l'autorité de ce haut dignitaire de l'Église, qui les placerait selon les besoins des divers services.

§ III. — MODE DE SURVEILLANCE. — CONGRÉGATIONS.

L'action de l'aumônier, cet apostolat sans lequel tout le bien à opérer dans les prisons n'aurait ni consistance, ni durée, n'atteindrait elle-même son but qu'autant que la pensée, dont elle est l'expression, se retrouverait dans tous les actes de l'administration comme dans tous les agents qu'elle emploie. Troisième condition.

L'aumônier, si puissante que soit son influence, ne l'exerce qu'à des moments donnés; tandis qu'il faut que cette pensée, sans cesse présente, se reproduise à toute heure, avec ses symboles, ses signes extérieurs, et plane en quelque sorte sur chaque instant de la vie du condamné.

Nous avons vu précédemment (1) que, pénétré de cette nécessité, le précédent gouvernement avait senti le besoin de donner des auxiliaires aux aumôniers, en conférant à des congrégations religieuses la surveillance des prisons, et en les substituant aux gardiens actuellement employés, de telle sorte que chaque détenu eût constamment sous ses yeux, à ses côtés, un de ces auxiliaires humbles de cœur, qui, revêtu du costume religieux, lui rappelât sans cesse par son dévouement, la source de toute grande inspiration, et par sa mansuétude, le Dieu qui pardonne.

---

(1) 1er vol., p. 306 et suivantes.

Nous avons fait connaître l'institution des sœurs de Marie-Joseph pour les prisons de femmes. Nous avons montré avec quel dévouement ces saintes filles se chargeaient de préparer à une meilleure vie les âmes dégradées qui leur étaient confiées. Nous avons dit comment le sentiment de respect qu'elles inspirent avait fait succéder partout l'ordre à l'indiscipline, le sentiment religieux à l'impiété, la confiance à l'éloignement.

Mais, nous avons vu aussi que les frères de la doctrine chrétienne, chargés de la surveillance de quatre de nos maisons centrales, n'avaient pas obtenu le même succès, et qu'on avait cessé de leur confier cette surveillance, par suite de froissements qui avaient eu lieu entre eux et l'administration.

Nécessité d'un noviciat pour les congrégations d'hommes.

Nous sommes convaincu que ces froissements ne se seraient pas produits si, au lieu de s'adresser à une congrégation déjà existante, et seulement instituée pour élever l'enfance, le Gouvernement eût fondé une congrégation d'hommes qui, à l'instar de celle de Marie-Joseph, se fût vouée exclusivement à la même œuvre, et s'y fût préparée par un noviciat semblable, dans lequel chaque frère, en s'initiant à tout ce qu'eût exigé de lui la direction de ces êtres déchus, aurait appris en même temps à recevoir docilement l'impulsion de l'autorité civile.

Avec le système de l'emprisonnement en commun, les gardiens actuellement employés, si leur choix laisse quelque chose à désirer, trouvent une sorte de correctif dans la surveillance inévitable que surveillants et détenus exercent réciproquement les uns sur les autres. Ateliers, dortoirs, préaux, tout est commun, tout est public; il ne peut rien se passer qui ne soit vu de tous; le directeur est immédiatement instruit du moindre désordre. Mais avec l'emprisonnement séparé, quels yeux pourront voir ce qui se passera dans la cellule entre le gardien et le détenu? Qui pourra redire leurs entretiens?

Le nouveau système serait donc compromis, si tous les surveillants n'inspiraient à l'administration la plus entière confiance, si tous n'avaient, pour unique mobile, ce dévouement dont la récompense est autre part que sur la terre.

Les congrégations religieuses sont seules appelées à remplir ces conditions. Où trouver en effet, l'énergie de volonté nécessaire pour braver tous les dégoûts et surmonter tous les obstacles? Où rencontrer ces vertus qui s'ignorent elles-mêmes et qui acceptent, sans les dédaigner, les fonctions les plus humbles, pour s'en acquitter comme d'un devoir envers Dieu, si ce n'est parmi ces hommes qu'un lien religieux unit et qu'un même sentiment anime? Avantage des congrégations.

Le frère formé à ce service par une éducation spéciale deviendra l'auxiliaire de l'aumônier; il sera plus en état de le seconder que le lecteur des saintes Écritures et que le maître d'école de la prison de Portland ne sont en état d'y seconder le chapelain. Il se fera le consolateur du détenu, son conseil, son appui; s'il le trouve abattu, il relèvera son courage; s'il découvre dans son cœur une corde sensible, il la fera vibrer, et provoquera le repentir en lui présentant avec une douceur mêlée de fermeté, l'expiation Rôle du frère.

qui lui est imposée comme une faible réparation du mal qu'il a fait aux autres et qu'il s'est fait à lui-même.

Tel serait le rôle de ces hommes de Dieu dans la grande œuvre de la réforme. Tout cela, on le voit, exige plus et autre chose que la préparation exclusivement nécessaire aux congrégations qui se destinent à répandre le bienfait de l'enseignement élémentaire; car outre la connaissance des hommes en général, et de cette classe d'hommes en particulier, il faut que le frère ait une notion suffisante de nos lois pénales, pour pouvoir leur expliquer en quoi il les ont violées; et même, qu'il ne soit pas tellement étranger au monde, qu'il ne puisse leur indiquer comment ils devront s'y conduire, lorsque l'heure de la libération aura sonné pour eux.

Le frère sera l'instituteur des condamnés.

Enfin, le frère sera l'instituteur de l'établissement pénitentiaire; avec la méthode de M. Poutignac de Villars, sa tâche en cette partie, lui sera facile.

Contre-maîtres remplacés aussi par les frères.

Il est une autre catégorie d'auxiliaires dont l'emploi, dans l'état actuel de nos prisons, est indispensable; nous voulons parler des contre-maîtres; ceux-ci dirigent le détenu dans son travail manuel, ils le lui apprennent, lui distribuent les matières et les outils dont il a besoin; leurs rapports sont de tous les instants. Les contre-maîtres ne sont pas les agents de l'administration; ils sont ceux de l'entrepreneur des travaux dans les maisons centrales qui sont encore à l'entreprise; le directeur se borne à les agréer. Ils offrent bien moins de garantie encore que les gardiens actuels, qui, eux au moins, sont tenus de justifier de leurs services, ordinairement militaires ; de produire des certificats de moralité, et qui ne sont définitivement nommés par le directeur qu'après un noviciat de deux ans.

Il y aurait donc encore nécessité que les frères chargés de la surveillance des prisons d'hommes, et que les sœurs qui se vouent à celle des prisons de femmes, apprissent des métiers, afin de pouvoir remplacer les contre-maîtres et les contre-maîtresses, dont la coopération, si elle continuait d'avoir lieu en dehors des moyens pénitentiaires employés dans la maison, ne pourrait qu'en compromettre l'effet.

La congrégation qui formera des sujets pour ces divers services assurera dans toutes ses parties le succès du système.

La commission de la Chambre des pairs de 1847 qui comptait dans son sein plusieurs honorables membres appartenant à la religion réformée, se montra si convaincue de l'utilité de l'élément religieux ainsi introduit dans le service de surveillance des prisons, qu'elle fut unanime pour recommander au Gouvernement l'emploi de cet élément, tout en réservant un mode à part pour les détenus des cultes dissidents.

Objection tirée de l'esprit d'envahissement des congrégations.

Cette commission se montra peu touchée de la crainte que pourrait faire naître l'esprit d'envahissement qu'on prête aux congrégations. L'autorité civile, telle qu'elle est constituée en France par nos institutions, est de toutes parts assez forte pour résister à cet envahissement, s'il pouvait jamais se révéler. Et d'ailleurs, ces sortes de congrégations, si surtout elles étaient organisées dans un but spécial, tel que celui de la surveillance des prisons, auraient d'autant plus d'intérêt à se renfermer dans les limites qui leur auraient été tracées, que, si elles forçaient le Gouvernement à cesser de les employer, tous les sujets qu'elles auraient formés, n'ayant plus le moyen d'exercer leur vocation, se trouveraient privés de leur carrière.

Ce serait enfin à l'administration à leur imposer ses conditions et à rédiger ses règlements, de manière à ce que rien ne gênât l'autorité des directeurs de prison, qui doit être ferme et demeurer entière, et à ce que la responsabilité, à quelque degré de la hiérarchie qu'elle fût encourue, ne pût être couverte, ni par le caractère de l'homme, ni par l'habit, quelque respectable qu'il soit, dont il serait revêtu.

§ IV. — TRAVAIL DANS LES PRISONS.

Quatrième condition.

Après avoir indiqué sur quelle base il importe d'établir le service de surveillance des prisons, il y a lieu de s'occuper de l'organisation du travail. Nous avons dit ce qu'il doit être, et le rôle qu'il est appelé à jouer dans l'œuvre de la réforme ; nous avons exposé comment il peut être rendu facile ou plus pénible, selon la catégorie à laquelle appartient le détenu. Le travail, qui par lui-même est essentiellement moralisateur, sauvera ce dernier de l'ennui d'où naît l'abattement, et de cette langueur des sens, provoquée et entretenue par les excitations d'une imagination oisive ; tout en le rendant meilleur, il lui sera doublement utile, car il le dotera d'un métier qui lui assurera des moyens d'existence pour l'avenir.

Afin que le travail soit honoré, on le fera considérer au condamné, non comme une tâche à remplir, mais comme une récompense de sa bonne conduite; s'il en est privé, ce sera à titre de punition. Amené à l'envisager de la sorte par les hommes dévoués chargés de veiller sur lui, il s'associera dans sa pensée au sentiment religieux dont ces hommes sont inspirés, et le prix qu'il sera disposé à y attacher sera pour lui le gage du soin qu'il mettra plus tard, quand il deviendra maître de ses actions, à s'en faire un préservatif contre les dangers de la liberté. La solitude sans travail serait un supplice; avec le travail, elle devient supportable et quelquefois douce.

Le travail considéré comme une récompense.

§ V. — NÉCESSITÉ DE FRÉQUENTES VISITES AUX DÉTENUS.

En même temps que le travail procurera au condamné des distractions salutaires, les visites fréquentes qu'il recevra lui en offriront d'autres non moins profitables : car si le but du système proposé est de lui interdire toute communication avec les êtres corrompus qui, comme lui, subissent leur peine dans le pénitencier, c'est une des conditions de ce système, de s'attacher à favoriser toutes celles qui sont de nature à réveiller en lui ses bons instincts.

Cinquième condition.

Il importe donc que de telles communications soient régulières, et que le détenu ne soit jamais trop longtemps livré à lui-même.

Objections contre la possibilité des visites fréquentes.

Les détracteurs du système de l'isolement font des calculs minutieux pour établir l'impossibilité de visiter fréquemment les condamnés, et ils s'autorisent des difficultés que la prison Mazas présente à cet égard.

Cette prison, nous ne saurions trop le redire, ne peut être prise pour modèle; mais si une maison cellulaire ne renferme pas plus de 4 à 500 prisonniers; si pour ce nombre elle a deux aumôniers; si ces ecclésiastiques sont secondés par les frères d'une congrégation religieuse; si ces frères sont en même nombre que les gardiens actuels dans nos maisons centrales, c'est-à-dire dans la proportion de 1 pour 30 condamnés, ce qui leur permettra d'entrer dans les cellules confiées à leur surveillance presque à toutes les heures du jour, soit pour donner de l'ouvrage aux détenus et les diriger dans leurs travaux, soit pour diriger aussi leur instruction religieuse et élémentaire; si des membres des sociétés de patronage et de charité sont admis dans ces cellules, et partagent avec les aumôniers et les frères gardiens le soin pieux d'y apporter des paroles de paix et d'encouragement; si enfin le directeur, comprenant la grandeur de sa tâche, non-seulement visite lui-même ceux des détenus qui exciteront plus particulièrement sa sollicitude, mais encore veille attentivement à ce qu'aucun d'eux ne reste longtemps seul; et, si à cet égard il se fait rendre chaque jour le compte le plus détaillé de l'exécution donnée à ses ordres, il est hors de doute que l'isolement du condamné n'existera qu'à l'égard de ses codétenus, et qu'il recevra dans sa cellule tous les adoucissements, comme toutes les consolations que sa position comporte.

§ VI. — EXERCICES JOURNALIERS.

La dernière condition, dont l'observation doit compléter le système de l'emprisonnement individuel, est la faculté accordée au condamné de faire de l'exercice une ou deux fois le jour, et pendant un certain temps, au grand air. Sixième condition.

Cet exercice est indispensable ; le corps s'en fortifie. Dans les pays étrangers, comme en France, partout où des prisons cellulaires ont été construites, des promenoirs ont été ménagés à cet effet : leur usage tempère ce qu'une absence trop prolongée de mouvement pourrait avoir de pernicieux sous plus d'un rapport.

C'est ainsi, et toutes ces conditions remplies, à savoir : organisation forte de l'administration, instructions et consolations religieuses, surveillance appropriée au système, travail, visites fréquentes, exercice journalier ; c'est ainsi, disons-nous, et non autrement, qu'on parviendra à asseoir sur des fondements solides un mode de répression dont les bons effets répondront à ce que la sécurité de la société réclame depuis trop longtemps.

CHAPITRE IV.

Application du système.

L'emprisonnement individuel est le premier degré du système dont il nous reste à suivre l'application; mais pour éclairer entièrement ce sujet, et faire sentir l'importance des innovations que nous avons le dessein de proposer, il importe de faire connaître à l'Académie les modifications que le Gouvernement anglais a apportées en dernier lieu à son mode de répression pénale. Les avantages qu'on peut se promettre de ces modifications paraissent trop certains, pour ne pas devoir exercer de l'influence sur le plan de réforme qui, tôt ou tard, sera adopté parmi nous.

§ Ier. — NOUVEAU BILL ANGLAIS SUR LA TRANSPORTATION.

Ce qu'était la transportation avant le nouveau bill.

On n'a point oublié quel était en Angleterre le précédent système (1).

Les condamnations à la transportation ne pouvaient être de moins de 7 ans. Une année était passée en prison cellulaire, après laquelle le condamné était transféré à Portland, ou dans d'autres établissements du même genre, et employé à de grands travaux en

(1) Voir 1er vol., pages 49 et suiv.

commun ; là, il était soumis à des épreuves graduées, qui pouvaient durer plusieurs années ; et ce n'est que lorsqu'il en était sorti d'une manière satisfaisante, qu'il était transféré dans les colonies de l'Australie occidentale, les seules qui consentissent à le recevoir.

Les individus condamnés à une peine dont la durée était de moins de 7 ans, la subissaient dans l'une des prisons d'Angleterre. On sait d'ailleurs que la peine de l'emprisonnement n'y excède pas 4 ans, et que si les prisons sur lesquelles le Gouvernement exerce une action directe sont appropriées au régime de l'isolement, ce régime n'est pas uniforme dans les prisons des bourgs et des comtés, quoiqu'il tende à s'établir de toutes parts.

Tel était le système anglais lorsque nous écrivions notre premier rapport ; mais nous terminions en faisant remarquer à l'Académie « que si la facilité pour « l'Angleterre d'avoir un lieu où elle pût conduire « ses condamnés après amélioration préalable lui « échappait, ce qui, disions-nous, dans un avenir « plus ou moins éloigné, ne pouvait manquer d'ar- « river, son Gouvernement se verrait obligé de re- « courir à de nouveaux expédients pour remplacer « ce dernier degré de son système de répression. »

Ce que nous avions prévu n'a pas tardé à se réaliser : la plupart des colonies anglaises refusant de recevoir les convicts, et le Gouvernement ne pouvant plus les envoyer que sur un petit nombre de points, il a fallu, par une disposition législative, restreindre les cas de transportation. C'est ce qui a été fait par un acte du Parlement du 20 août 1853. Au lieu de

Ce qu'est la transportation d'après le nouveau bill.

7 ans, comme précédemment, cette peine ne peut plus être prononcée que pour 14 ans au moins ; elle peut s'étendre jusqu'à la vie entière.

Toute peine qui n'est pas celle de la transportation est qualifiée, par cet acte, *servitude pénale.*

Or, l'article 2 porte que tout individu qui, si le bill n'eût pas été édicté, aurait dû être condamné à la transportation pour une durée de moins de 14 ans, pourra être maintenu dans cette sorte de servitude.

La cour de justice a un pouvoir entièrement discrétionnaire à cet égard. Ainsi, elle peut condamner, soit à la transportation, soit à la servitude pénale, selon que sa conscience et ses convictions le lui suggèrent ; seulement elle ne peut désormais condamner personne à la transportation pour vol : la peine, dans ce cas, est de 4 ans au moins et de 10 ans au plus de servitude pénale.

Voici comment, d'après le nouveau bill, se convertissent en cette sorte de peine les condamnations à la transportation pour une durée de moins de 14 ans :

Si ces condamnations sont de 7 ans, elles sont converties en 4 ans de servitude ;

Si elles sont au-dessus de 7 ans, et inférieures à 10, la conversion est de 4 ans ou de 6 au maximum ;

Si elles excèdent 10 ans et qu'elles soient de moins de 15, la servitude pénale leur est substituée pendant 6 ans et 8 au plus ;

Elle leur est encore substituée pendant 8 ans au moins et 10 ans au plus, si la condamnation à la transportation excède 15 ans ;

Enfin, lorsque la transportation est encourue à

vie, la durée de la servitude pénale s'étend à toute la vie également.

On voit par là que les limites dans lesquelles le pouvoir discrétionnaire du juge est renfermé sont extrêmement étendues.

Les condamnés à la servitude pénale subissent leur peine dans toutes les prisons du Royaume-Uni où les individus condamnés aujourd'hui à la transportation sont renfermés; ils sont soumis aux mêmes travaux.

Tel est le dernier état de la législation pénale anglaise, qui a reçu son application à dater du 1er septembre 1853.

Dernier rapport du colonel Jebb.

Le surintendant général des prisons du Royaume-Uni, le colonel Jebb, dans le rapport qu'il vient de publier pour l'année 1853, jusqu'en juin 1854, fait connaître les moyens employés pour réaliser cette application.

Tous les condamnés, quelle que soit la nature ou la durée de leur condamnation, sont sujets à deux périodes d'emprisonnement de caractères très-différents :

Deux périodes d'emprisonnement.

1° Un temps déterminé de *séparation* individuelle, qui maintenant est réduit à neuf mois;

2° Un temps de travail pénal en *association*.

L'envoi des condamnés dans les colonies avec un *billet de permis,* ou bien la faculté de travailler en état de liberté provisoire dans le pays, sous certaines restrictions, au moyen d'une *licence,* peuvent être considérés comme une troisième période d'épreuves à laquelle chaque condamné est soumis avant d'obtenir complétement sa liberté.

Mode de délivrance des licences.

Le soin avec lequel l'administration procède

pour délivrer ces *licences* mérite d'être remarqué.

Quand il y a lieu de les accorder, le chapelain écrit un mois d'avance à la personne de qui le condamné espère obtenir de l'occupation, et lui fait connaître sa position, son état de santé et son aptitude pour un travail déterminé.

La réponse est ordinairement satisfaisante : dans ce cas, tout comme dans celui où elle ne le serait pas, ou si le condamné ne peut indiquer personne à qui on puisse s'adresser, le gouverneur et le chapelain le portent sur un état de propositions, dans lequel ils expriment leur opinion sur ses dispositions et sur les moyens qu'il peut avoir de gagner sa vie.

Les noms sont envoyés par le gouverneur de la prison au surintendant général, lequel, après en avoir conféré avec les directeurs, transmet au secrétaire d'État de l'intérieur le tableau des prisonniers auxquels il propose d'accorder la faveur d'une licence.

Cette licence, accompagnée d'un certificat de moralité, est délivrée sur parchemin : au dos, est un avis imprimé, rappelant au porteur qu'elle sera révoquée dans le cas de mauvaise conduite. Il y est dit que, pour que cette révocation ait lieu, il ne sera pas nécessaire que le détenteur soit convaincu de quelque nouveau méfait, mais qu'il suffira qu'il fréquente des gens mal famés, qu'il mène une vie oisive et dissolue, et que par là il donne lieu de craindre qu'il ne soit prêt à retomber dans le crime.

Dans ce cas, il est arrêté de nouveau, incarcéré, et replacé sous le coup de son jugement.

Lorsqu'un prisonnier reçoit sa licence, il est crédité de la somme qui a été mise pour lui en réserve sur le produit de son travail; jusqu'ici la moyenne de cette somme a été de 5 à 6 livres sterling.

L'ordre de délivrer la licence donne à l'autorité trente jours pour procéder à son exécution.

Chaque licencié reçoit un trousseau approprié au genre de travail ou d'industrie auquel il va se livrer; il emporte avec lui la Bible et le livre de prières dont il se servait dans la prison. Un employé le conduit au chemin de fer, paye sa place jusqu'au lieu de destination, et lui remet (en dehors de son pécule) quelques schellings pour ses dépenses de voyage.

§ II. — RÉSULTATS OBTENUS PAR LE NOUVEAU BILL ANGLAIS.

L'expérience est encore trop récente pour tirer des conclusions absolues du système adopté; cependant le rapport du surintendant général exprime la pensée que les espérances que ce système fait concevoir ne seront pas déçues.

Voici, en effet, le nombre des condamnés libérés par licence depuis le 8 octobre 1853 jusqu'au 27 juin 1854, et les résultats obtenus: Nombre des licences accordées. Résultat obtenu.

144	malades dont la moitié de la peine était expirée;
48	par motif de santé;
4	spécialement recommandés pour leur conduite méritoire;
748	licenciés d'après les règlements actuels, à savoir : condamnés à 7 ans, à l'expiration de 3 ans de leur peine; et condamnés à 10 ans, à l'expiration de 4 ans.
Total. . . 944	

Ce nombre ne comprend pas 184 condamnés envoyés de Bermuda pour recevoir leur licence en Angleterre, et 28 femmes licenciées comme malades.

Ces libérations réunies n'ont donné lieu, pendant un peu moins de neuf mois, qu'à la révocation de 4 licences.

Si l'on prend en considération, ajoute le colonel Jebb, que l'expérience commencée se fait sur ce qu'il y a de plus mauvais dans la classe criminelle, ce résultat, quelque peu décisif qu'il soit, n'a pas moins une grande importance.

Nombre probable des licences qui seront annuellement accordées.

On calcule que, dans peu de temps, 9 à 10,000 convicts subiront leur peine dans le Royaume-Uni, et qu'alors le nombre des mises en liberté pourra être annuellement de 2,000. On peut raisonnablement espérer que la plus grande partie d'entre eux trouveront le moyen de subvenir à leurs besoins ; les uns émigreront, d'autres entreront dans les armées de terre ou de mer, mais il en restera toujours un certain nombre qui auront besoin de l'appui plus actif et plus efficace de la bienfaisance, si on ne veut pas que, se trouvant dans l'impossibilité de surmonter les difficultés qu'ils rencontrent, ils ne soient portés à recourir, pour vivre, à leurs anciens moyens.

Établissements privés pour recevoir les licenciés.

Mais déjà, pour leur venir en aide, plusieurs établissements ont été formés, parmi lesquels on cite ceux fondés par la Société philanthropique, à Redhill, pour les jeunes gens, à Camden-Town, pour les femmes, dans Great-Smith street, Westminster et quelques autres.

Des particuliers sont également entrés dans cette

voie de charité chrétienne; parmi eux, on distingue surtout M. Wright, de Manchester, qui donne de l'ouvrage à plus de 150 libérés munis de licence.

Dépenses de quelques prisons anglaises couvertes par le produit du travail.

Nous avons fait connaître, dans la première partie de ce rapport, quelles étaient les dépenses occasionnées par les condamnés détenus et employés à de grands travaux à Portland, à Dartmoor, ou renfermés dans les quatre hulks ou pontons de Woolwich et de Portsmouth, et occupés aux travaux des docks et arsenaux; ces dépenses, quoique considérables, étaient cependant fort réduites par la valeur des ouvrages dont bénéficiait l'État, et tout annonçait qu'il viendrait un moment où le produit de ces ouvrages couvrirait toutes les dépenses.

Cette prévision s'est réalisée pour quelques-uns des lieux de répression.

Ainsi, pendant l'exercice de 1853, l'établissement de Portland, d'après le compte rendu du colonel Jebb, aurait coûté à l'État en salaires des employés supérieurs et inférieurs, en nourriture et entretien des condamnés, la somme de 24,859 livres sterling et aurait produit celle de 28,211 livres, ce qui, pour une population de 1,070 condamnés, porterait la dépense de chacun d'eux à 23 livres 4 schellings 6, et à 27 livres la valeur de son travail. La prison de Portsmouth, pour 1,020 détenus, aurait nécessité une dépense de 24,113 livres, et aurait produit 31,058, c'est-à-dire que chaque prisonnier a coûté 23 livres 12 schellings 8, et a produit 31 livres. Pour le premier de ces établissements donc, l'État aurait fait sur chaque condamné un bénéfice de 3 livres 15 schellings 6 par an, et, pour le second, de 7 livres 7 schellings 4, ce qui semble prodigieux.

Diminution dans le nombre des crimes.

On voit par là ce que l'on doit attendre d'un système de travaux bien choisi, convenablement approprié à l'aptitude des condamnés, et tout à la fois aux ressources et aux besoins des localités dans lesquelles on l'établit.

L'avenir fera connaître si le mode de répression établi par le nouvel acte du Parlement aura pour effet de diminuer le nombre des crimes. Déjà, mais cela tient à d'autres causes, on remarque une sorte de temps d'arrêt dans la marche ascendante de la criminalité anglaise. Nous voyons même dans les tables statistiques de l'année 1853, récemment publiées pour l'Angleterre et le pays de Galles seulement, une tendance marquée à la diminution; ou plutôt, que s'il y a une augmentation de 20 pour 100 dans le nombre des accusations, cette augmentation n'est pas en rapport avec celui de la population, qui a été de 27 pour 100.

Causes de cette diminution.

A quelles causes doit-on attribuer cette amélioration ? Il en est évidemment plusieurs, et d'abord nous devons mettre au premier rang les modifications apportées depuis quelques années au mode de transportation, mode qui, comme on l'a vu, consistait dans un emprisonnement cellulaire préalable, et dans l'emploi successif aux grands travaux de Portland ou des ports. Cette partie de la peine subie par les condamnés dans la mère-patrie, en quelque sorte sous les yeux de leurs concitoyens, renfermait en elle-même une vertu d'intimidation que n'avait pas la déportation, lorsque subie sans préparation, sans infliction réelle, et immédiatement après le prononcé du jugement, elle devenait en quelque sorte une prime offerte aux malfaiteurs, qui avaient ainsi l'espoir de trouver dans un autre hémisphère des moyens faciles d'existence, ou même de fortune, que la patrie ne pouvait leur offrir. La première condition de toute bonne pénalité, l'intimidation manquant donc, il n'était pas surprenant que le nombre des crimes se multipliât, comme il n'est pas surprenant qu'il ait diminué depuis qu'une crainte salutaire, imprimée par l'isolement préalable du condamné et par les rudes travaux dont il est suivi, fait redouter ce genre de peine.

Une autre cause de diminution dans le nombre des accusations doit être attribuée aux formidables émigrations qui, chaque année, partent du Royaume-Uni pour aller au delà des mers porter le superflu d'une population qui, ayant peine à vivre, fournit d'ordinaire à la répression les occasions les plus fréquentes, comme les plus nombreuses, de s'exercer.

Voilà, on doit le reconnaître, les deux causes principales auxquelles il faut attribuer le ralentissement signalé dans la marche de la criminalité anglaise. Mais les statistiques du Royaume-Uni ne nous faisant pas connaître le nombre des méfaits que la législation française qualifie de délits, nous ne pouvons dire si ce genre d'actes coupables a suivi la même marche que chez nous.

Remarquons cependant que le nombre des accusations pour crimes en 1853 était encore de 27,057, après avoir été de 27,900 en 1851, et de 27,510 en

1852, pour une population qui, ne comprenant que l'Angleterre proprement dite et le pays de Galles, n'est guère que de 18 millions d'habitants, c'est-à-dire moitié de celle de la France; tandis que chez nous, ainsi que nous l'avons vu, le nombre des accusations poursuivies pour des crimes sinon tout à fait analogues, du moins qui ont de grands rapports entre eux, est à peu près stationnaire, et a été en 1852 de 5,340, comprenant 7,096 accusés.

Condamnations à mort en Angleterre.

Les cours anglaises avaient prononcé, en 1853, 55 condamnations à mort; sur ce nombre, 8 seulement avaient reçu leur exécution; c'était de meurtre avec circonstances aggravantes que les suppliciés s'étaient rendus coupables. Le Gouvernement de la Grande-Bretagne reconnaît pour le peuple les dangers d'un spectacle qui, trop souvent reproduit, ne peut que l'endurcir.

De tout ce qui précède, il résulte des enseignements qui ne sauraient être perdus pour nous; ils devront nécessairement influer sur le plan de réforme qui, tôt ou tard, finira par être adopté en France; l'Académie verra que nous nous en sommes inspiré en préparant le mode de répression que nous allons lui soumettre.

CHAPITRE V.

Combinaison de l'emprisonnement individuel avec d'autres mesures répressives.

L'emprisonnement individuel, une fois organisé

d'après le mode développé plus haut, il reste à en suivre l'application.

§ Ier. — RÉGIME DE L'ISOLEMENT APPLIQUÉ AUX INCULPÉS, AUX PRÉVENUS ET AUX ACCUSÉS.

Les premiers appelés à profiter des avantages que le système cellulaire va produire doivent être nécessairement les inculpés, les prévenus et les accusés. A cet égard, personne, même les plus opposés à ce régime, ne conteste l'obligation imposée à l'administration de veiller à ce que des hommes réputés innocents jusqu'à ce qu'un jugement ait constaté leur culpabilité, ne soient mis en contact avec des malfaiteurs. Ici il y a devoir impérieux pour elle. Si le prévenu ou l'accusé est acquitté, elle doit le rendre à la société dans le même état d'intégrité morale où il se trouvait au moment de son arrestation. Quand on songe qu'en 1852, 27,986 accusés ou prévenus ont été acquittés ou rendus à la liberté, après avoir subi cette incarcération plus ou moins prolongée, on frémit de l'amoindrissement moral que le séjour de la prison a dû produire en eux, et des contagieux effets de ce séjour.

Pour les prévenus et accusés qui sont arrêtés une première fois et qui conservent des sentiments honnêtes, ils éprouvent si vivement ce besoin de séparation d'avec les autres détenus, que s'ils en ont les moyens, ils sollicitent le bienfait de ce qu'on appelle la pistole, c'est-à-dire la jouissance à prix d'argent d'une chambre ou d'un lit particulier, qui les mette Pistole.

à l'abri de toute communication avec un voisinage si redoutable.

Régime de douceur pour les prévenus et accusés.

Il est bien entendu que prévenus et accusés soumis à ce régime doivent y jouir de toutes les douceurs compatibles avec leur position ; c'est-à-dire qu'on ne saurait leur refuser la facilité de recevoir aux heures fixées par le règlement de la prison, et en tant que les nécessités de l'instruction ne s'y opposent pas, les visites de leurs familles et de leurs amis ; qu'ils doivent avoir la faculté de se livrer au genre d'occupation et de travail qui leur plaît, comme de se procurer à leurs frais une autre nourriture plus substantielle que celle qui leur est fournie par l'administration.

En un mot, ce qu'il faut avoir uniquement en vue pendant le cours de l'instruction, c'est de s'assurer de la personne des détenus, et de prévenir tout contact qui serait une cause de dégradation pour eux. Ainsi, le sacrifice temporaire qu'aura fait un citoyen de sa liberté à la sécurité de tous, sera strictement renfermé dans la limite de cet intérêt qui l'aura rendu nécessaire.

§ II. — RÉGIME DE L'ISOLEMENT APPLIQUÉ AUX CONDAMNÉS.

Mais, lorsque le jugement est prononcé et qu'il y a condamnation, c'est alors que le système demande à être appliqué dans toute son étendue. Désormais, il ne peut plus y avoir de faveur pour personne : tous les condamnés de la même catégorie doivent être soumis à la même règle, à la même surveillance, aux mêmes exercices, et toutefois avec les ménagements pleins de réserve que comporte la différence des tempéraments et des caractères.

§ III. — DIVERS DEGRÉS DANS LA PEINE DE L'EMPRISONNEMENT.

Nous avons vu que, dans notre système actuel de répression, la peine, qui consiste dans la privation de la liberté, a trois degrés : l'*emprisonnement* qui, encouru par les condamnés correctionnels, ne peut, à moins de récidive, se prolonger au delà de cinq ans ; la *réclusion*, dont la durée hors le même cas de récidive est de 5 à 10 ans ; les *travaux forcés*, qui sont ou à temps, c'est-à-dire pour une durée de 5 à 20 ans, ou à vie.

La commission de la Chambre des pairs de 1847, d'accord en cela avec le Gouvernement, appliquait le régime de l'isolement aux condamnés de ces divers degrés, et pour toute la durée de la condamnation. A chaque degré, elle affectait une prison particulière. Ainsi la maison destinée aux condamnés à l'emprisonnement prenait le nom de *maison de correction ;* celle qui devait renfermer les condamnés à la réclusion s'appelait *maison de réclusion* ; enfin des *maisons de travaux forcés* étaient appropriées aux condamnés de cette dernière catégorie. Trois espèces de prisons.

Nous pensons qu'il y aurait lieu de maintenir cette triple classification.

Si les bagnes sont supprimés, et si la déportation

leur est substituée, ce n'est pas une raison pour se dispenser d'avoir des maisons de travaux forcés; car, outre que la transportation des forçats à la Guyane française ne saurait être considérée que comme un essai sur lequel l'expérience n'a pas encore prononcé, il est certain qu'elle est inapplicable à ceux à l'égard desquels l'âge, les forces physiques, l'état de santé, motiveraient impérieusement des exceptions. Or, la suppression des bagnes, qui ne peut être trop tôt réalisée, rendra nécessaire la création de prisons spéciales pour renfermer ceux qu'on jugera devoir laisser dans la mère patrie; elle le serait dans tous les cas pour les femmes condamnées à la même peine.

A chaque espèce de prison seraient laissés son régime propre et son caractère particulier. Rien ne serait d'ailleurs changé aux effets légaux que notre législation attache à chaque peine.

Régime des maisons de correction.

Dans les *maisons de correction* affectées aux condamnés à l'emprisonnement, le détenu pourrait choisir, parmi les travaux de la prison, ceux qui seraient le mieux à sa convenance, et il lui serait accordé une part sur leur produit. Outre deux heures par jour de promenade en une ou deux fois, il lui serait accordé deux heures et plus par jour pour l'école, pour les visites qu'il serait autorisé à recevoir, et pour la lecture des livres dont l'administration aurait approuvé le choix.

Régime des maisons de réclusion.

Dans les *maisons de réclusion*, la part du produit du travail accordé au détenu serait moindre que dans les maisons de correction; le temps consacré aux visites autorisées le serait de même.

Régime des maisons de travaux forcés.

Les *maisons de travaux forcés* appropriées au troisième degré de la répression devraient être construites dans des lieux où, en raison de leur éloignement du centre de la France, elles constitueraient une aggravation de peine : ainsi elles seraient placées ou sur nos côtes, ou en Corse, ou en Algérie; — cet éloignement ne permettrait aux condamnés d'entretenir que de rares relations avec leurs familles ; et comme l'art. 15 du Code pénal veut que chaque condamné aux travaux forcés traîne à ses pieds un boulet, prescription qui ne pourrait être complétement observée dans la cellule, il porterait une chaîne légère qui, relevée des pieds jusqu'à la ceinture où elle demeurerait attachée, serait destinée à lui rappeler sans cesse la gravité de son crime. Cette chaîne ne lui serait enlevée qu'à titre de récompense et lorsque son amendement paraîtrait assuré. Il serait enfin employé aux travaux les plus pénibles que le séjour de la cellule pourrait comporter. L'Angleterre, par l'emploi du tread-mill, a montré ce qui peut être fait en ce genre ; seulement elle ne s'est pas attachée à rendre productives les forces dont elle a réglé l'emploi ; elle n'a eu en vue que de les faire servir à augmenter l'intensité de la peine, tandis qu'en les utilisant, on ennoblit, on met en honneur le travail, on apprend au détenu à en comprendre le prix, et à y apporter résignation, activité et courage.

Comment on peut remplacer le tread-mill anglais.

Ainsi il serait facile, de l'intérieur du pénitencier, de faire mouvoir des artifices qui, placés en dehors de l'enceinte, seraient mis en œuvre, soit pour élever les eaux, soit pour le moulinage des grains, le sciage des planches, le forage du bois ou du fer, soit pour une foule d'industries, dont le commerce, la marine et l'administration de la guerre pourraient tirer avantage.

On a calculé que cent hommes employés à un semblable travail produiraient une force équivalente à celle de dix chevaux. Il serait facile d'établir un artifice de ce genre dans toutes les maisons de force; mais chaque détenu n'y serait employé que quelques heures, car il importe surtout qu'il le soit à des travaux intelligents qui, en l'initiant à des professions utiles, lui offrent, au moment de sa libération, la facilité de gagner honnêtement sa vie : agir autrement à son égard, ce serait unir la cruauté à l'imprévoyance, ce serait l'abrutir.

§ IV. — PRODUIT DU TRAVAIL.

Nous avons déjà parlé du produit du travail : à ce sujet, le Code pénal fait une distinction. Par son art. 41, il attribue une partie de ce produit aux condamnés correctionnels, sans préciser formellement la part qui lui en sera donnée; seulement, cet article porte que ces produits seront appliqués, partie aux dépenses communes de la maison, partie à procurer au condamné quelques adoucissements, s'il les mérite, partie à former pour lui, au temps de sa sortie, un fonds de réserve, le tout ainsi qu'il sera ordonné par un règlement d'administration publique. Nous avons dit ailleurs (1) ce qui, à cette heure et à cet égard,

---

(1) 1er vol., page 291.

s'observe dans nos lieux de répression; mais on remarquera que l'art. 15 du Code pénal, qui détermine la nature de la peine des travaux forcés, ne contient, en faveur de ceux auxquels elle est appliquée, aucune répartition de ce genre, quoique dans la pratique il leur en soit accordé une.

En principe, le produit du travail appartient à l'Etat.

En principe, le produit du travail appartient à l'Etat : il est juste que le condamné le dédommage des dépenses qu'il lui occasionne, et dans ces dépenses ne doivent pas seulement être comprises celles de sa nourriture, de son entretien et de sa garde, mais encore les frais judiciaires, de poursuite et de répression. Il est juste aussi qu'il rembourse à ceux qui ont souffert de son délit ou de son crime le dommage qu'il leur a causé.

Intérêt du détenu.

Il y a cependant à côté de ces nécessités un grand intérêt public à ce que le condamné ne soit pas privé de toutes ressources au moment de sa libération. Il faut qu'en sortant du pénitencier il soit vêtu, qu'il ait les moyens de se rendre au lieu de sa destination, et qu'une fois arrivé, il puisse subsister jusqu'à ce qu'il ait trouvé à s'occuper. Les privations qu'il éprouverait dans ces premiers moments mettraient l'honnêteté de sa nouvelle vie à une trop difficile épreuve.

Pour concilier ces divers intérêts, il faut, tout en maintenant le principe que le produit du travail appartient à l'Etat, laisser au Gouvernement la faculté d'en abandonner une partie au condamné, faculté qui deviendra la règle, à moins que, par sa conduite, celui-ci n'ait donné des sujets de mécontentement.

Fixation de la part accordée aux détenus de chaque espèce de prison.

Mais pour continuer à établir une distinction marquée entre le régime des trois espèces de prisons pénitentiaires, nous insistons sur la nécessité de varier la portion du produit du travail qui serait accordée aux détenus de chacune d'elles.

La commission de la Chambre des pairs de 1847 avait proposé de fixer cette portion à la moitié du produit pour les condamnés à l'emprisonnement, aux quatre dixièmes pour ceux qui subissent la peine de la réclusion, et aux trois dixièmes pour les condamnés aux travaux forcés. Il serait utile d'adopter cette répartition.

§ V. — Application du régime de l'isolement a tous les détenus.

Le régime cellulaire, tel qu'il vient d'être expliqué, devrait être appliqué aux deux sexes également, à l'enfance et à tous les condamnés sans distinction.

Nous disons aux deux sexes, car il n'y a pas plus d'inconvénient à y soumettre la femme. On avait, il est vrai, redouté cette épreuve pour elle, mais ce doute s'est dissipé devant l'examen des faits.

Le régime de l'emprisonnement cellulaire peut, sans danger, être appliqué aux femmes.

Les habitudes de la femme, disions-nous ailleurs (1), sont sédentaires; la nature, qui l'a créée pour les besoins de la famille, pour les soins du ménage, lui a inspiré le goût des occupations intérieures. Comme elle n'est pas propre à celles qui exigent un certain déploiement de force, elle aime peu à se

(1) Rapport fait à la Chambre des pairs.

mouvoir ; la cellule ne change rien à son état normal : cela est si vrai, qu'à Cherry-Hill, où les femmes détenues ne peuvent, à cause sans doute de difficultés locales, participer comme les hommes au bénéfice quotidien de l'exercice en plein air, leur santé n'en ressent aucune atteinte.

L'inspectrice générale des prisons de femmes, madame Lechevalier, qui, dans ses nombreuses visites, a comparé avec soin l'état sanitaire des maisons centrales et des maisons cellulaires de son sexe, n'hésite pas à reconnaître l'immense supériorité de celles-ci sous ce rapport, comme sous tous les autres. Dans les premières, le nombre des femmes à l'infirmerie est considérable, celui des décès l'est également. N'avons-nous pas constaté, c'est le cas de le répéter, que dans une période de six années, de 1845 à 1850, sur une population moyenne de 188 détenues, dans une seule maison centrale, il en était mort chaque année, en moyenne aussi, 27 ? Tandis que, d'après les observations de madame Lechevalier, le nombre des décès avait prodigieusement diminué dans celles des prisons de femmes soumises au régime cellulaire. Enfin, on n'y comptait presque pas d'aliénées, lorsque, dans les maisons centrales, on a vu que cette nature d'infirmités, augmentée par l'irritation que cause l'obligation du silence, et par les nombreuses punitions qui suivent les infractions à cette règle, s'était accrue, d'après les documents fournis en 1847 à la Chambre des pairs, dans une proportion de 36 pour 1,000, et qu'il existait même une maison où cette proportion avait été plus du double plus forte.

Il y a donc tout avantage, sans mélange d'aucun inconvénient, à appliquer aux femmes comme aux hommes le régime de l'emprisonnement individuel.

Le même régime doit être appliqué aux enfants.

Les enfants dont l'incarcération a lieu en vertu, soit de l'art. 66 du Code pénal, soit des art. 67 et 69 du même code, ou qui sont détenus par voie de correction paternelle, doivent y être également assujettis; à leur égard, l'expérience faite à la maison correctionnelle de la Roquette est décisive et repousse toute objection.

Il y aurait enfin lieu de l'appliquer aux condamnés politiques: ce que nous avons dit plus haut, sur les dangers pour la société, autant que pour eux-mêmes, de leur réunion dans le même lieu, paraît également décisif à leur égard.

CHAPITRE VI.

Modification dans la durée des peines. — Épreuves successives.

La question du régime de l'isolement ainsi résolue, il reste à déterminer le temps pendant lequel il sera applicable aux diverses catégories de prisonniers, et à déterminer aussi les épreuves diverses auxquelles ces prisonniers seront soumis.

Durée de l'emprisonnement cellulaire.

La commission de la Chambre des pairs de 1847 avait cru ne devoir fixer aucune limite à la durée de l'emprisonnement cellulaire, ou plutôt, elle n'en fixait d'autre que l'expiration de la peine portée par le jugement de condamnation. Nous croyons en effet que de longues années peuvent être passées dans la solitude, si elle est adoucie par tous les ménagements que nous avons indiqués, sans que la santé physique et morale en soit altérée. On n'a pas oublié qu'à Cherry-Hill l'épreuve se prolonge jusqu'à 12 ans; qu'en France, dans nos maisons départementales cellulaires, des détenus condamnés à un emprisonnement de cinq ans ont demandé comme une faveur d'y accomplir leur peine, et que cette autorisation obtenue, ils n'en ont ressenti aucun préjudice; qu'enfin, au pénitencier de la Roquette, des enfants ont atteint l'âge de 20 ans, après être restés 3 et 4 ans en cellule, et que leur corps y avait pris un développement exclusif de toute idée qu'il eût à en souffrir.

On a d'ailleurs reconnu que s'il y a quelque danger à redouter dans le système de l'isolement, ce danger ne se réalise d'ordinaire que dans les premiers temps de la réclusion, et qu'il va s'affaiblissant à mesure qu'elle se prolonge. Cette observation a été faite en Angleterre, elle l'a été en France dans la prison Mazas, où sur 12 suicides, car le suicide peut être considéré comme une variété de la folie, 7 avaient été commis dans les dix premiers jours de l'entrée en cellule. C'est d'ailleurs une remarque fréquemment faite, que les individus chez lesquels l'aliénation mentale se déclare en prison, en ont à leur entrée apporté le germe, et que, ce qui le développe, c'est moins le séjour de la cellule, lorsqu'ils sont simples prévenus ou accusés, que l'appréhension du jugement.

On a vu à la vérité, qu'à Pentonville, on avait d'abord limité à 18 mois la durée de l'isolement, que plus tard, cette durée avait été réduite à 12 mois, et qu'enfin elle l'a été en dernier lieu à 9, après lesquels, si le condamné montre des diposi-tions favorables, il est envoyé à Portland pour y être soumis au régime que nous avons fait connaître. Mais il faut tenir compte du caractère et du tempérament du peuple anglais, chez lequel, soit par l'effet du climat, soit par d'autres causes, les prédispositions à la mélancolie et les désordres physiques et moraux qui en sont la suite, sont plus communs que parmi nous.

Nécessité de préparer le condamné à la liberté.

Nous pensons, avec la commission de l'ancienne Chambre des pairs, qu'il n'y aurait aucun inconvénient à prolonger indéfiniment le régime de l'isolement à l'égard de nos condamnés; cependant il faut songer qu'à moins d'avoir encouru une peine perpétuelle, le détenu devra tôt ou tard se retrouver dans le commerce de ses semblables, il importe donc de l'y préparer, en le faisant entrer dans une nouvelle phase, qui permette d'éprouver s'il y a lieu de compter sur son amendement, et qui serve de transition à la liberté à laquelle un jour il sera rendu; le système auquel nous donnons la préférence se rapprocherait beaucoup, à cet égard, de celui qui a été adopté en Angleterre.

Trois périodes dans la durée de la peine.

Ainsi, nous proposerions que, par une disposition législative, la durée des peines édictées par nos codes fût divisée en trois périodes.

Première période.

La première comprendrait le tiers de toute peine

au-dessous de 10 ans, et le quart de celle au-dessous de 20. Cette partie de la condamnation serait rigoureusement subie, conformément au régime de l'isolement.

La deuxième embrasserait les deux derniers tiers de la peine pour les uns, et les trois quarts pour les autres. Pendant cette période le condamné serait, comme à Portland, occupé à de grands travaux extérieurs, en commun avec les autres prisonniers de la même catégorie. Ceux qui, par leur âge, leur sexe ou leurs infirmités, ne pourraient supporter ces travaux, seraient soumis dans l'intérieur et en commun aussi, à des occupations manuelles. Deuxième période.

Une fois admis à ces travaux, soit à l'extérieur, soit dans l'intérieur des prisons, les uns et les autres passeraient successivement par divers degrés, selon la mesure, soigneusement constatée, de leurs progrès dans le bien. De même que, si leur conduite n'était pas satisfaisante, l'administration aurait la faculté de les faire descendre d'un degré et même de degré en degré, de les renvoyer en cellule pour y recommencer leur première épreuve.

Après avoir accompli dans cette deuxième phase la moitié de la peine qu'il leur resterait à subir, et si leur transformation était jugée complète, les condamnés obtiendraient leur liberté provisoire, jusqu'à l'expiration de leur peine. Entrés dans cette troisième phase, ils pourraient se procurer de l'ouvrage parmi la population libre, et le droit serait réservé à l'administration de les faire arrêter de nouveau, si leur genre de vie nécessitait cette rigueur. L'administra- Troisième période.

tion agirait à leur égard, comme elle agit à l'égard des jeunes libérés provisoires du département de la Seine, qui demeurent sous le coup de la réintégration, jusqu'à ce que le temps d'épreuve porté par leur jugement soit expiré. — On imiterait également les précautions pleines d'humanité que le Gouvernement anglais emploie lorsqu'il accorde les licences déterminées par le dernier acte du Parlement.

Utilité du pécule.

C'est lorsque cette phase de la peine serait révolue, qu'on reconnaîtrait l'utilité du pécule amassé et formé par le condamné, avec la part qui lui aurait été allouée sur le produit de son travail.

Sociétés de patronage.

Mais alors, conviendrait-il de le laisser livré à lui-même, sans protecteurs, sans appuis? Non, sans doute : c'est pour ce moment solennel où il va disposer de sa personne, de son temps, de son industrie, que l'établissement des sociétés de patronage dans toute la France sera d'un grand secours.

Fondée il y a 23 ans à Paris, celle qui a pris à tâche de ramener au bien les jeunes gens qui ont encouru les sévérités de la justice, a servi de modèle à un grand nombre d'autres. La Belgique, la Hollande, l'Allemagne, la Toscane, le royaume de Milan, l'Autriche, le Piémont, en ont reconnu l'utilité, et la plupart de ces États ont étendu l'adoption qu'ils en ont faite, non-seulement aux jeunes libérés, mais aux libérés adultes.

Voici comment l'honorable M. Ducpétiaux rend compte dans sa notice sur la prison de Bruchsal de l'organisation de la société de patronage instituée dans le grand-duché de Bade :

« Son siége, dit-il, est à Carlsruhe ; elle a des comités correspondants dans chaque district. Bien que composée d'éléments particuliers, elle reçoit une sanction officielle du Gouvernement qui lui facilite l'accomplissement de sa mission.

« Les sections de district se constituent spontanément par l'association des personnes qui se montrent disposées à participer à l'œuvre du patronage, et qui s'engagent, par suite, soit à payer une certaine rétribution annuelle, soit à remplir l'office de patron.

« Chaque section est représentée et dirigée par un comité composé au moins de cinq membres, y compris le président et le trésorier. Le comité peut s'adjoindre telles personnes qu'il juge convenables.

« Lorsque la section est constituée, elle en donne connaissance à l'autorité administrative du district qui, par l'intermédiaire du ministère de la justice, la met en rapport avec les directeurs des prisons pour peines.

« Le comité se réunit à des intervalles indéterminés, sur la convocation de son président, pour s'occuper des intérêts des libérés confiés à ses soins.

« Il reçoit avis de la direction de la prison chaque fois qu'un détenu, dont le terme de libération est prochain, et qui a son domicile ou l'intention de fixer sa résidence dans les limites de sa circonscription, témoigne le désir de profiter du bénéfice du patronage. Le directeur de la prison transmet dans ce cas au comité l'avoir du libéré, en même temps que des renseignements aussi détaillés et aussi complets que possible sur ses antécédents, son caractère, sa conduite pendant sa captivité et son aptitude à l'exercice de telle ou telle profession.

« Le comité, après avoir reçu ces renseignements, se met en rapport avec le pasteur et l'autorité communale du domicile ou de la résidence du libéré, avec ses parents ou avec les personnes qui peuvent s'intéresser à sa position, pour obtenir leur appui et leur concours. Si le libéré lui paraît digne de protection, celle-ci est exercée, soit directement par le comité, soit par l'un des membres de l'association qui consent à remplir l'office de patron. Selon les cas, on avise aux moyens de procurer au libéré de l'occupation, de le placer dans une maison de pauvres ou dans un hôpital, de le secourir momentanément au besoin, ou enfin de favoriser et de faciliter son émigration.

« Les patrons sont choisis parmi les personnes connues par leur humanité et leur expérience ; le patronage des femmes libérées est attribué de préférence à des dames. Les patrons exercent une surveillance bienveillante sur les individus confiés à leurs soins ; ils les éclairent de leurs conseils, et les avertissent ou les réprimandent au besoin.

« En cas de mauvaise conduite d'un patroné, il en est donné avis au comité, qui peut lui infliger une punition ou le dénoncer à l'autorité locale qui lui applique les peines de police.

« Les libérés qui n'ont pas sollicité le bénéfice du patronage au moment de leur sortie de prison, peuvent toujours par la suite s'adresser au comité qui statue sur leur demande.

« Lorsque le patroné change de résidence avec l'autorisation de la police locale, le comité de patronage du district qu'il quitte le recommande au comité du district qu'il va habiter.

« L'action du patronage ne cesse que lorsque le patroné est parvenu à se procurer une occupation régulière et que sa position future paraît assurée.

« Le comité peut proposer à l'autorité supérieure l'adoucissement, la réduction ou même la remise entière de la surveillance de police, dans le cas où le patroné, par sa bonne conduite soutenue, lui paraîtrait digne de cette faveur.

« L'exclusion du patronage peut avoir lieu pour cause d'indignité. Cette exclusion est prononcée par le comité de district, après mûre délibération, lorsque ses avertissements réitérés sont restés sans effet.

« Avis de l'exclusion est donné à l'autorité de district où le libéré a sa résidence.

« Les ressources des comités de patronage sont les suivantes :

« 1° Les épargnes des libérés qui leur sont transmises par les directeurs des prisons, à la condition toutefois de les appliquer exclusivement à l'usage de ceux qui les ont faites ;

« 2° Les donations et les legs ;

« 3° Le produit d'une quête faite annuellement dans toutes les églises du district au profit de l'œuvre ;

« 4° Les rétributions ordinaires des membres des associations.

« A la fin de chaque année, les membres de l'association domiciliés dans le district sont réunis en assemblée générale pour entendre le rapport du comité sur la situation de l'œuvre et les résultats qu'elle a obtenus ; prendre connaissance du résumé des rapports particuliers que les patrons doivent adresser annuellement au mois de novembre ; examiner et approuver les comptes, et se prononcer sur les propositions et les améliorations soumises à leurs délibérations.

« Le procès-verbal de l'assemblée générale est adressé au comité central de *Carlsruhe*, qui le transmet à son tour au ministre de la justice dans le courant du mois de janvier. »

Telle est l'organisation de la société de patronage du grand-duché de Bade ; elle est, comme on le voit, à peu près modelée sur celle instituée à Paris, pour les jeunes libérés du département de la Seine.

La France, après avoir donné l'exemple, pourrait-elle demeurer en arrière, et négliger de répandre dans toutes les parties de l'Empire le bienfait de cette institution ?

Ce serait à la société de patronage du lieu que le condamné choisirait pour sa résidence que le pécule serait remis ; elle en dirigerait l'emploi, pourvoirait à ce que des vêtements décents remplaçassent l'habit de la prison, procurerait au libéré les moyens de se rendre à sa destination, l'y installerait et lui achèterait au besoin les outils et le petit mobilier nécessaires à sa position nouvelle. Le pécule sagement ménagé servirait à payer ces dépenses ; il deviendrait entre les mains de la société et aux yeux de l'État une garantie de la bonne conduite du libéré ; si ce pécule était insuffisant, les rétributions que s'imposeraient les membres de l'œuvre, comme à Paris, et dans le grand-duché de Bade, et au besoin l'État, comme en Angleterre, y pourvoiraient.

Les sociétés de patronage doivent être libres.

Mais la charité ne se crée pas par ordonnance, elle ne s'impose pas, elle veut être libre dans ses allures; elle répugne à ce qu'on la soumette au contrôle de tel ou tel fonctionnaire, ou à ce qu'elle soit exercée de droit par ceux que désigne plutôt leur position que leur sympathie. Il suffirait au Gouvernement de faire un appel à la bienfaisance des citoyens; cet appel serait certainement entendu. N'avons-nous pas en France une admirable institution qui, formée sous les auspices de la religion, et sous l'invocation d'un saint que le monde entier vénère, se consacre à toutes les œuvres de charité ? C'est la société de Saint-Vincent de Paul qui a des ramifications dans toutes les parties du territoire, et qui compte des représentants dans les plus humbles villages : peut-on douter qu'elle ne soit prête à appliquer à ce grand intérêt d'humanité le dévouement dont son patron lui a donné de si glorieux exemples ?

Société de Saint-Vincent de Paul.

Nécessité d'appui pour les libérés.

Une assistance amie est d'autant plus nécessaire au libéré, que, dès les premiers pas qu'il fera dans cette vie nouvelle, il y rencontrera une foule d'écueils; et, d'abord, les obsessions intéressées de ces hommes qui vont spéculer sur sa faiblesse, et qui se placeront sur son chemin pour s'approprier son pécule, ou l'exciter à le dissiper en orgies et en débauches; ensuite, et non moins malheureusement, cette répulsion produite par les souvenirs infamants qu'il traîne après lui. Hélas! a-t-on fait pour ces hommes tout ce que prescrit une prudence éclairée, en les livrant à la surveillance de la police? Précaution quelquefois utile, mais facile à éluder, et qui ne produit son effet que sur un petit nombre de ceux auxquels elle est applicable; précaution en outre, c'est ici le cas de le redire, qui, en pesant ostensiblement sur eux et en les marquant au front, met à découvert aux yeux de tous la plaie douloureuse de leur vie!

Le fruit des épreuves auxquelles nous proposons de soumettre le condamné serait donc compromis, si les premières années de sa libération, soit provisoire, soit définitive, n'étaient pas considérées comme un temps de convalescence morale, pendant lequel il importe d'offrir à sa faiblesse le secours d'une sollicitude non moins active que prévoyante. Sollicitude que rien ne pourrait suppléer et dont on doit tout attendre; concert des gens de bien, qu'il importe de transformer en une organisation spéciale pour en consolider le bienfait, en féconder les efforts, en perpétuer la durée!

L'Académie voit que dans ce système, simple en lui-même, tout s'accorde et s'enchaîne, tout concourt à un résultat qui, si nous ne nous abusons, ferait disparaître, ou tout au moins atténuerait sensiblement un état de choses qui ne peut subsister plus longtemps, sans devenir le blâme de notre époque.

CHAPITRE VII.

De la dépense.

Nous ne nous dissimulons pas que l'objection qui sera faite au système que nous proposons, celle à laquelle on attachera une importance peut-être décisive, et devant laquelle on paraît reculer, c'est la dépense ! En supposant qu'elle soit considérable, nous dirons avec le conseil général de Seine-et-Oise, dont nous répéterons les paroles, que : « le plus ou « moins de dépense ne doit pas être un motif déter- « minant, lorsqu'il s'agit de sauvegarder les intérêts « de la société, qui ne sauraient être compromis, « même au point de vue financier, sans entraîner « les plus grands dommages. »

Affrontons donc cette question : voyons quel serait le nombre de prisons qu'il serait nécessaire d'affecter à la totalité des inculpés, prévenus, accusés ou condamnés, quel que soit leur sexe ou leur âge.

§ Ier. — NOMBRE DE CELLULES A CONSTRUIRE.

Nous avons constaté plus haut, d'après des documents officiels, que la population permanente de nos lieux de répression excédait, chaque jour de l'année, le chiffre de 66,000.

La commission de la Chambre des pairs ne le portait qu'à 45,000; l'augmentation est expliquée par l'accroissement graduel de certains crimes et délits.

Mais si ce nombre excède 66,000 détenus, ce n'est pas à dire pour cela que nous ayons besoin de construire un égal nombre de cellules pour les renfermer.

Le système que nous proposons, étant une fois adopté, il faudrait réduire ce chiffre, puisqu'un tiers ou un quart des détenus passeraient une partie de leur peine en état de liberté provisoire. Ensuite, comme une portion des hommes valides serait toujours employée à des travaux extérieurs, et que, pour la plupart de ceux-là, des embaraquements provisoires suffiraient, on n'aurait pas à construire de cellules pour eux. Il est d'ailleurs à croire qu'à mesure que le système se développerait et qu'il porterait ses fruits, le nombre des récidives et celui de tous les crimes et délits devenant moins considérables, celui des détenus diminuerait dans la même proportion.

Mais enfin, en portant les choses à l'extrême, on pourrait se baser sur un effectif de 40,000 prisonniers à loger. Ce serait donc un égal nombre de cellules dont on aurait besoin ; six mille étant déjà construites par les départements, il n'en resterait plus à édifier que 34,000. Or, chaque cellule revenant en moyenne à 3,000 fr., la dépense totale serait de 102 millions. Mais, sur cette somme, il faudrait déduire la valeur de la plupart de nos maisons centrales, dont les unes, ne pouvant pas être utilisées, seraient vendues, et dont les autres, étant susceptibles d'être transformées en maisons cellulaires, viendraient en déduction de la dépense. D'après les rapports des architectes du Gouvernement, 17 d'entre elles seraient facilement appropriées au nouveau régime; et, comme les dépenses d'appropriation sont d'un tiers moins fortes que celles de construction, il est à croire qu'il y aurait sur le chiffre de 102 millions une réduction notable à faire.

Mais cette dépense ne s'opérerait pas en une seule fois, elle se répartirait sur plusieurs années, et, avec le système des grands travaux à l'extérieur que nous allons expliquer, elle serait, n'en doutons pas, aisément couverte, ou tout au moins singulièrement diminuée.

§ II. — GRANDS TRAVAUX PUBLICS.

Ces travaux consisteraient dans l'endiguement de la mer ou des rivières, dans des défrichements de terrains incultes, dans des desséchements de marais, et même dans d'importantes constructions, comme nous le dirons bientôt.

Quant aux endiguements, nous nous sommes convaincu par nous-même qu'il est des localités où l'État en obtiendrait à peu de frais de grands avantages.

Grèves du Mont-Saint-Michel.

Ainsi, les détenus du Mont-Saint-Michel pourraient être utilement employés à protéger, par la construction d'une digue, 18,000 hectares de polders contre l'invasion périodique de la marée; ces grèves, une fois garanties et mises en culture, auraient une grande valeur; la pierre est très-près, elle coûterait peu. Les détenus qui y travailleraient ne s'éloigneraient presque pas de la prison ; ils reviendraient y coucher chaque soir, et au besoin même pourraient y rentrer dans le jour pour prendre leurs repas. Le directeur nous témoignait sa surprise de ce que l'administration ne songeait pas à utiliser ainsi les bras vigoureux dont elle dispose. Le sol est très-fertile ; un particulier de la localité a obtenu de l'administration des domaines la location pour dix ans de 240 hectares de ces grèves ; il a dépensé 30,000 fr. à élever de simples digues en terre revêtues de gazon, et le sol ainsi défendu, il l'a sous-loué à cinq fermiers du voisinage, qui se sont chargés de le mettre en culture et de fournir la semence, en donnant au maître 11 gerbes sur 20. Le terrain est si riche, que de vingt ans il n'aura pas besoin d'engrais, ou plutôt il est lui-même un engrais, car, de plusieurs lieues à la ronde, on vient en opérer l'extraction pour en amender d'autres terres. Le particulier dont nous parlons compte qu'à l'expiration de son bail, non-seulement il sera rentré dans ses avances, mais qu'il aura fait encore des bénéfices considérables.

L'hectare de terre de même nature dans le pays se vend de 2 à 6,000 fr. En admettant que l'État ne vendît cette conquête faite sur la mer qu'à raison de 2,000 fr., il trouverait là un profit de 30 à 36 millions.

Travaux contre la Durance.

Les prisonniers de la maison centrale d'Embrun pourraient être également employés à faire de semblables travaux contre la Durance, rivière qui, dans les trois départements des Hautes et Basses-Alpes et de Vaucluse, cause les plus grands ravages, et dont le parcours est d'environ 230 kilomètres. L'endiguement procurerait, soit à l'État, soit aux communes, de précieux terrains. On porte leur valeur seulement à partir d'Embrun jusqu'à Savines, c'est-à-dire sur une étendue de 10 kilomètres, à 900,000 fr.; que serait-ce sur le parcours entier de 230 kilomètres? Les plans sont dans les bureaux du ministère de l'intérieur. Il semblait que l'administration était disposée à faire un essai depuis Embrun jusqu'à Savines; on ne sait pourquoi ce projet a été abandonné.

Il n'est aucune partie de la France qui n'offrît la possibilité d'employer les condamnés à des travaux également fructueux. Les landes de Bordeaux demandent des bras qui les mettent en culture; les marais de la Corse en attendent de leur côté pour être desséchés. Enfin, dans un pays qui compte encore 8 millions d'hectares de terres incultes et 1,600,000 hectares de marais ou d'étangs, il ne saurait être difficile d'occuper utilement les prisonniers. Tout cela serait plus profitable à l'État que le travail dans nos maisons centrales, lequel ne produit guère annuellement au delà de 2 millions de fr.; en 1852, ce produit n'a été que 1,497,349 fr.

Landes de Bordeaux.

Marais de la Corse.

Terres incultes à défricher.

Ainsi l'État trouverait largement, dans les bénéfices que lui vaudraient ces grands travaux, de quoi subvenir aux frais de construction de nos prisons cellulaires.

Ces constructions d'ailleurs seraient faites elles-mêmes par les condamnés; on a pu se convaincre à Toulon, par l'édification du magnifique hôpital de

Hôpital de Saint-Mandrier à Toulon.

Saint-Mandrier, à laquelle les forçats ont été seuls employés, du parti qu'on peut tirer des prisonniers. La main-d'œuvre entre ordinairement pour un tiers dans les grandes constructions ; et après avoir prélevé sur ce tiers la part de salaire qui reviendrait aux travailleurs pour former leur pécule, il resterait encore une notable économie.

En définitive, on voit que les sommes nécessaires pour fonder l'établissement nouveau, réparties entre plusieurs années, non-seulement seraient loin d'être exorbitantes, comme on le soutient, mais encore pourraient être singulièrement réduites ; et que même il serait possible, comme à Portland et à Portsmouth, d'obtenir du travail des condamnés d'importants bénéfices.

§ III. — DÉPENSES DES PRISONS DÉPARTEMENTALES.

Lors de la présentation du projet de loi à la Chambre des pairs, en 1847, le Gouvernement avait proposé de mettre les dépenses de toutes les prisons, tant centrales que départementales, à la charge de l'État. Ces dépenses comprennent les frais de construction, d'appropriation, d'entretien, de garde, d'administration, d'infirmerie, etc.

Cette innovation était la conséquence de la mesure également proposée par le Gouvernement, qui consistait à placer toutes les prisons sous l'autorité immédiate du ministre de l'intérieur. Elle souleva dans le sein de la commission quelques objections : « Ne doit-on pas craindre, » disait-on, « que si les départements sont dispensés de participer, sinon en totalité, du moins en partie, aux frais de construction et d'entretien de leurs prisons, ils ne prennent qu'un faible intérêt à la réforme, et que les conseils généraux ne se montrent peu disposés à seconder le Gouvernement dans ses efforts pour y parvenir ? Ne pourrait-on pas espérer en outre, que les départements apporteraient dans ces constructions plus d'économie que ne le ferait l'État ? » Objections.

Il fut répondu : « que les budgets des départements étaient très-surchargés, que les dépenses qui leur étaient propres pesaient exclusivement sur la contribution foncière, qui s'en trouvait accablée, et que, si on laissait aux conseils généraux le soin de voter les sommes nécessaires pour la construction des prisons nouvelles, il se pourrait que ces conseils y missent peu d'empressement ; que les prisons départementales étaient celles qui appelaient les changements les plus prompts ; que c'était par elles qu'il fallait commencer cette œuvre de rénovation générale, et que si on la subordonnait à la volonté si incertaine de nos quatre-vingt-six conseils de département, il pourrait y avoir entre les diverses contrées de la France une inégalité choquante. Ici, se trouveraient l'ordre, la règle, la moralisation ; là, le système corrupteur auquel il est si urgent de remédier ; que, quant aux dépenses de construction, l'État pouvait y apporter autant et plus d'économie que les départements, et que dans tous les cas, il ferait mieux et construirait avec plus d'intelligence et d'uniformité. » Réponse.

Ces considérations déterminèrent la commission de la Chambre des pairs à adopter la proposition du Gouvernement. Il est impossible en effet de méconnaître les avantages d'une mesure qui, en mettant au compte de l'État la dépense totale des prisons, tendrait à introduire l'unité là où elle est si nécessaire, et à répartir d'une manière égale, entre tous les départements, des charges qui, selon les cas, pèsent d'un poids plus lourd sur les uns que sur les autres (1).

§ IV. — RÉSUMÉ.

Tel est le système qu'après des études longues et sérieuses nous avons jugé le plus propre à atteindre le but auquel aspirent tous les amis de l'humanité et de leur pays.

L'Académie voit quelle carrière il nous a fallu parcourir pour le formuler dans son ensemble et dans ses développements :

D'une part, exposition du mode de répression consacré par la loi anglaise, afin d'en établir la comparaison avec celui qui est pratiqué en France;

D'autre part, coup d'œil jeté sur les modifications successives de notre législation criminelle; sur les

---

(1) Nous avons déjà dit, dans le 1er vol., page 288 en note, que ce vœu de la Chambre des pairs a été en partie réalisé par la loi de finances du 5 mai 1855, qui a mis les dépenses ordinaires des prisons départementales à la charge de l'Etat.

juridictions de tout ordre chargées de dispenser la justice pénale; sur la situation naturelle des lieux où elle reçoit son exécution;

Recherche d'un plan de réforme qui assure pleinement l'efficacité de la peine, sous le double point de vue de l'intimidation et de l'amendement;

Appréciation à cet effet de l'état de la société en France, dans ses rapports avec toutes les variétés de la criminalité;

Indication des différences qui existent, soit quant à la nature, soit quant à l'étendue de cette criminalité; d'un côté, entre les diverses parties du territoire, de l'autre, entre les diverses classes de la population;

Désignation des moyens tendant, les uns à obvier au mal avant qu'il se soit produit, les autres, et quand il s'est traduit en actes punissables, à en régler l'expiation et à en prévenir le retour;

Au nombre et à la tête de ces derniers, proposition d'une répartition proportionnelle de la peine par sa division en trois périodes distinctes: encellulement, vie commune employée à de grands travaux publics, liberté provisoire.

Ce système nous paraît le seul praticable, le seul efficace; non que nous admettions la possibilité de ramener au bien tous ceux que leurs méfaits ont mis au ban de la société: une ambition si haute ne serait pas même permise au législateur le plus éclairé, à l'administration la plus habile. Mais nous croyons que beaucoup de ces hommes devront un salutaire retour sur eux-mêmes, et par suite, leur acheminement vers une vie meilleure, à la réflexion provoquée par la solitude; aux enseignements de la morale religieuse rappelée sans cesse à leur pensée, et rendue comme visible à leurs regards; à des habitudes d'une invariable régularité; au travail qui apaise l'âme et préserve des écarts de l'imagination; à l'émulation constamment entretenue par le passage, soit à titre de punition, soit à titre de récompense, d'un degré à l'autre de l'échelle pénale créée à cet effet; à l'espoir d'accomplir, s'ils n'encourent aucun reproche, la dernière phase de leur condamnation en état de liberté provisoire; et comme complément de cette succession non interrompue de précautions et de mesures, à la tutélaire intervention des sociétés de patronage qui, à l'heure de la libération, se placeront entre eux et les occasions de rechute amenées par la répulsion de la société, ou par la misère. Une telle réforme honorerait tout un règne; elle ouvrirait à la civilisation une ère nouvelle. Mais, pour l'entreprendre (nous le dirons une fois encore), il faut à la résolution unir la persévérance; ne pas défaire le lendemain ce qu'on a fait la veille; marcher d'un même pas sans s'arrêter un seul instant, affronter les obstacles pour les vaincre.

Unité dans le plan, unité dans l'exécution; c'est par là qu'on simplifie tout ce qui est compliqué, et qu'on mène à bien tout ce qui est difficile. Quant aux possibilités matérielles, dont on désespère à tort, indépendamment des ressources que nous avons indiquées, toute grande œuvre a un avenir: qu'on s'en remette à Dieu et à la France!

Ici se termine notre longue tâche, trop longue peut-être ; — mais l'Académie en avait reconnu l'importance ; sa sollicitude pour un intérêt public de l'ordre le plus élevé nous avait tracé notre devoir. L'attention bienveillante et soutenue qu'elle nous a prêtée nous en impose une autre, c'est de lui en exprimer notre vive reconnaissance. Heureux s'il nous a été donné de répondre à sa pensée, et sous ce rapport du moins, de remplir son attente !

FIN DU SECOND ET DERNIER VOLUME.

TABLE DES MATIÈRES

CONTENUES

DANS LES DEUX VOLUMES.

PREMIER VOLUME.

DE LA RÉPRESSION PÉNALE EN ANGLETERRE.

TITRE PREMIER.

TITRE II.

TITRE III.

DE LA RÉPRESSION PÉNALE EN FRANCE.

TITRE II.

SECOND VOLUME.

DE LA RÉPRESSION PÉNALE EN FRANCE

(Suite).

TITRE III.

TITRE IV.

TITRE V.

TITRE VI.

FIN DE LA TABLE.

Printed in Dunstable, United Kingdom

91219934R00221